*Para leer*
# EL NUEVO TESTAMENTO

**Etienne Charpentier**

EDITORIAL VERBO DIVINO
Avda. de Pamplona, 41
31200 ESTELLA (Navarra)
1999

*Recuadros nuevos*

p. 20, 23, 31, 33, 35, 39, 44, 46, 49, 53, 60, 61, 67, 68, 71, 77, 89, 95, 101, 107, 116, 132, 140, 150, 151: Xabier Pikaza.

p. 13, 15, 35, 40, 57, 66, 69, 73, 74, 84, 90, 98, 103, 109, 114, 119, 129, 131, 135, 136, 145, 148: *Per leggere il Nuovo Testamento*. Borla, Roma 1988.

18ª edición

Traducción: *Nicolás Darrícal* • Título original: *Pour lire le Nouveau Testament*. • © Les Editions du Cerf - © Editorial Verbo Divino, 1981. Es propiedad. Printed in Spain. Fotocomposición: Larraona, Pamplona. Impresión: Gráficas Lizarra, S.L., Estella (Navarra).
Depósito Legal: NA. 2.731-1999

ISBN 84-7151-307-2
ISBN 2-204-01760-4, edición francesa

# Una guía bíblica

«– A ver, ¿entiendes lo que estás leyendo?

– Y ¿cómo voy a entenderlo si no hay quien me guíe?».

Este rápido diálogo que Lucas se imagina entre Felipe y el oficial etíope (Hch 8, 30) nos sirve para situar el proyecto de este libro: desea, modestamente, ser una guía para la lectura.

## • Una guía turística

Cuando se visita un monumento con un guía –una persona o un libro–, lo que se espera de él es que se borre, que haga ver el monumento, que lleve a lo esencial. A este libro le gustaría también guiaros a través del Nuevo Testamento, procurando que lo olvidéis para conduciros por los textos bíblicos.

Las guías turísticas ofrecen generalmente varias posibilidades: «Si sólo dispone usted de unas horas, vea tal y tal monumento... Si piensa pasar tres días...». Lo mismo hará esta *Guía del Nuevo Testamento*. No es posible decirlo todo en unas cuantas páginas. Intentamos ir a lo esencial, trazar una visión de conjunto y detenernos en los textos más importantes. Si disponéis de poco tiempo, no podréis visitarlo todo. ¡Escoged! No se trata de profundizar en todo, sino de trabar conocimiento con lo principal. Durante esta visita, os haréis amigos de Lucas, de Juan, de Pablo..., y volveréis a visitarlos.

## • Segunda parte

Siempre resulta divertido empezar un libro por el segundo tomo: esto nos permite inventar, imaginar lo que pudo pasar antes..., pero no es ésta necesariamente la manera más simple de comprenderlo. El *Nuevo Testamento* es la segunda parte de la *Biblia cristiana;* la primera es el *Antiguo Testamento.* Más vale empezar por él.

Así, pues, podéis comenzar leyendo *Para leer el Nuevo Testamento,* pero serían más claras muchas cosas si leyeseis antes *Para leer el Antiguo Testamento*. Os remitimos a él con frecuencia.

- **Excursiones facultativas**

Como para el Antiguo Testamento, los «Cuadernos bíblicos» y las fichas de *Iniciación a la Biblia* os propondrán la visita un poco más detallada de algunos textos: los *Evangelios*, los *Hechos de los apóstoles*, varias *Cartas de san Pablo*, el *Apocalipsis*, las *Bienaventuranzas*, los *Milagros del evangelio*... son una serie preciosa, sobre todo para los catequistas.

- **¿Cómo utilizar esta guía?**

Cuando visitáis una ciudad, os encontráis con unos monumentos ya acabados: la catedral, el castillo, aquella vieja casa, tienen partes románicas y partes góticas, algunas añadiduras del Renacimiento y un toque del siglo XVIII... Generalmente se visitan los monumentos uno tras otro y sólo posteriormente se hace uno una idea del conjunto románico de aquella ciudad y de su desarrollo en el Renacimiento. Una forma más técnica consiste en dar una primera vuelta por los monumentos fijándose sólo en las partes románicas, luego otra para interesarse por los detalles renacentistas...

Esta guía ha sido concebida para que podáis visitar el Nuevo Testamento de cualquiera de estas dos formas...

Cada capítulo comprende dos partes: *las primeras páginas* presentan la *obra de un redactor* (Pablo, Marcos, Juan...); *las últimas* estudian, a través de todas las obras, *un tema de la comunidad* (predicación, milagros, parábolas...). Estas dos partes forman un todo, pero también pueden estudiarse por separado. Podéis así usar esta guía de dos maneras:

— podéis estudiarla toda de seguido; es lo más sencillo;

— podéis también, sobre todo si es posible contar con una persona competente que os ayude, visitar primero a la comunidad primitiva: empezaréis entonces estudiando las últimas páginas de cada capítulo; luego, en un segundo tiempo, haréis de nuevo el recorrido por las primeras páginas. Comprenderéis mejor esta doble posibilidad cuando hayáis leído la introducción hasta la p. 19.

En cualquiera de estos dos casos, os convendrá empezar por los dos primeros capítulos.

- **¿Cómo trabajar?**

Podéis serviros de esta guía vosotros *solos*. También la podéis utilizar para un trabajo *en grupo*. Por eso precisamente la hemos dividido en ocho capítulos: con una reunión mensual, un grupo podría leer así el Nuevo Testamento en un solo curso.

Los dos primeros capítulos son un poco especiales. Los otros seis siguen siempre con las mismas partes en el mismo orden: una página de introducción para situar la obra y el autor –una visión de conjunto de la obra– una propuesta para estudiar algunos textos concretos –la pasión de Jesús (para los cuatro evangelios)– el rostro de Jesús en dicha obra.

Podéis por tanto leer el conjunto de cada capítulo y volver luego sobre alguna de las partes que más os haya interesado. Seguramente os interesarán los textos señalados con el signo →; se han escogido estos textos porque son los más significativos de la obra en cuestión. También se ha procurado recoger los pasajes más importantes del Nuevo Testamento para que los conozcáis mejor.

### • ¿Qué Biblia utilizar?

Esta guía puede utilizarse para cualquiera de las ediciones que existen. Si ya tenéis una Biblia, podéis muy bien serviros de ella.

Si no la tenéis, podéis comprar la *Nueva Biblia Española*, que es la que aquí citaremos de ordinario. Quizás os resulte un poco cara. En ese caso, podríais acudir a alguna de las ediciones baratas del Nuevo Testamento, dejando las consultas del Antiguo Testamento para alguno de los ejemplares de la biblioteca parroquial.

Para el estudio de los evangelios os vendría bien una *sinopsis* (libro que presenta los evangelios yuxtapuestos en columnas, para que se les pueda comparar); últimamente se ha editado una en español siguiendo el texto de la *Biblia de Jerusalén* (t. I, textos; los otros tomos son demasiado técnicos).

### • ¡Buen viaje!

Sólo me queda desearos un buen viaje a través del Nuevo Testamento y agradecer el esfuerzo de todos cuantos han hecho posible la redacción de esta guía: los amigos biblistas, de los que he tomado muchas ideas o imágenes; los compañeros de reunión o de estudio, con los que he comentado los textos, sin olvidar los grupos de Chartres o de Chateauroux que aceptaron con decisión servir de «cobayas» recogiendo estas notas a multicopista. ¡Gracias a todos! Sin olvidar a los compositores y maquetadores que han logrado una presentación agradable de estas páginas en un tiempo récord.

*Etienne Charpentier*

# Preparativos
# para el viaje

Antes de partir para visitar un país extraño, nos informamos un poco sobre sus costumbres, sus hábitos, su forma de pensar, la lengua de sus habitantes..., para que no nos sintamos perdidos ni cometamos demasiados errores... Consultamos también el mapa, nos documentamos sobre su situación política, económica, social...

Aunque conozcamos muchos de sus pasajes, el Nuevo Testamento nos sigue resultando un país extraño. La primera etapa que vamos a hacer, leyendo el libro de los Hechos de los apóstoles, será para descubrir todo aquel mundo en que vivieron los primeros cristianos.

Pero antes habrá que recordar rápidamente lo que es el Nuevo Testamento y cómo nació. (Podéis repasar las p. 10-14 de *Para leer el Antiguo Testamento* sobre la forma como nació la Biblia). Esto nos situará en el ambiente de nuestro recorrido y nos hará ver por qué se han escogido esas etapas. Y veremos también por qué puede utilizarse esta guía de dos maneras (véase p. 16).

Así, pues, en estas páginas encontraréis:

1. *Las tres etapas de la formación del Nuevo Testamento.* Primero se presentan estas etapas en un cuadro (con un breve resumen) (p. 10-11); luego las p. 11-18 lo desarrollan y muestran su importancia.

2. *El género literario «evangelio»* (p. 19). La suerte de que no tengamos ninguna «foto» de Jesús.

3. *Los géneros literarios en los evangelios* (p. 22). Un primer contacto con los modelos y los estilos que más tarde encontraremos.

# 1. Las tres etapas de la formación del Nuevo Testamento

## • Jesús de Nazaret (6 a. C. - 30 d. C.)

Jesús nació en el reinado de Herodes, seguramente seis años antes del comienzo de nuestra era. Vivió en Nazaret como un piadoso judío, practicando la ley según el espíritu de los fariseos, los más religiosos entre los judíos.

Hacia los años 27-28, después de ser bautizado por Juan bautista, inaugura sus dos o tres años de vida pública. Escoge algunos discípulos y, junto con ellos, proclama, con palabras y sobre todo con los hechos de su vida, la venida del reino de Dios. El no escribió nunca nada (¡sí!, en la arena en cierta ocasión...).

Condenado por los responsables religiosos, fue crucificado por los romanos, seguramente el 7 de abril del año 30.

## • Las comunidades (alrededor de los años 30-70)

La resurrección de Jesús y la venida del Espíritu en pentecostés permiten a los discípulos comenzar a descubrir el misterio de Jesús. Estos discípulos siguen siendo judíos, pero forman en el seno del judaísmo un grupo extraño: el de los testigos de Jesús resucitado.

(El color gris del cuadro quiere representar al judaísmo dentro del cual nació el cristianismo).

Tienen que mantener una doble fidelidad: A Jesús - a la vida, que les plantea no pocas cuestiones.

Para responder a estas cuestiones, se remiten a los recuerdos que tenían de Jesús. Pero lo hacen a la luz de la resurrección. Esos recuerdos van tomando forma, sobre todo, en torno a tres centros principales de interés:

– los discípulos predican para anunciar a los judíos y luego a los paganos a Jesús resucitado: es el grito de fe de los primeros cristianos;

– los discípulos celebran al resucitado en la liturgia, sobre todo en la eucaristía. Con esta ocasión toman forma muchos de sus recuerdos sobre Jesús;

– los discípulos enseñan a los nuevos bautizados, recogiendo para ello los hechos y las palabras de Jesús.

Pronto se agregan nuevos discípulos a los primeros: Bernabé, los siete diáconos con Esteban y Felipe, sobre todo PABLO. Convertido hacia el año 36, llevará la buena nueva al Asia Menor, Grecia..., hasta Roma. Los paganos pueden desde entonces entrar en la iglesia sin verse obligados a hacerse judíos previamente: es lo que se decidió en el «concilio» de Jerusalén del año 50.

Entre los años 51 y 63, Pablo escribe sus cartas a varias comunidades.

Durante este período, el judaísmo oficial va poco a poco desechando a los cristianos.

El año 70, los romanos destruyen Jerusalén. Algunos fariseos, reunidos en Yamnia (o Yabné, al sur de Tel-Aviv), le dan una nueva vida que continúa hasta hoy.

## • Redacción de los escritos (alrededor del 70-100 d. C.)

Cuatro teólogos reúnen las tradiciones que ya se habían redactado y dan su testimonio sobre Jesús.

El evangelio según MARCOS recoge hacia el año 70 la predicación de Pedro en Roma. Intenta hacer ver que Jesús es el Cristo, el Hijo de Dios, sobre todo a través de sus actos, especialmente sus milagros.

El evangelio según LUCAS se escribió hacia el 80-90 para las comunidades compuestas sobre todo por paganos convertidos. Muestra cómo, en Jesús, Dios visita a su pueblo y viene a manifestarle su cariño.

LUCAS escribió un segundo tomo: los Hechos de los apóstoles, donde muestra cómo la palabra de la buena nueva, llevada por los apóstoles bajo el impulso del Espíritu, llega a todos los rincones del mundo.

El evangelio según MATEO se redactó seguramente entre el 80-90, en una comunidad de antiguos

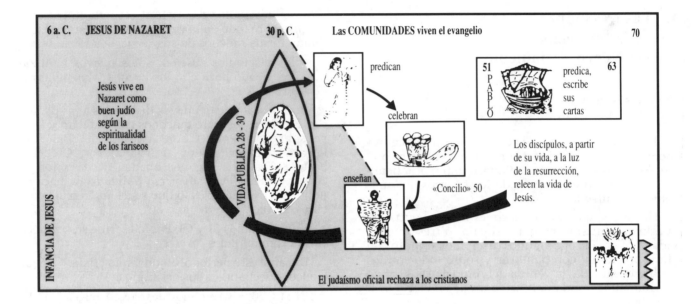

Jesús vive en
Nazaret como
buen judío
según la
espiritualidad
de los fariseos

INFANCIA DE JESUS

VIDA PUBLICA 28 - 30

predican

celebran

enseñan

«Concilio» 50

51 PABLO 63
predica,
escribe
sus
cartas

Los discípulos, a partir
de su vida, a la luz
de la resurrección,
releen la vida de
Jesús.

El judaísmo oficial rechaza a los cristianos

judíos que se hicieron cristianos. Mateo ataca con viveza a los fariseos de Yamnia y muestra cómo Jesús cumple las Escrituras.

*MATEO y LUCAS*, en su intento por llegar al misterio de Jesús, se remontan hasta su infancia, presentándola bajo la luz de su vida y de su resurrección.

*El evangelio según JUAN* es una meditación muy profunda sobre Jesús palabra (o verbo) de Dios. Escrito quizás entre el 95-100, muestra cómo el crucificado está hoy vivo y nos da su Espíritu. A través de los signos que hace Jesús, hay que creer para ver.

*JUAN* —el mismo o quizás otro— presenta en el *Apocalipsis* a Jesús como término de la historia.

Entretanto, *JUAN, PEDRO, SANTIAGO, JUDAS* y otros discípulos escriben *cartas* a diversas comunidades.

El año 135, tras una segunda rebelión de los judíos, los romanos diezman a la población. Durante varios siglos, los judíos no podrán entrar en Jerusalén. Los cristianos ya habían dejado la ciudad y se habían instalado por toda el área mediterránea.

El cuadro de las páginas 10-11 presenta de forma muy esquemática las tres grandes etapas de la formación del Nuevo Testamento. Se trata de algo muy importante y hemos de volver sobre ello. Lo haremos con ayuda de imágenes y de comparaciones; es un poco peligroso, pero resultará menos áridos y vosotros sabréis matizar las cosas.

### • La mujer más asesina...

Un día me encontré con la mujer que había matado a más gente. Al visitar un lugar arqueológico en Irak, nos acogió la esposa del arqueólogo. Solamente luego nos enteramos de que se trataba de Agatha Christie, la autora de tantas novelas policíacas... Si lo hubiéramos sabido entonces, nos habríamos entretenido con ella; ahora sólo nos cabía reconstruir nuestros pobres recuerdos: las pocas palabras que había dicho, cómo iba vestida...

Algo parecido nos ha ocurrido a todos alguna vez.

Y es lo que les pasó a los primeros discípulos. Siguieron a Jesús simplemente porque su maestro, Juan bautista, les había invitado a ello, sin saber entonces quién era realmente. Le escucharon con atención, como se escucha a un profeta. Incluso llegaron a pensar que podía ser el profeta, el mesí-

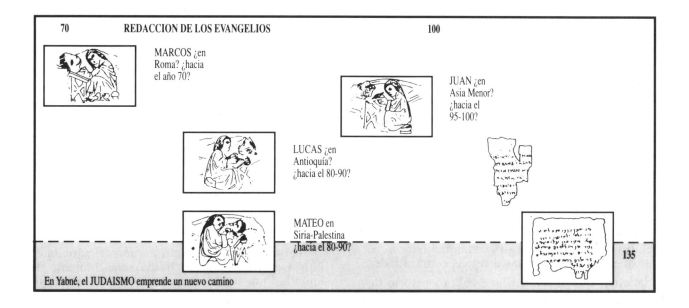

MARCOS ¿en Roma? ¿hacia el año 70?

JUAN ¿en Asia Menor? ¿hacia el 95-100?

LUCAS ¿en Antioquía? ¿hacia el 80-90?

MATEO en Siria-Palestina ¿hacia el 80-90?

135

En Yabné, el JUDAISMO emprende un nuevo camino

as. Pero sólo después de pentecostés empezaron a descubrir quién era aquel hombre, su amigo: ¡el Hijo de Dios! Sus recuerdos de los pocos años que habían pasado con él tomaron entonces una nueva importancia, y ellos intentaron reconstruirlos.

Según pasaban los años, «la cosa» iba adquiriendo para ellos más importancia. Durante los últimos meses de su convivencia con Jesús habían empezado a creer que con él llegaba el reino de Dios o, lo que era lo mismo, que se acercaba el fin del mundo, según la creencia de los tiempos. Pero pasaban los días y los años: entretanto había que vivir, organizarse... Pero para vivir, toda sociedad necesita unas reglas. Y Jesús no había dejado nada escrito.

- **Jesús no escribió nada**

Jesús no escribió nada, a no ser, en una ocasión, en la arena. Habló. Vivió. Eso es todo. Y esto tiene su importancia. Fijaos en el filósofo griego Sócrates y en su discípulo Platón. Tampoco Sócrates escribió nunca nada; fue Platón el que redactó las enseñanzas de su maestro. Y ahora se estudian las obras de Platón, pero interesa la persona de Sócrates.

Esto es más verdad aún en el caso de Jesús. En la fuente de la buena nueva, del evangelio, está él, su persona. Si él hubiera escrito, quizás sentiríamos la tentación de considerarlo solamente como un maestro de sabiduría. Como vivió, simplemente, plenamente, hemos de acudir a su persona misma.

Y fue esta persona, con todo su misterio, lo que impresionó a sus discípulos.

---

Tras la muerte de Gérard Philipe, su esposa Anne se acuerda del momento en que tomaron conciencia de su amor: «De pronto, nos enriquecimos con millares de instantes, de sucesos vividos juntamente y que se conservaban en nuestra memoria porque nos habían reunido» (Le temps d'un soupir).

«La historia de un amor no se escribe con la misma tinta cuando se va redactando día tras día que cuando se revive en el recuerdo, después de que la muerte lo ha dejado todo sellado. Se necesita tiempo –y quizás la muerte– para interpretar la riqueza de esos *millares de instantes* vividos juntamente» (Chalendar).

## • Un laboratorio fotográfico

Los discípulos quedaron «impresionados» por la persona de Jesús. Esta palabra se utiliza también en fotografía: cuando se toma la foto de un objeto, la película queda impresionada, el objeto se registra en ella, pero no se ve nada. Para que aparezca la imagen que fue registrada, para que se revele esa imagen, la película tiene que sumergirse en un baño que se llama precisamente un «revelador».

Podría decirse, del mismo modo, que los discípulos quedaron «impresionados» por la persona de Jesús, por su manera de vivir, por sus palabras y sus actos. Pero entonces no lo sabían y hasta después de pentecostés todo aquello quedó en negro. Para que apareciera aquella imagen múltiple que guardaban de él, tuvieron que sumergirse en aquel baño revelador que era la vida de las diversas comunidades.

Sabemos que el desarrollo en el laboratorio tiene su importancia: según el tiempo de exposición o los productos utilizados, la foto tendrá más o menos contraste, variarán los colores, aparecerá tal o cual detalle... Del mismo modo, las imágenes de Jesús serán algo diferentes según el «revelador», según las diversas comunidades en que fueron tratadas, según las cuestiones que se plantearon.

Así, durante los años que siguieron a pentecostés, podríamos comparar a Palestina, al Asia Menor, a Grecia... con un inmenso laboratorio fotográfico en donde las diversas comunidades llevaron a los discípulos a revelar las múltiples imágenes de su maestro; esas comunidades estaban compuestas unas de antiguos judíos que se habían hecho cristianos, otras de antiguos paganos; unas de proletarios y de esclavos, otras de comerciantes, de artesanos, de profesionales...

## • La vida como «revelador»

La vida de las comunidades fue pues como el «baño-revelador» que permitió aparecer esas imágenes de Cristo. Esto se hizo sobre todo con ocasión de tres actividades principales:

– *La predicación*. Desde el comienzo, los discípulos proclaman su fe en Jesús resucitado. Lo hacen con unas frases cortas que resumen lo esencial de la buena nueva. Los especialistas llaman a esta predicación el *kerigma* (una palabra griega con que se designa el *grito* del heraldo o pregonero de la ciudad). Los discípulos dicen: «A ese Jesús que vosotros crucificasteis Dios lo ha resucitado, lo ha exaltado, lo ha hecho Señor; somos testigos de ello. El nos envía su Espíritu. Creed en esta buena noticia y os salvaréis».

Se recogen también las diversas *bienaventuranzas* que Jesús pudo pronunciar para proclamar esta buena nueva: en adelante, los pobres ya no serán pobres, puesto que Dios viene a establecer su reino. Se cuentan los *milagros* de Jesús que demuestran su victoria sobre el mal, el sufrimiento, la enfermedad y la muerte.

También se recogen sus *parábolas*, aquella enseñanza en historias que habla sencillamente de la felicidad que Jesús viene a traer y de la necesidad de escoger.

– *La celebración*. Los discípulos repiten la última cena de Jesús que da un sentido a su muerte. Al principio, cuando sólo estaban los primeros discípulos, no era necesario entrar en detalles: sabían bien de qué se trataba. Entonces cada uno podía expresar lo que había comprendido, añadir nuevos detalles: Pedro contaba cómo traicionó a su maestro, Juan decía lo que vivió al pie de la cruz... Luego, en seguida, vinieron otros discípulos que no habían conocido a Jesús. Había que explicar lo que significaban aquellos gestos de partir el pan y beber la copa. Seguramente nació entonces, muy pronto, un primer *relato de la pasión*.

Pero cuando relataban aquello, no relataban la pasión y la muerte de un difunto, sino de una persona viva. Y esto lo cambiaba todo. Se narra de manera distinta la enfermedad grave de un ser querido mientras está en el hospital, entre la vida y la muerte, que cuando ya se ha curado. En la celebración eucarística, Jesús se hace presente para su comunidad, y sus discípulos cuentan su muerte estando con él, vivo entre ellos. El relato de la pasión, como todos los demás relatos sobre Jesús, se hacen a la luz de la resurrección.

En este contexto litúrgico se recuerdan también otros actos de Jesús que permiten comprender me-

# ORIGEN Y FORMACION DE LOS EVANGELIOS

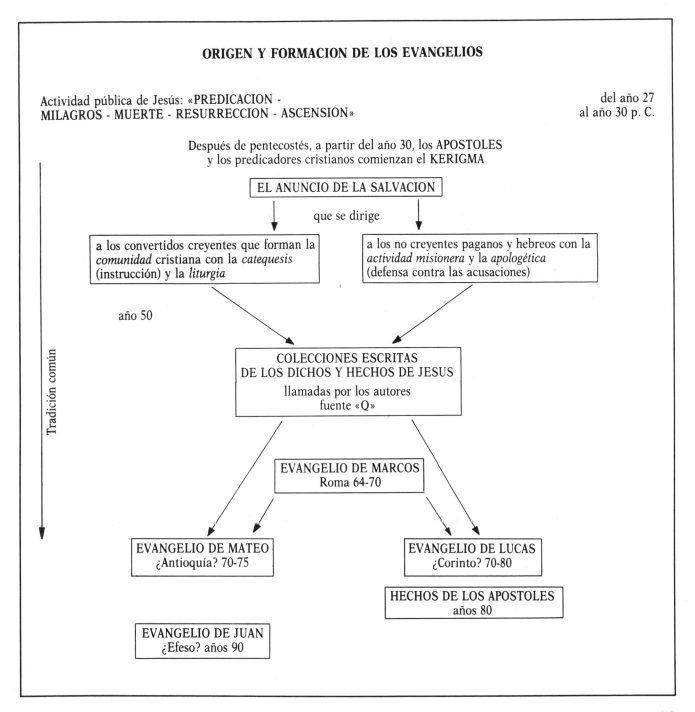

Actividad pública de Jesús: «PREDICACION - MILAGROS - MUERTE - RESURRECCION - ASCENSION»

del año 27 al año 30 p. C.

Después de pentecostés, a partir del año 30, los APOSTOLES y los predicadores cristianos comienzan el KERIGMA

**EL ANUNCIO DE LA SALVACION**

que se dirige

a los convertidos creyentes que forman la *comunidad* cristiana con la *catequesis* (instrucción) y la *liturgia*

a los no creyentes paganos y hebreos con la *actividad misionera* y la *apologética* (defensa contra las acusaciones)

año 50

Tradición común

**COLECCIONES ESCRITAS DE LOS DICHOS Y HECHOS DE JESUS**

llamadas por los autores fuente «Q»

**EVANGELIO DE MARCOS** Roma 64-70

**EVANGELIO DE MATEO** ¿Antioquía? 70-75

**EVANGELIO DE LUCAS** ¿Corinto? 70-80

**HECHOS DE LOS APOSTOLES** años 80

**EVANGELIO DE JUAN** ¿Efeso? años 90

jor aquella cena: la multiplicación de los panes, por ejemplo, aquella comida maravillosa en que Jesús dio de comer a la muchedumbre.

– *La enseñanza o catequesis*. Los nuevos bautizados tienen que vivir ahora como discípulos de Jesús. Para saber cómo vivir en comunidad, para responder a las múltiples cuestiones que plantea la vida cotidiana, hay que volver a la vida de Jesús, a sus palabras y acciones. Se recogen las *parábolas*, adaptándolas a la situación actual: hay que velar, permanecer atentos, ser tierra buena... Se busca una enseñanza nueva en los *milagros*: la pequeña comunidad tiene la impresión de ser frágil barquilla azotada por las olas de la tempestad; sólo podrá mantenerse porque Jesús resucitado atiende a la plegaria de su iglesia: «¡Señor, sálvanos!», y aplaca la tempestad... ¿Cómo se portarán los responsables? Recordarán lo que Jesús decía: servid a los demás; no tendrán más que dos reglas: la misericordia y el perdón...

Así, cuando se formaba una comunidad cristiana, acudían a la memoria de los discípulos las imágenes de Jesús. Esas imágenes, esos *flashs*, se van agrupando rápidamente en secuencias. Pero antes de ver este aspecto, recordemos un suceso importante: el teólogo judío Saulo se ha hecho cristiano.

### • El teólogo Pablo

Los primeros discípulos, Pedro, Juan..., eran personas sin gran cultura religiosa. Pablo es un rabino. Ha pasado su juventud estudiando las Escrituras. En el camino de Damasco, el resucitado «apresa» a este teólogo judío para hacer de él un teólogo cristiano, uno que reflexione sobre el misterio de Jesús, sobre su función en los designios de Dios. Durante 15 años (del 36 al 50), predica, funda comunidades; durante los últimos 15 años de su vida, escribe también a sus comunidades *cartas* que son a veces verdaderos tratados de teología. Esto ayudará a los demás discípulos a reinterpretar sus recuerdos sobre Jesús.

### • Un montaje de diapositivas

Una tarde lluviosa de otoño se os ocurre reunir las diapositivas que habéis tomado durante el verano y hacer con ellas un montaje. Veamos las diversas fases por las que hay que pasar.

– *Las diapositivas*. En las vacaciones estuvisteis en el mar, en la montaña, en el campo. Y, sin pensar en ningún plan concreto, fuisteis fotografiando lo que veíais: paisajes, monumentos, escenas familiares... Estas fotos, «reveladas» en el laboratorio, se convirtieron en diapositivas. Para vuestro montaje tendréis que reunirlas en secuencias.

– *Las secuencias*. Ahora empiezan las dudas: ¿cómo agrupar las fotos? Podéis hacerlo por lugares: fotos de montaña, de mar...; o por géneros: fotos familiares, tanto si están tomadas en la montaña o en el mar; podéis también, simplemente, respetar la cronología, siguiendo vuestros desplazamientos sucesivos.

Del mismo modo, las diversas imágenes de Jesús, reveladas en las comunidades, se fueron agrupando en secuencias. Por ejemplo, se reunieron los *milagros*, las *parábolas*; las *frases aisladas* de Jesús se juntaron y se convirtieron en *discursos*. O bien, los cristianos de Cafarnaún o de Jerusalén recogieron todo lo que Jesús había dicho y hecho entre ellos. Cuando abrimos los evangelios, nos da la impresión de que una mañana Jesús se dijo: «¿Qué me toca hacer hoy?». Consulta su agenda: «Hoy, milagros...», y Mateo nos muestra a Jesús haciendo diez milagros seguidos. Al día siguiente, de nuevo, consulta la agenda: «Hoy, parábolas...». Es evidente que las cosas no pasaron así; vemos que se formaron unas «secuencias» –parábolas, milagros, discursos– que los evangelistas integraron luego en su obra. Al comienzo del evangelio de Marcos encontramos lo que se ha dado en llamar «la jornada de Cafarnaún»: Jesús llama a los cuatro primeros discípulos a la orilla del lago, entra con ellos en Cafarnaún, predica en la sinagoga, echa a un demonio, cura a la suegra de Pedro; por la tarde, toda la ciudad se reúne junto a él. Jesús hace milagros; de noche, se retira a un lugar apartado para rezar, Pedro va a buscarlo y vuelven para predicar... Todas las imágenes sobre la actividad de Jesús en Cafarnaún se agruparon en una sola secuencia.

Ya tenéis reunidas en secuencias todas vuestras fotos de vacaciones. Ahora tenéis que hacer un montaje.

– *El montaje.* Vais colocando una tras otra las diversas secuencias. Quizás añadís algunas de las fotos tomadas el año pasado o compradas en un comercio (un monumento, por ejemplo) y nos ofrecéis vuestra «velada de diapositivas». Está claro que, a través de aquel montaje, nos mostráis la forma como veis ahora las vacaciones que entonces pasasteis. Si con las mismas diapositivas los padres y los hijos se divierten en hacer cada uno su montaje, el resultado será sin duda distinto: cada uno mostrará la forma como vivió aquellas jornadas.

Del mismo modo, un día, en diversas épocas y en diferentes comunidades, cuatro discípulos, que la tradición llama *Mateo, Marcos, Lucas y Juan*, emprendieron su montaje sobre Jesús. Para ello recogieron las diversas «secuencias» ya montadas y compusieron un *filme*; cuatro filmes que presentan la manera como ellos mismos y su comunidad veían a Jesús. De este modo, los evangelios nos hablan de Jesús, pero nos hablan también de las comunidades

en donde nacieron. Lo veremos mejor con un ejemplo.

- **Dos libros sobre Lutero**

Tomemos dos libros escritos por autores católicos, en 1900 y en 1980, sobre Lutero. El primero dirá poco más o menos lo siguiente: Lutero, un monje apóstata, que sedujo a una religiosa, sembró con su orgullo la discordia en la iglesia y en Europa... El segundo declarará: Lutero tuvo sus debilidades como todo el mundo, pero era ante todo un hombre muy religioso, enamorado de Dios y preocupado por la salvación de todos; vio que se necesitaba reformar la iglesia, volver a la Escritura; la iglesia lo rechazó y lo echó de su seno... En esos dos libros aprenderemos muchas cosas sobre Lutero (fecha de nacimiento, lugar donde murió, sucesos de su vida...), pero descubriremos sobre todo el camino que el ecumenismo ha recorrido en los últimos años. Al hablarnos de Lutero, esos libros nos hablan más que nada de la época en que se escribieron.

De igual modo, los evangelios nos presentan a Jesús, pero nos hablan también de las comunidades en donde nacieron. Por limitarnos a un ejemplo, al oír las terribles palabras que en Mateo dirige Jesús

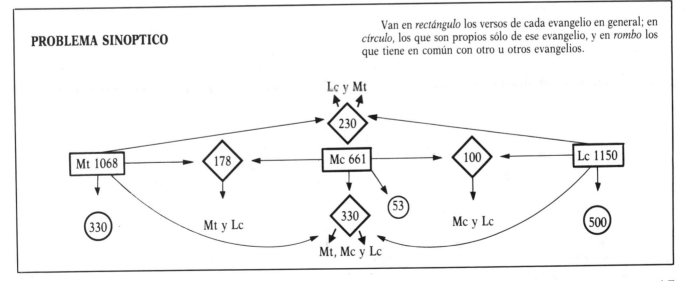

**PROBLEMA SINOPTICO**

Van en *rectángulo* los versos de cada evangelio en general; en *círculo*, los que son propios sólo de ese evangelio, y en *rombo* los que tiene en común con otro u otros evangelios.

contra los fariseos, hay que preguntarse si se trata del Jesús de los años 30 enfrentado con los fariseos de su tiempo, o del Jesús resucitado que vive en la comunidad de Mateo entre los años 80-90 y que se opone a los fariseos de Yamnia.

### • El camino de esta «guía bíblica»

El cuadro de las p. 10-11 y las explicaciones dadas (no os olvidéis que se trata de comparaciones) han intentado situar las tres grandes etapas de la formación del Nuevo Testamento: Jesús –las comunidades– los redactores. ¿Cómo vamos a progresar nosotros en nuestro estudio? Son posibles dos métodos: el de la *investigación* o el de la *exposición*.

Pongamos el ejemplo de un arqueólogo que hace unas excavaciones. En su trabajo, va excavando y descubriendo las diversas civilizaciones que se han ido sucediendo en aquel lugar: a través de las capas que descubre, se va remontando en la historia. Pero cuando da una conferencia, sigue el camino de la historia: apoyándose en sus descubrimientos, trazará la evolución de los diversos asentamientos desde el principio hasta nuestros días.

Aquí podríamos haber escogido también el método *expositivo:* el capítulo primero habría presentado lo que se puede saber de Jesús. En un segundo tiempo habríamos intentado reconstruir las diversas «secuencias» formadas en las comunidades, para acabar leyendo los evangelios y los demás textos.

Hemos preferido seguir el orden de la *investigación.* Tenemos en las manos unos textos: los evangelios, las cartas. Partiremos de ellos. Los leeremos. Pero en cada ocasión intentaremos descubrir las secuencias que había antes de ellos. Para mayor facilidad, en cada capítulo presentaremos en algunas páginas (impresas con caracteres distintos y enmarcadas en un cuadro para que las veáis mejor) una de esas secuencias: milagros, parábolas, discursos, culto...

Así pues, tenéis dos modos posibles de leer este libro:

– podéis seguirlo tal como se presenta; seguiréis así el orden de la investigación;

– podéis empezar por la conclusión (lo que se sabe de Jesús), estudiar las páginas consagradas a las «secuen-

## EL PROBLEMA SINOPTICO

Una *sinopsis* es un libro que presenta los evangelios en columnas, de forma que se puedan ver de una *sola ojeada (syn-opsis)* los textos correlativos. Los tres primeros evangelios se parecen lo bastante para que puedan colocarse de este modo; por eso se les llama *evangelios sinópticos:* Mateo, Marcos y Lucas.

Este parecido ha suscitado una cuestión: ¿no se apoyarán todos ellos en una o en varias fuentes *escritas?* Hace siglos que los especialistas han propuesto soluciones, a veces muy complicadas y siempre hipotéticas. Simplificando todo lo posible (y por tanto, falseando las cosas), podríamos decir esto: es como si los redactores hubieran tenido a su disposición dos carpetas de documentos; a una de ellas tuvieron acceso los tres evangelistas (Mateo, Marcos y Lucas: se habla entonces de *tradición triple),* mientras que a la otra sólo pudieron acudir Mateo y Lucas (se le suele llamar la *fuente Q* –de *Quelle = fuente,* en alemán– o también *colección de los logia* –de la palabra griega *logion, logia* en plural, que significa *palabras* o *sentencias).* Podemos resumir esto en un esquema:

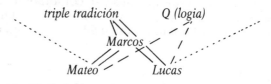

Es difícil decir si Mt y Lc tuvieron acceso directamente a la «carpeta» o si la conocieron solamente a través de Mc. En todo caso, se admite que Mt y Lc conocieron a Mc, pero que son independientes entre sí.

El inventor del género literario «evangelio» parece ser que fue Marcos, imponiendo de este modo un marco geográfico y cronológico a la vida de Jesús, que siguieron luego Mt y Lc.

Mt y Lc trataron de manera distinta lo que encontraron en la segunda «carpeta»: Mt «espolvoreó» con ello todo su evangelio; Lc prefirió insertarlo en la trama que había recibido de Mc bajo la forma de dos grandes incisos.

Mt y Lc tienen igualmente algunos textos que les son propios y exclusivos. Mc tiene más bien pocos.

{ cias» y luego los libros, siguiendo el orden de la exposición.

*En esta doble página nos vamos a iniciar en el trabajo sinóptico con un ejemplo muy sencillo. Podéis leerla ahora, pero también os la podéis saltar para volver luego sobre ella.*

→ **UN TEXTO:**
**CURACION DE LA SUEGRA DE PEDRO**

Esta curación la narran los tres evangelios.

He aquí el relato, tal como podéis verlo en una «sinopsis»:

| Mt 8, 14-15 | Mc 1, 29-31 | Lc 4, 38-39 |
|---|---|---|
| 14. Y Jesús,<br>al llegar<br>a la casa de Pedro,<br><br><br>vio a la suegra<br>de éste<br>en cama<br>con fiebre.<br><br>15. La tomó de la mano,<br>y la fiebre la dejó,<br><br>y se levantó<br>y se puso a servirle. | 29. Y luego,<br>saliendo de la sinagoga,<br>se fue<br>a casa de Simón<br>y de Andrés<br>con Santiago y Juan.<br>30. La suegra<br>de Simón estaba<br>en cama<br>con fiebre.<br>Y luego le hablan de ella.<br>31. Se acercó y la levantó,<br>tomándola de la mano.<br><br>La fiebre la dejó,<br>y ella se puso a servirles. | 38. Saliendo de la sinagoga,<br>entró<br>en la casa de Simón.<br><br><br>La suegra<br>de Simón estaba<br>con una gran fiebre.<br>Y le rogaron por ella.<br><br>39. Inclinándose sobre ella,<br>conminó a la fiebre,<br>y la fiebre la dejó.<br>Ella, al punto, levantándose,<br>se puso a servirles. |

El primer trabajo consiste en comparar los textos. Para ello podríais subrayar cada palabra de un color. Tenemos en la naturaleza tres colores fundamentales: rojo - azul - amarillo; de su mezcla salen todos los demás: rojo + azul = violeta; rojo + amarillo = naranja; azul + amarillo = verde; rojo + azul + amarillo = marrón. Puesto que hay tres sinópticos, basta con atribuir a cada uno un color fundamental.

Cuando hay una palabra *propia* de Mateo, la subrayamos de rojo; si es de Marcos, de azul; si es de Lucas, de amarillo.

Las palabras *comunes* a Mt y Mc se subrayarán de violeta; las de Mt y Lc, de naranja; las de Mc y Lc, de verde. Las comunes a los tres, de marrón.

– *Sobre el conjunto del texto*, este trabajo permite hacer algunas observaciones. Está claro que Mt es el más corto y Mc el más largo, pero los tres resultan parecidos. Veréis cómo habéis subrayado pocas

cosas de marrón (comunes a los tres): *casa de fiebre, suegra, la fiebre la dejó, se puso a servirle (s).* Hay muchas en rojo, azul y amarillo, es decir, palabras propias de cada uno. Y las hay de verde, comunes a Mc y Lc. Puede establecerse la hipótesis de que en la base hay un relato común, reelaborado luego por cada evangelista.

– *Sobre cada relato,* las observaciones se aclararán luego, al estudiar en detalle cada uno de los evangelios.

*Marcos* es muy concreto; da la impresión de que oímos hablar a Pedro. ¿Provienen del relato primitivo las palabras que le son propias? ¿Las añadió ese hábil narrador que es Marcos? Es difícil decirlo.

Pero Marcos es también teólogo: *Jesús y sus discípulos,* es una característica suya. La expresión *la levantó* evoca sin duda la fuerza de resurrección de Jesús: *levantar* y *resucitar* es la misma palabra en

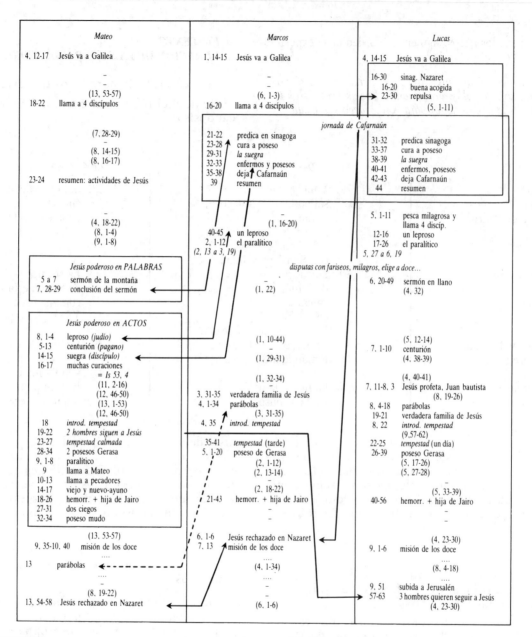

## EL «MONTAJE» DE LOS TEXTOS

En este cuadro sólo se recogen los títulos de los textos que podéis encontrar en cualquier «sinopsis» y solamente para algunos capítulos. Esto os permitirá ver cómo, con los mismos textos recibidos de la tradición, los evangelistas organizan diversos montajes. Las flechas señalan el lugar diferente de algunos pasajes sobre los cuales volveremos más tarde.

Las columnas encerradas dentro de un cuadro indican que ese evangelio recoge episodios que no aparecen en otro. Así, por ejemplo, Mt y Mc no cuentan la *venida de Jesús a la sinagoga* de Nazaret, que relata Lc 4, 16-30.

Una referencia entre paréntesis indica que ese evangelio recoge el mismo episodio, pero situándolo en otro contexto. Así, por ejemplo, la *llamada de los 4 discípulos* que sitúan Mt 4, 18-22 y Mc 1, 16-20 antes de la jornada de Cafarnaún, está situada después por Lc 5, 1-11; frente a Lc 5, 1-11, las referencias entre paréntesis de Mt y Mc recuerdan el sitio en que éstos sitúan la narración.

De momento, fijémonos solamente en el lugar del relato de la *curación de la suegra de Pedro*.

griego. Y utiliza dos veces la fórmula *tomar de la mano* en un relato de milagro (Mc 5, 41: 9, 26- 27).

*Lucas* mejora el texto en el aspecto literario. Insiste en el poder de Jesús: *al punto*.

Sobre todo, Jesús *conmina* a la fiebre: es la palabra utilizada para echar los demonios, que Lucas utiliza tres veces en unos pocos versículos (4.35.39.41). Volveremos sobre este dato.

*Mateo*, como suele hacer en sus relatos de milagros, sólo se fija en dos personajes: Jesús y el interesado. Suprime todos los detalles secundarios, para poner así de relieve la persona de Jesús: es él quien toma la iniciativa de ir a casa de Pedro, el que ve a la enferma...

Esta *se levantó* o *resucitó* (la misma palabra en griego) y se pone a servir*le*, a él. De esta forma veremos que la suegra de Pedro se convierte en símbolo de la iglesia que sirve a su Señor.

*Marcos* construye la *jornada de Jesús en Cafarnaún* como un resumen de la actividad de Jesús (véase p. 14). Los milagros forman parte de ella; entre otros, la curación de la suegra.

*Lucas* ha recogido la *jornada de Cafarnaún*, pero introduciéndola en un conjunto más amplio que va de 4, 16 a 4, 44: tenemos allí no sólo un resumen del ministerio de Jesús, sino también de la acogida que se le tributa, primero entusiasta (4, 16-22) y luego hostil (4, 23-30). En su discurso programático (4, 16-21) anuncia que trae la *liberación*, pero sin decir cuál. Al escribir que Jesús *conmina* a la fiebre, Lucas transforma el relato de curación en un exorcismo, como los relatos que preceden y que siguen; estos exorcismos nos muestran que Jesús viene a liberar del poder del demonio.

*Mateo* sitúa este relato de curación en un conjunto de *diez milagros* que siguen al *sermón de la montaña*. Con este montaje demuestra que Jesús es poderoso en *palabras* y en *actos*.

## 2. El género literario «evangelio»

Estamos tan acostumbrados a hablar de los «evangelios» que no percibimos la novedad que representa la aparición de este género literario.

---

La palabra *evangelio (buena nueva)* la conocían los autores profanos; indicaba el anuncio de una victoria o los grandes sucesos de la vida del emperador. Una inscripción del año 9 a. C., encontrada en Pirene (Asia Menor), celebra así el aniversario del nacimiento de Augusto (Lucas pudo inspirarse en ella para presentar el nacimiento de Jesús: Lc 2, 10-11):

«Todos pueden considerar con razón este suceso como el origen de su propia vida y su existencia... La Providencia ha suscitado y adornado maravillosamente la vida humana dándonos a Augusto..., para hacerlo el bienhechor de los hombres, nuestro salvador y el de todos los hombres venideros... El día del nacimiento del dios (Augusto) ha sido para el mundo el comienzo de las *buenas nuevas* recibidas gracias a él...».

---

- **El evangelio y los evangelios**

Al principio sólo se conocía el evangelio (en singular), la buena nueva que proclamaba Jesús: la venida del reino de Dios, la felicidad ofrecida a los pobres. En este sentido es como la utiliza también Pablo en sus cartas.

Con Marcos, que es sin duda el inventor de este género literario que no tiene ninguna correspondencia en las demás literaturas, el evangelio se convierte en un *texto*, en una historia: el relato de la actividad de Jesús. Hasta entonces, Jesús era el que proclamaba la buena nueva; ahora es él el proclamado, él mismo se convierte en la buena nueva.

Pero Marcos no habla de Jesús en el pasado: es curioso constatar que utiliza poco el tiempo del pasado (el aoristo en griego, que corresponde poco más o menos a nuestro pretérito indefinido); habla en presente. No se trata de su falta de experiencia literaria, sino más bien de su convicción teológica: el Jesús que presenta en su texto sigue estando en su comunidad, vivo sobre todo por la eucaristía. Para él, hacer memoria de Jesús es decir al mismo tiempo que está *ausente* (su historia terrena pertenece al pasado) y *presente en el hoy de la comunidad* que cree y que celebra. El *Jesús de la historia* sigue viviendo, bajo la forma de palabra escrita y procla-

## NIVELES Y SENTIDOS
## DE LA PALABRA EVANGELIO

De manera gozosa y sorprendente, el mensaje y vida de Jesús han recibido dentro de la iglesia el nombre de evangelio. Para que eso haya sido posible, han debido confluir varios elementos o caminos que deben destacarse:

– *En un plano político y social* influye el hecho de que el nacimiento del mismo emperador recibe el nombre gozoso de evangelio: es buena nueva de paz y de esperanza para aquellos que se toman como fieles habitantes de su imperio.

– *En plano de anuncio salvador israelita* influye el hecho de que el Segundo Isaías (Is 40-55) ha presentado su mensaje de liberación como una «buena nueva» o «besorah» que anuncia el «mebasser» o evangelizador escatológico, el heraldo que proclama ya en Sión la gran palabra de la salvación para los hombres que se hallaban antes en exilio o cautiverio.

– *Significativamente, Jesús ha reasumido ese anuncio de salvación del Segundo (y Tercer) Isaías.* Quizá no ha utilizado la palabra «evangelio» (besorah), pero ha empleado ciertamente el verbo evangelizar (bissar) en los pasajes clave de su anuncio salvador (Mt 11, 5; Lc 4, 18). De esa forma se distingue de Juan bautista que venía a presentarse sólo como profeta del juicio de Dios para los hombres.

– *Siendo fiel al mensaje de Jesús, la iglesia más antigua de habla griega (quizá en la misma Palestina) ha fijado su experiencia utilizando el término evangelio:* la vida y muerte de Jesús constituyen la buena nueva definitiva del amor y salvación de Dios para los hombres. Así lo ha recogido Pablo al definir ya a Cristo como «evangelio» de Dios (cf. Rom 1, 1.9.16; Gál 1, 6.7; 2, 2.5.7; 1 Cor 15, 1 etc.).

– *Continuando en la línea de Pablo, Marcos ha definido y presentado la historia de Jesús como «evangelio».* Estrictamente hablando, para Marcos evangelio no es el libro que él escribe, sino el mismo camino de Jesús, que empieza en el bautismo y se expande para todos en la pascua. Pero ese evangelio que es Jesús puede escribirse ya y se expresa –se transmite– por su libro (cf. Mc 1, 1;14; 8, 35; 10, 29; 13, 10).

– *Manteniéndose fiel a la inspiración de Mc, la iglesia posterior ha llamado «evangelios» a los cuatro libros (Mc, Mt, Lc, Jn) donde en formas diferentes (convergentes) se recoge el testimonio de la vida y pascua de Jesús.* Del evangelio como expresión del misterio (gozo y salvación de Cristo) hemos pasado ya a los evangelios como libros donde se refleja ya de un modo bien preciso ese misterio.

---

mada, en el *Cristo vivo* en quien cree la comunidad. A través del Cristo de la fe de la iglesia es como podemos llegar al Jesús de la historia.

### • No hay «fotos» de Jesús

Todos hemos soñado alguna vez en tener «fotos» de Jesús y una grabación de sus palabras: tenemos la impresión de que entonces podríamos conocerlo de verdad. Pues bien, no tenemos más que textos compuestos por sus discípulos, «pinturas» o «mosaicos» sobre él. Pero, por muy extraño que parez-

ca, esto es una suerte para nosotros, porque si sólo tuviéramos fotografías de Jesús, no podríamos saber nada de él. Voy a vuestra casa y veo allí una foto de un hombre mirando a una mujer. Se trata de una foto; por tanto, sé que aquello ha ocurrido (suponiendo que no hay ningún truco); pero ¿qué puedo decir? ¡Nada! ¿Miraba aquel hombre al vacío cuando dispararon la máquina? ¿Apartaba su mirada porque no quería ver a aquella mujer (tiene un aspecto algo triste)? ¿La amaba?... Vosotros me la explicáis: «Eramos entonces novios. La foto no acabó de salir bien. Pero mira qué felices nos sentíamos... La de años que han pasado desde entonces».

Y mientras habláis, la foto se anima; a través de aquellos rostros descubro unos años de espera, de ilusión...; me imagino aquel día... Y todo porque vosotros, testigos de aquella alegría, me interpretáis aquella foto. Con ella solamente, no habría sabido nada. Gracias a vuestro testimonio, se me hacen presentes aquellos rostros y puedo quererlos.

Esta es la suerte que tenemos con los evangelios. Creíamos que íbamos a encontrar allí «fotos» de Jesús. Y es algo mucho mejor: los que lo conocieron, sus discípulos, nos dicen quién era, cómo fueron descubriendo poco a poco su misterio, cómo cambió su vida. Un reportaje en directo sobre Jesús no nos diría gran cosa sobre él y nos lo presentaría desde fuera. El testimonio de los discípulos nos lo hace descubrir por dentro.

«Sí..., pero si hubieran registrado sus palabras, sabríamos exactamente lo que quiso decir»... ¿Lo creéis así? A todos nos ha pasado algo por el estilo: un amigo nos ha dicho una frase que hemos registrado maquinalmente, sin prestarle mucha atención. Varios meses más tarde hemos exclamado: «¡Ah! Esto es lo que quería decirme...». Si repetís ahora aquella frase, ¿intentáis reproducirla exactamente como él la pronunció? La repetiréis interpretándola, mostrando «lo que quería decir» y que vosotros descubristeis luego más tarde. La frase, tal como la repetís, no será *exacta*, pero será mucho más *verdadera*, ya que expresará lo que realmente quería decir.

También en esto es una suerte que tengamos los evangelios. No están escritos «al pie de la letra» sobre los sucesos ni nos refieren unas frases enigmáticas. Son el testimonio de unos discípulos que, al cabo de unos años, nos dicen lo que comprendieron del misterio de Jesús, cómo su propia vida les permitió descubrir el significado de las palabras del maestro.

• **Unos mosaicos**

En otras palabras, no tenemos «fotografías» de Jesús, sino pinturas o mosaicos de él. Tenemos las palabras y los hechos de Jesús interpretados por unos testigos auténticos.

Y la vida de Jesús permanece entonces abierta.

Si nos hubiera dejado un conjunto de reglas, de palabras dictadas, no tendríamos más que reproducirlas; estaríamos condenados a la repetición. Como los discípulos comprendieron a Jesús a la luz de su vida, esto significa que la vida de nuestras comunidades es hoy siempre el lugar a partir del cual podemos comprender mejor a Jesús.

Pero siempre con la condición de que respetemos esos testimonios. Si tuviéramos cuatro mosaicos que representasen de forma distinta la misma escena, no se nos ocurriría decir: «Estos mosaicos son tan bonitos que no quiero perder nada de ellos; los voy a deshacer y con todo el montón de piedrecillas que se forma voy a hacer un solo mosaico que reúna a los cuatro». Eso sería monstruoso. Los cuatro evangelios son diferentes; hay que estudiarlos por separado, sin pensar en demolerlos para construir con sus pedazos una vida de Jesús o «los cuatro evangelios en uno solo». Si los comparamos, si los leemos en «sinopsis», es para ver mejor los detalles y matices propios de cada uno, a fin de descubrir mejor los rasgos del rostro de Jesús que impresionaron a aquel evangelista.

• **La fe y el Espíritu**

«De acuerdo –me diréis–. Pero sería mejor tener fotografías y cintas magnetofónicas. Ya vemos lo interesantes que son esos testimonios..., pero ¿quién nos asegura que los discípulos no se engañaron a la hora de interpretar sus recuerdos?».

Es normal que queramos tener pruebas, ya que se trata de unos acontecimientos en los que el creyente se juega la vida. Pero, por una parte, hay datos seguros (volveremos sobre ello al final de este libro): el historiador creyente o no que estudia los evangelios descubre en ellos puntos sólidos en favor de su historia: a menudo nos gustaría tener la misma solidez para otros muchos personajes de la antigüedad. Por otra parte, cabe preguntar si el creyente, cuando pide pruebas, no estará intentando simplemente poder prescindir de la fe y del Espíritu Santo.

En efecto, se puede dar pruebas de las cosas materiales, demostrar que existe tal objeto, pero no hay *pruebas* para las relaciones entre las personas.

¿Quién me puede probar que yo amo y que soy amado? En este caso tengo que confiar, es decir, tener fe. La adhesión a Jesucristo pertenece al orden de la confianza, de la fe. Creemos que esos discípulos, al interpretar las palabras y los hechos de Jesús, estaban animados por el Espíritu: «Yo os enviaré el Espíritu –les decía Jesús la noche de la cena–; cuando venga él, el Espíritu de la verdad, os irá guiando en la verdad toda» (Jn 16, 13).

### • El «papel transparente»

Cuando hay que representar un esquema complicado (un dibujo industrial, la anatomía del cuer-po humano...), se utiliza a veces el procedimiento del «papel transparente»: sobre un primer dibujo de base (el esqueleto humano, por ejemplo) se colocan uno o varios dibujos, hechos a la misma escala en papel transparente (músculos, órganos diversos); de esta forma se puede mirar cada dibujo por separado o todo el conjunto, sobreponiendo unos a otros.

Algo así ocurre con los evangelios. Sobre el *rostro de Jesús de Nazaret*, cuyo recuerdo guardaban, los discípulos sobrepusieron los *rasgos del resucitado* tal como empezaron a descubrirlos después de pascua: la cara gloriosa del Señor que vivía en sus comunidades. Cuando leemos los evangelios con cierta ingenuidad, todo parece claro: Jesús se presenta como el Hijo de Dios; así lo proclaman Pedro y el centurión; y parece extraño que no lo reconocieran los judíos... Todo está claro para nosotros, porque miramos todos los dibujos a la vez. Para sus contemporáneos, Jesús fue ante todo una cuestión y una llamada. Se necesita la fe, la luz pascual, la iluminación del Espíritu, para vislumbrar algo de la riqueza de su misterio.

Para comprenderlo mejor, nos fijaremos en esta guía unas veces en los dibujos en conjunto, otras en cada uno por separado, para distinguir los diversos rasgos.

---

### RELATO DE MILAGRO A DISTANCIA

Este relato de milagro, atribuido a un rabino judío de la mitad del siglo I p. C., muestra una singular afinidad, en lo que respecta a la forma, con el relato evangélico de la curación del siervo del centurión (Mt 8, 5-13) y con la del hijo del funcionario real (Jn 4, 46-54).

Una vez se puso enfermo el hijo de Rabban Gamaliel. Envió entonces a dos doctores de la ley al rabí Hanina ben Dossa para que pidiese para él la misericordia divina. Cuando éste los vio, subió a la terraza e invocó para él la misericordia de Dios. Luego bajó y les dijo: «Marchaos, porque la fiebre lo ha dejado». Le dijeron entonces: «¿Acaso eres profeta?». El les respondió: «No soy ni profeta, ni hijo de profeta, pero tengo una tradición: Si la oración sale fluida de mi boca, sé que es aceptada; si no, que ha sido rechazada». Ellos se sentaron y escribieron la hora exacta, y cuando volvieron a Rabban Gamaliel, éste les dijo: «Juro sobre el culto. No habéis dicho ni un minuto menos ni un minuto más. En realidad, los hechos han ocurrido así. Es exactamente la hora en que lo dejó la fiebre y nos pidió de beber agua».

*Talmud de Babilonia, Berakot* 34b

---

## 3. Los géneros literarios en los evangelios

No se cuenta del mismo modo un accidente de coche a un amigo que a un empleado de seguros; el «género literario» es diferente. En el segundo caso se encaja el relato dentro de un modelo, de un «molde»: identidad de las personas, testigos, circunstancias...; en el primero se habla con mayor libertad. En un caso, el «estilo» será muy sobrio; en otro, se contará el incidente como si fuera casi un episodio nacional.

Esta distinción entre «molde» y «estilo» es perfectamente empírica, pero puede ayudar a que nos entendamos en la lectura que vamos a hacer de los evangelios.

- **«Módulos» prefabricados**

Había también entonces ciertos modelos o «moldes» que se utilizaban cuando se quería obtener un efecto concreto. Los citamos aquí, pero volveremos sobre los principales más despacio en el curso de nuestro estudio.

---

## DIVISION DE LAS FORMAS

Hch 1, 1 alude a las *obras y palabras* de Jesús que han sido recogidas en la tradición evangélica. De ellas se ha ocupado, desde principios de este siglo, la llamada *escuela de la historia de las formas*, representada por autores como R. Bultmann y M. Dibelius. En esta línea suelen distinguirse las diversas «formas» o unidades literarias que ahora siguen:

- *Tradición de las obras o acciones*. Recoge los gestos principales de la historia de Jesús:

  – Relatos de milagros, especialmente curaciones y exorcismos (cf. Mc 1, 21-28; 5, 1-21.25-34; 7, 31-36, etc.).

  – Teofanías en el tiempo de la vida de Jesús (bautismo y transfiguración: Mc 1, 9-11; 9, 2-8).

  – Relatos biográficos (sobre Juan bautista, Jesús y sus discípulos: Mc 6, 17-25; 6, 1-6).

  – Controversias, que incluyen gestos y palabras de Jesús (unos las llaman paradigmas y otros apotegmas: Mc 3, 1-6. 22-30; 7, 23-31; 12, 28-34).

  – Acciones proféticas (en las que Jesús simboliza la llegada del reino: Mc 11, 1-11.15-19; 14, 22-26).

  – Historia de la pasión (con elementos catequéticos, parenéticos, litúrgicos, etc.; Mc 14-15).

  – Relatos pascuales (Mc 16; Mt 28; Lc 24; Jn 20-21).

- *Tradición de las palabras*. Recoge los diversos elementos del kerigma y enseñanza de Jesús:

  – Dichos (o logia), en sentido general

  / Profecías de salvación (bienaventuranzas, etc.: Lc 6, 20-21; Mt 11, 5-6).

  / Profecías de amenaza (Lc 6, 24-26; Mt 11, 21-24).

  / Sentencias de sabiduría (Mt 6, 34; 10, 25).

  / Palabras de envío (Mt 10, 6.16-20).

  / Llamada al seguimiento (Mt 8, 18-20).

  / Sentencias de tipo legal (Mt 5, 23-24; 6, 2-4).

  / Sentencias sobre vida eclesial (Mt 16, 16-18; 18, 15- 20).

  / Profecías apocalípticas (Mc 13, 2.5-27).

  – Parábolas, en sus varias formas

  / Parábolas propiamente dichas (Lc 14, 16-24; Mt 25, 1- 30).

  / Alegorías (Jn 15, 1-6).

  / Imágenes y metáforas (Mt 5, 14; 7, 6.13-14; Lc 5, 39).

  / Comparaciones (imágenes continuadas, que reflejan un caso general: Mt 18, 12-14; Mc 4, 30-32).

  / Lecciones ejemplares (Lc 10, 29-37).

  / Sermones parabólicos (Mt 25, 31-46).

  / Acciones simbólicas (Jn 13, 1-11).

  – Palabras de Jesús acerca de su vida y obra

  / Sobre su envío (2, 17; Mt 10, 34-36.40; Lc 10, 16).

  / Sobre su actuación (Mt 12, 27-28; Lc 14, 26-27).

  / Jesús como sabiduría (Mt 23, 34-35).

  / Unión de Jesús con el Padre (Mt 11, 27-28).

  / Anuncios de pasión (Mc 8, 31; 9, 30-32; 10, 32-34).

El *relato de milagro* comprende generalmente cinco puntos:

– introducción para presentar el caso;

– petición de intervención, junto con la manifestación de la confianza del peticionario o de los asistentes;

– intervención de aquel a quien se ha pedido el milagro;

– resultado producido;

– reacción de los espectadores: miedo, admiración...

Veremos por ejemplo (p. 87) que Mc cuenta de la misma forma y con las mismas palabras la curación de un poseso y la calma de la tempestad.

La *parábola* se utilizaba corrientemente para dar una enseñanza fácilmente comprensible, o bien para llevar al oyente a que diera él mismo su juicio sobre un caso, sin que lo advirtiera.

Los *relatos de vocación* o de llamada de los discípulos por parte de Jesús son generalmente breves (una mirada, a veces –la llamada– la respuesta) y calcados en los modelos de vocación en el Antiguo Testamento; así, pues, Jesús llamaba con la misma soberanía que Dios (!).

Entre los *discursos* se conoce al menos un modelo: el *discurso de despedida;* un personaje importante sabe que va a morir y da sus consignas a sus discípulos.

La *controversia* o discusión entre especialistas era un género en el que se entrenaban los rabinos. Suele seguirse el siguiente esquema:

– un gesto o una frase de Jesús provoca la extrañeza, a menudo fingida, por parte de los oyentes;

– se emprende el debate: «¿No crees tú que...? ¿No habéis leído en la Escritura...?»;

– al final, aparece el verdadero debate. Entonces hay que escoger, y a menudo los oyentes se dividen.

La *sentencia enmarcada* consiste en colocar una frase que se considera importante en un relato que le sirve de marco. Ese relato (milagro, controversia, anécdota) sólo se narra para resaltar la frase.

Las *palabras flotantes,* como dicen expresivamente los especialistas, son frases de Jesús que se han conservado, pero olvidando el contexto en que Jesús las pronunció. Se las cuelga de un discurso o de un relato, de la mejor manera posible.

## • «Estilos» diferentes

«Estilo» significa aquí una manera de expresarse para producir cierto efecto; lo importante es la impresión que se quiere provocar; para ello se utilizan ciertos procedimientos o ciertas imágenes que pueden resultar extrañas. Veamos algunos de estos estilos.

El *estilo epifánico* o *teofánico* (en griego, *theos* = Dios; *fainein* = manifestar) intenta manifestar la presencia de Dios. Se inspira sobre todo en la teofanía del Sinaí, en donde, según el libro del Exodo, el fuego, los rayos, el temblor de la montaña manifiestan que Dios está allí, lo cual provoca el temor en el hombre.

Cuando se utilizan estas imágenes u otras parecidas, es para expresar que Dios está allí; no hay que pensar necesariamente que lo que se describe ocurrió tal como se expresa. Cuando se dice: «Me duele el corazón al ver vuestra miseria», la expresión «dolor del corazón» es una imagen para indicar nuestro sentimiento de compasión, sin que se nos ocurra ir al médico a hacernos un cardiograma. Del mismo modo, las lenguas de fuego de pentecostés, el ángel de la anunciación o del sepulcro vacío pueden ser también imágenes para indicar la presencia de Dios. Y cuando unos personajes como María, las mujeres, los oyentes de Jesús, «se llenan de temor», esto nos advierte que tienen el sentimiento de encontrarse en presencia de Dios.

El *estilo apocalíptico* es todavía más desconcertante. Lo encontrábamos en Daniel (*Para leer el AT,* 121). Nacido en épocas de angustia, de persecución, conserva el olor a azufre. Intenta expresar una certeza en el seno de esta angustia: Dios es el señor de la historia e intervendrá al final, cuando el mal haya llegado a su más alto grado. Las estrellas se caen, la tierra se abre, los cielos se desgarran..., todo esto son imágenes para hacer vislumbrar los sentimientos interiores, como cuando decimos:

«Creí que todo se derrumbaba, que el cielo se me caía encima»...

La *narratificación de las ideas:* con esta bárbara expresión queremos decir que, en vez de exponer una idea de forma abstracta, se cuenta una historia. Pondremos un ejemplo, por cierto un tanto trágico. Hace algunos años, un religioso que vivía en Palestina descendía en jeep hacia Aqaba; al sur del Mar Muerto, atropelló a un beduino y lo mató. El juez decidió que el beduino había sido culpable del atropello, pero, como había muerto, había que respetar las tradiciones y pagar a su tribu el «precio de la sangre». El párroco de Kérak se encargó del trato. Ante los jefes de la tribu contó el accidente a su modo; el religioso pagó el precio y se despidieron como buenos amigos. Una vez que estuvieron lejos, el religioso interpeló al párroco: –«Pero ¿qué es lo que les has contado? Sabes muy bien que las cosas no ocurrieron así. –Desde luego, dijo el párroco. –Pero entonces, ¿por qué les has dicho eso?– Escucha, dice el párroco; ¿no es verdad que el beduino tenía la culpa? –Claro que sí–. Pues bien. Eso es lo que les he dicho...». Nosotros, los occidentales, habríamos expuesto una idea abstracta: «el beduino tuvo la culpa»; el párroco lo mostró en una historia que se inventó; los jefes de la tribu sabían también que las cosas no habían ocurrido así, pero en aquel relato comprendieron la idea. ¿Nos parece esto algo extraño? Cuando le decimos a un amigo que llega con retraso: «Hace cien años que te esperaba», hacemos lo mismo; «cien años» es una historia; le damos poca importancia a esa historia y comprendemos la idea: «llega con retraso».

Tendremos que acordarnos de esto cuando leamos algunos relatos, preguntándonos: ¿nos cuentan una historia o es un relato para que comprendamos una idea?

Los *relatos de la infancia de Jesús* se relacionan con otro «estilo» que nos encontramos en el Antiguo Testamento: el *midrás (Para leer el AT,* 106). Se hace una *búsqueda* (es lo que significa la palabra *midrás)* en la Escritura para ver cómo nos concierne hoy a nosotros, para actualizarla. Podrán descubrirse en ella ciertas reglas para la acción o ciertas historias edificantes. Un género particular de midrás (el *peser)* intenta señalar cómo ciertos sucesos o personas actuales realizan el texto de las Escrituras. Veremos cómo los cristianos utilizaron este género de interpretación, pero al revés: no parten de la Escritura, sino de la persona de Jesús, para señalar cómo se sitúa en la Escritura, en el proyecto de Dios.

• **¿Con qué hemos de quedarnos?**

Todo esto os parecerá muy complicado. No os asustéis; resultará mucho más claro cuando estudiemos algunos textos y veamos algunos ejemplos.

De momento, lo esencial es llamar vuestra atención sobre una evidencia: *las palabras dicen a veces una cosa distinta de lo que parecen decir.* Y es evidente, porque todos los días utilizamos este género de lenguaje. Cuando un extranjero nos oye decir que «no tenemos pelos en la lengua», que «todo el mundo nos pone la zancadilla», que «se nos ha hecho un nudo en la garganta», que «llevamos una espina en el corazón»..., se preguntará qué clase de mundo es éste en que ha caído. Todas estas frases, y otras muchas, son verdaderas, no por lo que *dicen,* sino por lo que *quieren decir.* Y lo comprendemos instintivamente, porque esto forma parte de nuestra cultura.

La dificultad, en el caso de la Biblia, está en que su lenguaje no es el de nuestra cultura. Pero su manejo os permitirá distinguir en seguida lo que es imagen de lo que es enseñanza.

---

### UNA «CAJA DE HERRAMIENTAS»

En *Para leer el AT,* 16, encontraréis una «caja de herramientas» para poder desmontar un texto, es decir, algunas preguntas que os podéis plantear para estudiarlo. Recogedla; os vendrá bien para este recorrido.

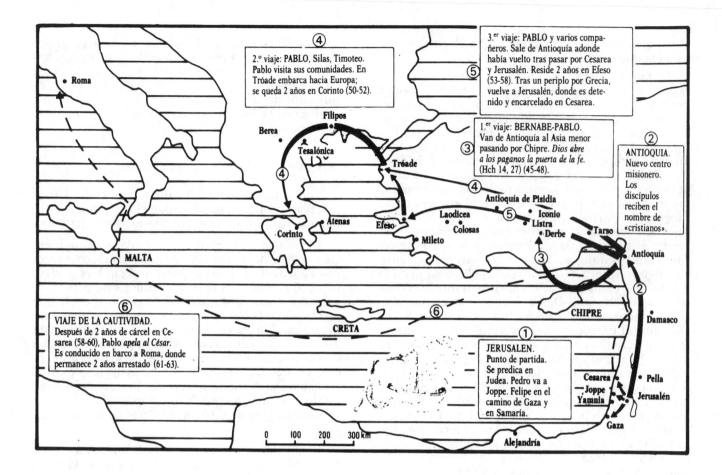

**②** ANTIOQUIA. Nuevo centro misionero. Los discípulos reciben el nombre de «cristianos».

**④** 2.º viaje: PABLO, Silas, Timoteo. Pablo visita sus comunidades. En Tróade embarca hacia Europa; se queda 2 años en Corinto (50-52).

**③** 1.er viaje: BERNABE-PABLO. Van de Antioquía al Asia menor pasando por Chipre. *Dios abre a los paganos la puerta de la fe.* (Hch 14, 27) (45-48).

**⑤** 3.er viaje: PABLO y varios compañeros. Sale de Antioquía adonde había vuelto tras pasar por Cesarea y Jerusalén. Reside 2 años en Efeso (53-58). Tras un periplo por Grecia, vuelve a Jerusalén, donde es detenido y encarcelado en Cesarea.

**⑥** VIAJE DE LA CAUTIVIDAD. Después de 2 años de cárcel en Cesarea (58-60), Pablo *apela al César.* Es conducido en barco a Roma, donde permanece 2 años arrestado (61-63).

**①** JERUSALEN. Punto de partida. Se predica en Judea. Pedro va a Joppe. Felipe en el camino de Gaza y en Samaría.

Roma · Berea · Filipos · Tesalónica · Tróade · Atenas · Corinto · Efeso · Mileto · MALTA · CRETA · Antioquía de Pisidia · Laodicea · Colosas · Iconio · Listra · Derbe · Tarso · Antioquía · CHIPRE · Damasco · Cesarea · Joppe · Yamnia · Pella · Jerusalén · Gaza · Alejandría

0   100   200   300 km

# 1

# El mundo de los primeros cristianos

Hemos emprendido nuestro viaje para descubrir el Nuevo Testamento. En esta primera etapa intentaremos conocer un poco el mundo de los primeros cristianos. Para no perdernos, podemos tomar como «guía turística» el libro de los *Hechos de los apóstoles* (más tarde estudiaremos la teología de este libro).

→ Leed de seguido el libro de los Hechos, como si fuera un reportaje. Encontraréis muchos términos nuevos, instituciones, grupos, costumbres que no conocéis; intentad descubrir lo que representan con la ayuda de las notas de vuestra Biblia. En las páginas siguientes recogeremos todo esto de forma más sistemática.

Para ayudaros en esta lectura, hc aquí un esquema de los Hechos y algunos puntos interesantes.

- **Un plano de los Hechos**

Hch 1-5: la comunidad de Jerusalén

Hch 6-15, 35: actividad misionera

– de los helenistas: Esteban y Felipe (6-8); vocación de Pablo en Damasco (9, 1-31)

– de Pedro (9, 32-11, 18)

– de la iglesia de Antioquía (11, 19-15, 4); primera misión de Pablo (13-14); «Concilio» de Jerusalén (15).

Hch 15, 36-28, 31: Pablo misionero
- Segunda misión en 50-52 (15, 36-18, 23)
- Tercera misión en 52-58 (18, 24-20, 38)
- Prisionero en Cesarea en 58-60 (21-26)
- Conducido a Roma en 61-63 (27-28).

- **Algunos aspectos**

– *Los lugares*. Palestina en el imperio romano. ¿Cuáles son las ciudades principales? ¿Cuántos habitantes tienen Jerusalén, Roma, Antioquía, Tarso...?

– *El imperio romano*. Fijaos en las alusiones a las instituciones (emperador, prefecto, justicia...), a los medios de comunicación, a la situación religiosa, social (ciudadano romano, esclavos), económica (oficios, hambre..., desplazamientos de la pareja Aquila-Priscila)...

– *El judaísmo*. Las instituciones (templo, sanedrín, sinagoga...), los grupos religiosos (fariseos, saduceos...). Los cristianos durante mucho tiempo aparecen como una secta dentro del judaísmo.

– *Los actores*. Son numerosos en este libro lleno

de vida. Si tenéis una Biblia de trabajo, podéis subrayarlos con distintos colores. Están los actores divinos: *Dios - Jesús resucitado,* al parecer ausente pero presente por doquier - el *Espíritu* - la palabra que aparece a veces como una persona (fijaos en el vocabulario: hablar, predicar, voz...). Están los *discípulos*: ¿quiénes son?; ¿qué hacen? (fijaos en el papel de los «laicos», de las mujeres...). Están los *adversarios* judíos y paganos...

– *La vida de la comunidad cristiana.* De momento se trata solamente de descubrir los aspectos de esta vida; los estudiaremos más tarde. La *predicación:* ved el número de discursos (¿de quién?; ¿a quiénes?; ¿judíos, paganos, discípulos?). La *vida litúrgica:* fracción del pan (eucaristía), bautismo, oración (¿en qué lugares?). La *enseñanza* a los nuevos bautizados. La *comunión de los espíritus* y la comunicación de bienes...

## 1. El imperio romano

En esta primera etapa de nuestro viaje nos limitaremos a «poner el decorado» en el que veremos moverse a Jesús y luego a los primeros cristianos. Para no alejarnos de los textos, hemos escogido como «guía turística» el libro de los Hechos. Si habéis hecho el trabajo que proponíamos en la p. 27, ya habréis recogido muchos datos, que habréis completado con las notas de vuestra Biblia.

Si no habéis tenido tiempo para ello, podréis contentaros con una «visita dirigida por el guía»: encontraréis aquí los principales elementos agrupados por temas; pero, siempre que podáis, consultad los textos de los Hechos.

Palestina no era entonces más que una pequeña provincia del imperio romano. «Mare nostrum»: nuestro mar; así es como llamaban los romanos al Mediterráneo, alrededor del cual extendieron su poder durante varios siglos. El año 63 a. C., el general Pompeyo conquistó Siria-Palestina, comenzando una ocupación militar que tuvo su apogeo con la toma de Jerusalén por Tito en el año 70 d. C. y su destrucción en el 135. Desde el reinado de Augusto (30 a. C. 14 d. C.) se impuso la «paz romana».

→ Antes de seguir adelante, podéis leer algunos textos de los Hechos que evocan ciertos aspectos de la vida del imperio: 10, 12; 13, 6-7; 14, 12; 16, 16-40; 17, 6.16; 18, 1-4.12.26-28; 19, 9.24; 21, 31; 22, 25-28; 23, 23.35; 24. 22-23; 25, 12; 27, 1-44; 28, 16 y Lc 3, 1-3. Al leer estos textos, señalad las instituciones, los títulos, las situaciones.

- **Un imperio en vías de socialización**

Roma estaba organizando su inmenso imperio, rico y sin rival alguno. Después de tres siglos de conquistas, intentaba unificar a los pueblos conquistados. Varios elementos contribuyeron a ello.

La *lengua.* El *latín* se habla en el oeste del imperio (Italia, Galia, España); el *griego (koiné* = lengua *común)* sustituye en el este a la mayor parte de las lenguas que allí se hablaban, y además es comprendido en todo el imperio. En Siria-Palestina se sigue hablando el *arameo;* el *hebreo* permanece como lengua litúrgica.

La *administración.* El imperio se divide en provincias unidas más o menos estrechamente a Roma. Unas son gobernadas por un procónsul (como Sergio Paulo o Galión), otras por un legado (Quirinio), otras por un prefecto o procurador (Poncio Pilato, Félix, Festo), algunas conservan cierto aspecto autonómico (por ejemplo, Palestina con Herodes el Grande y sus hijos: véase el cuadro de la p. 164).

*Vías de comunicación.* Hay una circulación muy intensa. Las vías romanas (con sus relevos y albergues), reservadas a los correos imperiales y al ejército, así como a algunos privilegiados, permiten llegar rápidamente a cualquier rincón del imperio. Numerosos barcos, tanto en los ríos como en el Mediterráneo mientras es un «mar abierto», es decir, navegable (de marzo a noviembre: cf. Hch 27, 9), transportan mercancías y pasajeros (276 personas en el barco de Pablo: Hch 27, 37).

La *justicia* es igual para todos los ciudadanos. Cualquiera de ellos puede «apelar al César» y ser llevado ante el tribunal del emperador, cesando entonces cualquier otra jurisdicción (25, 12; 26, 32).

Los *impuestos* también alcanzan a todos. Los impuestos directos recaen sobre las propiedades y sobre las personas (cf. Mt 22, 17); los indirectos, la aduana, los arbitrios, se confían a ciertas empresas generales que entregan un precio global y se encargan de recuperar (ampliamente) sus gastos por medio de recaudadores o publicanos.

El *trasiego de población* es frecuente en esta época. Tenemos un buen ejemplo de ello en los esposos Aquila y Priscila: naturales del Asia Menor, se fueron a Roma, de donde fueron expulsados por el edicto del emperador Claudio en el 49-50, instalándose entonces en Corinto; Pablo trabaja en su casa (18, 2); tres años más tarde, Pablo vuelve a encontrarlos en Efeso (18, 26).

- **Un imperio en vías de urbanización**

Es difícil indicar la población del imperio y de las grandes ciudades. La primera se calcula en unos 50 millones. Para las grandes ciudades se habla de cifras como: uno o dos millones para Roma y Alejandría, medio millón para Antioquía, Tarso, Corinto, Efeso... Jerusalén sólo contaba entonces con unos 50.000 habitantes, aunque para las grandes fiestas se reunían tres o cuatro veces más.

No todos estos habitantes tenían la misma condición. Entre los *hombres libres* destacan los *ciudadanos romanos:* este título tan deseado puede tenerse por derecho (en Italia), o por nacimiento (por ejemplo, los descendientes de los colonos romanos), o por pagarlo a precio elevado (como Lisias: 22, 28); exentos de varios impuestos, están además protegidos por la ley (16, 37-39; 22, 25). Otros son *peregrinos,* es decir, extranjeros a la ciudadanía romana y con menos derechos. La suerte de los numerosísimos *esclavos* (en las grandes ciudades son las dos terceras partes de la población) varía según el humor del dueño o según su estado: muy dura en el campo, la situación es a veces más tolerable en la ciudad, sobre todo para los esclavos especializados (artesanos, cocineros, médicos...); pueden ser liberados por beneplácito del dueño o pagando un precio por ello.

- **Buscando un «suplemento de alma»**

En las provincias conquistadas se tiene la impresión de que los dioses nacionales han fallado, ya que no han sido capaces de defender a su pueblo contra Roma. El «ateísmo» se generaliza por todas partes: ya no se cree en los dioses, aunque se «practique» una religión oficial que se impone como un vínculo cultural. El sentido a la vida se busca en otros lugares: en la reflexión filosófica o sabiduría (17, 16) o en las religiones místericas en donde se cree encontrar la salvación mediante la iniciación en las mismas.

Se desarrollan las pequeñas asociaciones, bien por motivos religiosos o bien para evitar la despersonalización provocada por la socialización.

- **Los judíos y los cristianos en el imperio**

El *judaísmo* es ante todo *Jerusalén,* centro de la religión oficial en torno al templo, que se extiende luego a la «tierra de Israel», la Judea, como se llamaba entonces (hasta el año 135 no se la llamará «Palestina» o «tierra de los filisteos»). Este territorio, de una extensión como Bélgica o Cataluña, no contaba entonces más que con medio millón de judíos.

El judaísmo es también la *diáspora* o *dispersión.* Hace siglos que los judíos se instalaron fuera de Judea: unos se quedaron en Babilonia después del destierro; otros se establecieron en Alejandría, donde formaban la quinta parte de la población; por todas las ciudades por donde pasa Pablo hay florecientes comunidades judías (por ejemplo: 13, 14; 14, 1; 16, 13; 17, 2; 18, 4...). Se calcula que del 8 al 10% de la población del imperio era judía (es decir, unos 7-8 millones). Era activo el proselitismo o deseo de lograr conversiones (19, 13; cf. Mt 23, 15).

Los judíos gozan en el imperio de un estatuto especial: exención del servicio militar, respeto del sábado, posibilidad de pagar un impuesto anual al templo. Así, pues, dependen oficialmente de dos jurisdicciones: la del emperador y la del sanedrín de Jerusalén.

El *cristianismo* no es, al principio, más que una secta dentro del judaísmo y goza de sus mismos privilegios. Cuando se separe del judaísmo, se convertirá para la ley romana en una «religión ilícita», en una «superstición», y podrá entonces ser perseguida.

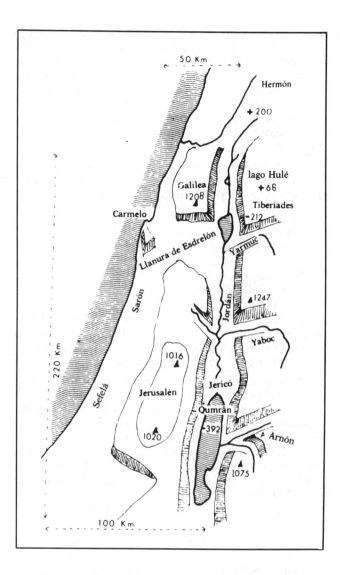

en terrazas) un suelo pedregoso, el valle del Jordán con su fresco oasis de Jericó...

Las lluvias, bastante abundantes, sólo caen entre octubre y marzo; el agua tiene que conservarse cuidadosamente en cisternas.

– La *agricultura* es el recurso principal. Por todas partes se cultiva el *trigo*, base de la alimentación, y la *cebada*. La siembra empieza tras las primeras lluvias. La cosecha de cebada se hace antes de pascua; la de trigo, entre pascua y pentecostés.

Los *olivos* dan aceite abundante, que se exporta a Egipto y a Siria. También se exportan *higos* a Roma.

La *viña* se cultiva sobre todo en Judea. En los viñedos suele haber un lagar y también una torre desde donde se acecha a los ladrones y a las zorras.

Junto a las frutas y legumbres ordinarias *(lentejas, guisantes, lechugas)* hay otros productos más refinados que llegan hasta la mesa del emperador, como las *granadas* y los *dátiles* de Jericó o de Galilea, las *trufas* de Judea, las *rosas* con las que se hace una esencia perfumada, y sobre todo el *bálsamo* de Judea, que cuesta un ojo de la cara y que comercian a gusto los traficantes.

El país tenía entonces muchos bosques... ¡hasta que pasaron las cabras!

Había *ganado* en abundancia: ovejas y cabras que producían carne, leche, cuero, lana... El templo, con sus numerosos sacrificios, obligaba a un gran consumo de bovinos. También había asnos robustos, que servían para las labores agrícolas y para los desplazamientos. Para los transportes más pesados se usaba el camello. El caballo estaba reservado a los ricos.

– La *industria* contaba con varios sectores prósperos.

La *pesca* se practicaba en los ríos, pero sobre todo en el lago de Tiberíades, donde se comercializaba el pescado seco o ahumado para todo el país.

La *construcción* marchaba bien. Del 20 a. C. hasta el 64 d. C. se realizan grandes obras de embellecimiento en el templo, donde llegan a trabajar hasta 18.000 obreros. Herodes Antipas construye Tiberíades y fortifica Séforis y Julias. Agripa construye una

## 2. Palestina

### • Economía

El mapa anterior os permite situar las llanuras fértiles (Yezrael, Sarón, Sefelá), las mesetas de Galilea y de Samaría-Judea, en donde se cultiva (a veces muralla al norte de Jerusalén, y Pilato un nuevo acueducto.

La *artesanía* responde a las necesidades de la vida diaria: tejido, hilaturas, teñido, enfurtido, curtido de pieles, alfarería, joyería...

El templo es el gran «complejo industrial». Los sacerdotes y los levitas hacen su negocio; los albañiles tallan la piedra; se sacrifican millares de corderos y terneros; las pieles (propiedad de los sacerdotes) se curten y se exportan. La afluencia de peregrinos favorece a los comerciantes (alimentación y «souvenirs»), ya que los peregrinos han de gastar allí el importe del segundo diezmo.

— El *comercio* interior suele reducirse a un intercambio de mercancías. En el comercio exterior, se *importan* sobre todo productos de lujo (cedros del Líbano, incienso, aromas, oro, hierro y cobre de Arabia, especias y tejidos de la India...); se *exportan* alimentos (frutas, aceite, vino, pescado), perfumes, pieles y betún del Mar Muerto. Este comercio está en manos de grandes negociantes.

Todo esto hace que Palestina pudiera ser muy bien un país «donde corre leche y miel», si no fuera por los impuestos y por la distribución desigual de las riquezas.

• **Ricos y pobres**

Hay una minoría que lleva una vida fastuosa: la corte del soberano, la aristocracia sacerdotal de Jerusalén, los grandes comerciantes, los jefes de los recaudadores de impuestos, los propietarios de grandes fincas (sobre todo en Galilea).

La clase media la constituyen los artesanos y los sacerdotes de las aldeas; los pequeños terratenientes, endeudados muchas veces, están más cerca de los pobres.

Los más desvalidos son los obreros y jornaleros, los que no encuentran trabajo y no tienen más remedio que ponerse a mendigar, y desde luego los esclavos.

Los enfermos (son frecuentes las enfermedades de la piel –la «lepra»–, las de la vista) viven de limosna: la limosna constituye un deber religioso importante.

---

### DIVISIONES SOCIALES EN EL TRASFONDO DEL NT

Los mismos evangelios nos permiten situar la problemática social de Palestina en tiempo de Jesús. Ahora quiero precisarla a partir de cuatro textos que son fundamentales. Es muy significativo el hecho de que en todos ellos aparezcan en primer lugar los problemas relativos a la justicia material (pan) y a la social (acogida mutua, perdón interhumano, superación del poder). Desde este fondo, el evangelio ha de entenderse como palabra de reconciliación interhumana que se ofrece y que se expande sobre un mundo que se encuentra ahora dividido:

– *El Padrenuestro* (Lc 11, 3-4): sus problemas son el pan, el perdón (unidad social) y la libertad (entendida sobre todo en forma escatológica).

– *Tentaciones de Jesús* (Mt 4, 1-11): le sitúan ante el problema del pan, del poder (plano social) y del milagro (seguridad ideológica).

– *Magnificat* (Lc 1, 51-53): nos pone ante el conflicto del pan (ricos y pobres), ante la exigencia de la igualdad social (opresores y oprimidos) y ante el riesgo de la autodivinización humana (superación de soberbia).

– *Juicio final* (Mt 25, 31-46): resalta el plano económico (comida, bebida) con la exigencia de acogida social (recibir al exiliado y desnudo) y de ayuda al expulsado (visitar al enfermo y encarcelado).

---

Aparte están los ladrones, muy numerosos.

• **Grupos sociales**

Presentamos sucesivamente los grupos sociales, religiosos y políticos. De hecho es imposible distinguirlos con tanta claridad, ya que se interfieren sus funciones y su estatuto.

Al lado de los *ricos*, de las *clases medias*, de los

*pobres*, cabe señalar algunas categorías particulares.

→ Leed Hch 4, 1-17; 5, 17-42: destacad las categorías citadas: ¿qué es lo que representan?

– *El clero*. Hay una gran diferencia entre la aristocracia sacerdotal de Jerusalén y el resto del clero.

En la cima de la jerarquía está el *sumo sacerdote*. Responsable de la ley y del templo, presidente del sanedrín, el único que puede entrar una vez al año en el «santo de los santos», es el jefe indiscutible del pueblo. Cargo vitalicio antiguamente, los reyes judíos y luego los romanos los nombraban y destituían a su gusto; por eso el sumo sacerdote tenía que complacer a las autoridades civiles para conservar su puesto. Era un cargo bien remunerado, porque conllevaba una parte porcentual de las ofrendas, y beneficios sobre las ventas de animales... Y como esos sumos sacerdotes pertenecían a cuatro familias, es fácil de adivinar el poder político y económico que tenían.

Los diversos *responsables del templo* forman también parte de esta aristocracia; con frecuencia pertenecen a esas mismas familias. Todos estos sacerdotes son *saduceos*.

Los *sacerdotes rurales* son unos 7.000. Muy cercanos al pueblo pobre, comparten su vida, sus oficios y su pobreza. Distribuidos en 24 secciones o clases, ejercen sus funciones por turno en el templo durante una semana cada año, así como en las tres fiestas de peregrinación. Se saca a suerte el encargado de ofrecer el incienso; como no podrá ser designado de nuevo hasta que todos los demás hayan pasado por esta distinción, se trata de la gran oportunidad de toda su vida (Lc 1, 5-9). Algunos, más instruidos, son *escribas*. Muchos son *fariseos*.

Los *levitas*, especie de bajo clero que había perdido todo poder, son los parientes pobres del clero. Cerca de 10.000, distribuidos también en 24 secciones, ejercen su función subalterna en el templo una semana cada año: preparación de los sacrificios, percepción de los diezmos, música, limpieza y policía del templo...

– *Los ancianos*. Son una especie de aristocracia laica de contornos poco definidos. También aquí

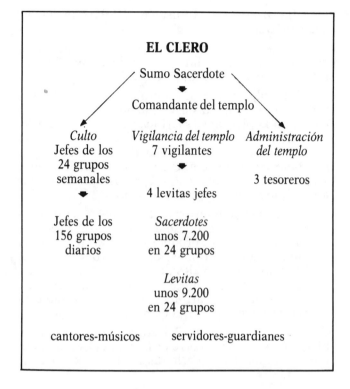

**EL CLERO**

Sumo Sacerdote

Comandante del templo

*Culto*
Jefes de los
24 grupos
semanales

*Vigilancia del templo*
7 vigilantes

*Administración
del templo*

3 tesoreros

4 levitas jefes

Jefes de los
156 grupos
diarios

*Sacerdotes*
unos 7.200
en 24 grupos

*Levitas*
unos 9.200
en 24 grupos

cantores-músicos          servidores-guardianes

hay una gran diferencia entre los jefes de aldea y el pequeño grupo de ricos comerciantes o hacendados que ocupan un sitio en el senado o sanedrín de Jerusalén. Se aferran a su poder y para ello procuran quedar bien con los ocupantes romanos y con los sumos sacerdotes. Parecen ser *saduceos*.

– *Los escribas o doctores de la ley*. Son esencialmente los especialistas de la ley, reconocidos como tales al final de unos largos estudios, hacia la edad de 40 años. Tienen una gran influencia como intérpretes oficiales de las Escrituras, tanto en la vida corriente como ante los tribunales. Algunos son sacerdotes, pero la mayor parte son *laicos* y *fariseos*. Verdaderos maestros del pueblo, comparten muchas veces con él su pobreza. Los más célebres por esta época son *Hillel* y *Sammai* (antes de nuestra era), *Gamaliel* (maestro de Pablo: 5, 34; 22, 3), *Yohanan ben Zakay* (jefe de la escuela de Yamnia después del año 70: cf. p. 37), *Aqiba* (ejecutado por los romanos el año 135).

Los escribas rodearon la ley de una verdadera «valla» de prescripciones, que hoy nos parecen un yugo insoportable. De hecho, podían ser un medio de liberación: extendiendo de este modo a todo el pueblo las reglas de pureza reservadas primitivamente a los sacerdotes, permitían a todos estar más cerca de Dios.

– *Los publicanos*. Estos recaudadores de impuestos no son los ricos administradores generales, sino sus auxiliares. Judíos, cobran los impuestos en beneficio del ocupante romano; por eso, y porque tendían a aumentar los impuestos por su propia cuenta, eran mal vistos y considerados como pecadores públicos.

• **Grupos religiosos**

Habitualmente se designa a estos grupos con el nombre de *sectas;* esta palabra no tiene evidentemente ningún carácter peyorativo. Las tres principales nacieron en la época de los macabeos (véase *Para leer el AT*, 112).

→ Leed Hch 4, 1-17; 5, 17-42; 18, 24-48; 22, 2; 23, 6-9: ¿qué sectas aparecen?; ¿cuál es su doctrina?

– *Los fariseos*. Tienen mala prensa. Es una pena. Y una injusticia. Los fariseos eran unos santos. Se *separaron* (tal es el sentido de la palabra) de los asmoneos, considerados como infieles, y así se alejaron del pecado. Se muestran preocupados sobre todo de la santidad de Dios, cuya ley meditan asiduamente. Como saben que es difícil vivir continuamente en presencia del Dios santo, se rodean de toda una red de prácticas. Pero no son hipócritas; cuando el fariseo de la parábola (Lc 18, 9-13) dice que ayuna dos veces por semana, que da el 10% de sus bienes a los pobres..., lo hace así.

Son los testigos auténticos de la verdadera fe, y Jesús, que recibió de ellos su formación y su manera de orar a Dios, se siente cerca de ellos. Su único error está en creer que pueden apoyarse en su santidad para acercarse a Dios, que se han ganado el cielo con sus méritos. Si Jesús se opuso a ellos con tanta dureza, quizás es porque se sintió decepcionado de ver cómo pervertían así su santidad y tam-

## LOS PROFETAS ESCATOLOGICOS

Propiamente hablando, en los años que actuó Jesús no había en Palestina una situación de guerra abierta (de guerrilla) ni de revolución. Externamente, las cosas parecían tranquilas. Pero en el fondo se expandían la opresión y la violencia. Había miedo, crecían la inseguridad y el hambre. En estas circunstancias han surgido diferentes profetas escatológicos. Los más conocidos son:

– *Teudas*, un hombre de palabra convincente que reunió a bastantes seguidores, llevándoles al Jordán y anunciándoles que Dios partiría de nuevo las aguas del río, inaugurando así su acción escatológica en el mundo. Pero el procurador romano le persigue con su ejército y quiebra su esperanza.

– *Un judío egipcio*, de nombre desconocido, juntó también a muchos seguidores y les llevó hasta el monte de los olivos, prometiéndoles que Dios rompería las murallas de Jerusalén para así iniciar el «reino». Pero vinieron los romanos y destruyeron también su movimiento.

– *Juan bautista* fue igualmente un profeta escatológico: anunciaba el fin del mundo, preparaba a los hombres para el juicio ya inminente, poniendo así en marcha un proceso popular muy fuerte de conversión y de esperanza. Herodes, rey de Galilea y de Perea, tuvo miedo de su influjo y le condenó a muerte (sin matar, sin embargo, a sus seguidores, a quienes considera menos peligrosos).

– *También Jesús de Nazaret fue profeta escatológico*. Por eso debemos compararle con ellos y no con los zelotes y sicarios posteriores que acabamos de citar. Jesús es un profeta de Dios y como tal ha denunciado la situación social y religiosa del pueblo anunciando y ofreciendo las señales del reino de Dios sobre la tierra. Sabemos que los otros movimientos proféticos del tiempo fracasaron. En cambio, el de Jesús ha perdurado, gracias a la nueva experiencia pascual de los discípulos, como supone el mismo NT (cf. Hch 5, 33-42; 21, 38).

bién porque ejercían una gran influencia sobre el pueblo sencillo que los admiraba. Esta influencia se debía más a su santidad que a su número: no eran más que unos 6.000. Algunos mostraron con Jesús y sus discípulos una actitud muy abierta (Jn 3; Lc 7, 36; 13, 31; Hch 5, 34; 15, 5; 23, 9). Fueron ellos los que salvaron el judaísmo después del año 70.

– *Los saduceos*. Casta aristocrática, sobre todo sacerdotal, su doctrina es poco conocida. Parece que sólo reconocen como ley el Pentateuco (y no a los profetas); no creen ni en la resurrección ni en los ángeles (23, 8). Oportunistas en política, colaboran gustosamente con los romanos para mantener su poder. Fueron duros con Jesús y con el cristianismo naciente. No tenían suficiente vitalidad religiosa para sobrevivir al desastre del año 70 y desaparecieron entonces de la historia.

– *Los esenios*. Especie de monjes que vivían en comunidad a orillas del Mar Muerto, su doctrina es mejor conocida desde que en 1947 se descubrieron los manuscritos de Qumrán. Bajo la guía de un sacerdote que ellos llaman el «maestro de justicia», se separaron de los demás judíos, que juzgaban poco fervorosos. Vivían en la oración y meditación de las Escrituras, preparando activamente la venida del reino de Dios. Su monasterio fue destruido por los romanos en el año 70.

– *Los movimientos bautistas*. Entre el 150 a. C. y el 300 d. C. hubo en Palestina y en otros países numerosos movimientos bautistas. Se caracterizan por la importancia que daban al bautismo como rito de iniciación o de perdón y por una actitud hostil frente al templo y los sacrificios. Los *nazareanos* (distintos de los nazarenos: véase más abajo) rechazan todo sacrificio cruento. El movimiento de Juan bautista se inscribe en esta corriente, pero no tiene nada de sectario: está abierto a todos y no rechaza nada de la fe tradicional. Parece ser que este movimiento sobrevivió a su muerte, como atestigua el grupo que existía en Efeso hacia el año 54 (Hch 19, 1-7).

– *El «pueblo de la tierra»*. Con este término despreciativo designan a veces los fariseos al pueblo sencillo e ignorante de la ley, incapaz por consiguiente de respetar sus muchas prescripciones y, por eso mismo, impuro (cf. Jn 7, 49; Hch 4,13).

– *Los nazarenos*. En una ocasión designan así los judíos a los cristianos (Hch 24, 5). Se discute el origen de la palabra. De todas formas, esto señala un hecho indiscutible: durante mucho tiempo, los discípulos de Jesús aparecen como una secta nueva dentro del judaísmo.

– *Los samaritanos*. No forman una secta propiamente dicha. De origen muy dispar (véase *Para leer el AT*, 59 y 103), los samaritanos se separaron del judaísmo oficial. Tenían el Pentateuco en común con los judíos, pero construyeron su templo en el monte Garizín. Mantenían unas relaciones tensas con los judíos (cf. Lc 9, 52; Jn 4, 9; 8, 48). El comportamiento de Jesús con ellos escandalizó a sus contemporáneos (Jn 4, 5-40; Lc 10, 13; 17, 10-17). La misión cristiana se desarrolló primero entre ellos (Hch 1, 8; 8, 5-25; 9, 31; 15, 3).

– *Paganos vinculados con el judaísmo*. Para el judaísmo, el mundo se divide en dos grupos: los *judíos* (los *circuncisos*) y los *paganos* (o *naciones, gentiles, incircuncisos*). Pero estos últimos pueden agregarse a los primeros.

Los *prosélitos* (de un verbo griego que significa simplemente *acercarse)* son los paganos que aceptan la ley judía, con la circuncisión y las demás prácticas (2, 11; 6, 5; 13, 43; cf. Mt 23, 15).

Los adeptos o *temerosos de Dios* aceptan la fe judía, pero no se circuncidan y siguen por tanto siendo paganos (10, 2.22; 13, 16.26.43.50; 16, 14; 17, 4.17; 18, 7).

• **Grupos políticos**

Frente a los ocupantes romanos, los judíos se dividen entre colaboradores y resistentes.

Para conservar su poder, los ricos, el alto clero, colaboran gustosamente. Poco conocidos, los *herodianos* son sin duda los partidarios del rey Herodes Antipas; se opusieron a Jesús (Mt 22, 16; Mc 3, 6; 12, 13).

## ZELOTES Y SICARIOS

En contra de lo que suele decirse de ordinario, las investigaciones de estos últimos años parecen haber demostrado que en tiempos de Jesús *no había en Palestina un partido militar judío propiamente dicho*, organizado, en pie de guerra. Había más bien tendencias militaristas que sólo vendrán a organizarse después de un modo estricto (pocos años antes de la guerra del 67-70 d. C.). Esas tendencias eran de dos tipos:

– *La tendencia zelote* puramente dicha pone de relieve una exigencia de tipo nacionalista y sacerdotal: defiende la sacralidad de Israel como pueblo, sin buscar la revolución social. Estaría en la línea de lo que hoy suele llamarse el «reformismo burgués» de tipo nacionalista.

– *La tendencia de los «sicarios»*, a quienes la tradición posterior suele presentar despectivamente como «bandoleros», ofrecía carácter revolucionario estricto. A los sicarios no les basta la independencia nacional: quieren una transformación social, buscan la igualdad entre los hombres; por eso se rebelan en contra de los ricos y queman los archivos donde se contienen los registros de propiedad civil.

## ORIGEN DEL MOVIMIENTO ZELOTE

Este documento de Flavio Josefo revela cuál es el clima social y político en que hunde sus raíces aquel movimiento revolucionario que desembocaría el año 66 p. C. en la guerra abierta contra Roma. Con ocasión del censo hecho bajo Quirinio el año 6 p. C., surgió la revuelta de Judas el Galileo: «Aunque los judíos se turbaron al principio al oír hablar del censo, se sometieron a él... Pero Judas, de la ciudad de Gamala, se puso de acuerdo con el fariseo Sadduk y comenzaron la revuelta. Decían que tolerar el censo era admitir la propia esclavitud e instigaban a la nación a recuperar la libertad».

*Antigüedades*, XVIII, 3

• **Las instituciones**

→ Leed algunos textos: 3, 1-2; 6, 1-15; 9, 1-2; 13, 13-15. 44- 52; 16, 11-15.

– *El templo*. Magníficamente restaurado por Herodes, el templo se levanta en medio de una explanada de unos 300 x 500 m. Es el lugar santo de la presencia de Dios, con unos accesos estrictamente

El «celo» por la ley, por el contrario, provoca a los más religiosos a una resistencia, pacífica por parte de los fariseos y violenta por parte de aquellos a los que desde el 66 se llamará *zelotes* y, en algunos casos, *sicarios* (del nombre de *sica* = puñal, fácilmente disimulable entre los vestidos). Fueron ellos los principales responsables de la rebelión que condujo al desastre del año 70. Antes se conocen algunas revueltas que abortaron, promovidas por personas que se pretendían «mesías» (5, 36; 21, 38).

Es importante recordar este contexto tan movido de pasiones para comprender las diversas actitudes que se tomarán frente a Jesús-mesías (por ejemplo, Jn 6, 15).

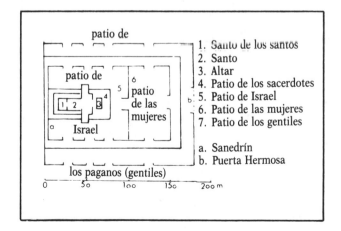

patio de

1. Santo de los santos
2. Santo
3. Altar
4. Patio de los sacerdotes
5. Patio de Israel
6. Patio de las mujeres
7. Patio de los gentiles

a. Sanedrín
b. Puerta Hermosa

patio de Israel

patio de las mujeres

los paganos (gentiles)

reglamentados. En el santo de los santos, habitación vacía cerrada por la cortina del templo, donde se encontraba antiguamente el arca, sólo podía penetrar el sumo sacerdote una vez al año, el día del kippur. Luego, alrededor del altar, había un pequeño patio reservado a los sacerdotes. Vienen después el patio de Israel (los hombres), el patio de las mujeres, separado del patio de los gentiles por una balaustrada que ningún pagano podía franquear bajo pena de muerte.

Sobre el inmenso altar de 25 m de lado y 7,5 de alto se inmolaba por la mañana y por la tarde un cordero en «sacrificio perpetuo», junto con innumerables sacrificios privados. Los días de fiesta se multiplicaban los sacrificios, los sacerdotes y levitas iban y venían de un lado para otro, la gente se agolpaba...

El cordero pascual se inmolaba también allí antes de comérselo en casa. Por eso, desde la destrucción del templo en el año 70, la pascua judía se celebra sin cordero.

Centro de la religión, el templo es también el centro político (tiene allí su sede el sanedrín) y económico de la nación gracias a la actividad que engendra.

– *La sinagoga y el culto*. La palabra *sinagoga* designa en primer lugar la reunión de los creyentes. Como nuestra palabra «iglesia», pasó luego a designar el edificio en donde se reúne la comunidad. Más aún que el templo, lejano para muchos y adonde sólo subían (teóricamente) en las fiestas, es el lugar donde se forjan la fe y la piedad del pueblo.

El *culto*, tres veces al día, comprende una enseñanza: lectura de la ley, iluminada por un texto de los profetas y seguida por una homilía. Puede hacerla cualquier fiel (cf. Lc 4, 16s), pero de hecho se reserva a los escribas, a los fariseos, que forman así la fe común según su doctrina. La oración, además del rezo de los salmos, consiste esencialmente en tres grandes bendiciones que enmarcan la recitación del *sema*, resumen de la fe de Israel (véase una de estas oraciones y algunos detalles en las p. 149-150); terminaba con las 18 bendiciones por las maravillas de Dios con su pueblo.

– *Las fiestas*. Las tres fiestas de peregrinación son las más importantes: reúnen al pueblo junto al templo y refuerzan la fe común.

La *fiesta de pascua* celebra la liberación del éxodo (véase *Para leer el AT*, 29s). En esta ocasión acuden unos 200.000 peregrinos a Jerusalén. La tarde del 14 de Nisán se inmola en el templo a los corderos que come la familia después de ponerse el sol. La fiesta se prolonga durante ocho días. El tumulto es entonces tan grande que la autoridad romana ha de prever los motines y el procurador, que reside habitualmente en Cesarea, sube también a Jerusalén.

*Pentecostés*, cincuenta días más tarde, fue primero la fiesta de la cosecha o de las semanas (Ex 23, 16; 34, 22), pero pasó a ser luego, a comienzos de nuestra era, la celebración del don de la ley en el Sinaí, fiesta de la alianza y renovación de esa alianza (lo

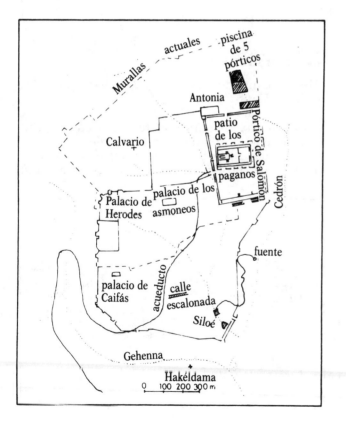

mismo que cuando el cristiano «renueva» su bautismo en la noche pascual).

La *fiesta de las tiendas* o *de las chozas* es la más espectacular. Para recordar la estancia en el desierto, cada familia se hacía una choza de ramaje en los alrededores de la ciudad (en su terraza o en la sala de estar actualmente). Había algunos ritos muy populares, como la procesión de los sacerdotes a la fuente de Siloé, acompañados del pueblo que lleva palmas (cf. Jn 7, 37s y quizás los «ramos» de la entrada de Jesús en Jerusalén), y también la iluminación de los cuatro candelabros que alumbraban a toda la ciudad (cf. Jn 8, 12).

El *yom kippur (día del perdón)* es una fiesta de penitencia. Es la única vez al año en que el sumo sacerdote entra en el santo de los santos para ofrecer en expiación la sangre de una víctima (véase la carta a los Hebreos, p. 69). Esta fiesta va preparada por el *ros ha-sana (año nuevo)*. La *fiesta de la dedicación* o *hannuká* celebra la purificación del templo el 164 a. C. por Judas Macabeo (cf. Jn 10, 22). Los *purim* (las *suertes*) conmemoran la salvación del pueblo por obra de Ester; esta fiesta se convirtió en el equivalente a nuestro carnaval.

— *El sábado*. El sábado es, con la circuncisión, la práctica más sagrada. El descanso estricto, con ciertas actividades muy limitadas y minuciosamente reglamentadas, tenía que permitir al hombre descansar y alabar a Dios. Se convirtió en un yugo insoportable (cf. Mc 2, 27).

— *El sanedrín*. El gran sanedrín de Jerusalén (palabra griega que significa *sentarse juntos*) estaba compuesto por 71 miembros: ancianos, sumos sacerdotes (saduceos) y algunos escribas (fariseos). Lo presidía el sumo sacerdote. Instituido sin duda un siglo antes de Jesucristo, se reúne en el templo dos veces por semana. Tiene un poder político: vota las leyes, tiene policía propia, puede condenar a muerte, pero en tiempos de Jesucristo no puede ejecutar la sentencia. Es también la corte suprema religiosa, que fija la doctrina, establece el calendario litúrgico y regula la vida religiosa. Dejó de existir el año 70 como poder político. Como poder religioso, renació en Yamnia.

Por todo el país hay pequeños sanedrines, compuestos de 23 miembros (cf. Mt 10, 17).

## 3. Yamnia o el judaísmo después del 70 d. C.

Los judíos se rebelaron contra Roma en el 66. Tras una guerra cruenta, Tito, hijo y más tarde sucesor del emperador Vespasiano, toma Jerusalén el año 70. El templo queda destruido. Millares de judíos mueren o son vendidos como esclavos. ¿Será ése el fin del judaísmo?

Algunos fariseos, entre ellos Yohanan ben Zakay, se agruparon antes de la tragedia en *Yamnia* (la actual *Yabné* o *Yavné*, al sur del Tel Aviv). Lograron dar a su religión un nuevo impulso, del que es heredero el judaísmo actual. Como las otras corrientes desaparecieron en medio de la tormenta (saduceos, esenios), el *judaísmo fue desde entonces fariseo*. De momento había que defenderse en dos frentes.

*En el interior*, había que acabar con las divisiones entre los judíos. Se estableció un calendario litúrgico único, se unificó el culto en la sinagoga; sobre todo se fijó el «canon de las Escrituras» o lista

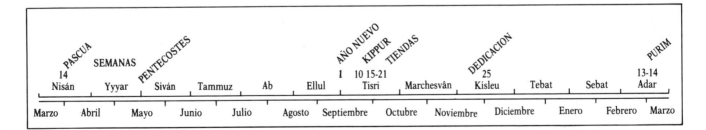

de libros que sirviesen de *regla* (= *canon*) de fe. Sólo se mantienen entonces los libros escritos en hebreo, a pesar de que los judíos de Alejandría reconocían otros, escritos o conocidos en griego (esta diferencia se observa también entre las Biblias católicas y protestantes: cf. *Para leer el AT*, 114).

*En el exterior*, este judaísmo se enfrenta con el cristianismo, bien implantado en Palestina (los cristianos huyeron antes del 70 de Jerusalén para establecerse en Pella, al este del Jordán, y en Galilea), así como en Asia Menor, Grecia, Egipto... En Yamnia se tomaron medidas que prohibían a los cristianos participar en la plegaria judía; se introduce en las 18 bendiciones una petición contra los «herejes, apóstatas y orgullosos», es decir, contra los cristianos. La ruptura es ya un hecho. El cristianismo se convierte en «una secta judía rechazada» por el judaísmo.

### • Los cristianos y Yamnia

Nunca se habla de Yamnia en el Nuevo Testamento, pero algunos detalles no acaban de explicarse más que por la influencia de este judaísmo renaciente, sobre todo en el *evangelio de Mateo*, donde se recogen las tradiciones de las comunidades que vivían en Siria-Palestina, o sea, las más en contacto con los fariseos de Yamnia. Mt subraya lo que les opone y les acerca a ellos.

La *oposición* es más clara. El Jesús de Mt es muy duro con los fariseos (Mt 23); opone la oración cristiana a la suya (6, 5- 6); el «yugo» que propone es suave frente a las innumerables prácticas que ellos imponen (11, 29-30); la gente reconoce que la autoridad de Jesús no es como la de ellos (7, 29)... Pero, cuando se lee a Mt, conviene preguntarse siempre quién es el que habla: ¿el Jesús de los años 30, o el resucitado de los años 80-90 que ataca a los fariseos de Yamnia?

Mt intenta también subrayar su *acuerdo en profundidad* con lo mejor de ese fariseísmo. El sermón de la montaña se presenta como un gran catecismo, paralelo a la enseñanza de Yamnia y apoyándose en las tres columnas clásicas del judaísmo: la justicia, las buenas obras tradicionales y el culto. En dos ocasiones, el Jesús de Mt, y sólo él, cita Os 6, 6 (Mt 9, 13; 12, 7); pues bien, éste es precisamente uno de los textos predilectos de Yohanan ben Zakay, el fundador de Yamnia; se cuenta que un día uno de sus discípulos se lamentaba de la destrucción del templo: ya no era posible ofrecer sacrificios por el perdón de los pecados. «No te aflijas, hijo mío –respondió Yohanan–, porque tenemos una expiación que tiene el mismo valor: los actos de misericordia, ya que, según la Escritura, *es amor lo que quiero, y no sacrificios*».

## 4. Los primeros cristianos

A lo largo de nuestro recorrido veremos quiénes son los cristianos y cómo viven. Podemos reunir aquí algunos elementos que nos ofrece esta lectura de los Hechos.

He aquí algunos textos entre otros muchos: 1, 13-15; 2, 41-46; 3, 1; 4, 23-31.32-37; 6, 1-15; 9, 1-2; 14, 27; 15, 1-12; 18, 24- 28; 20, 17-38; 21, 8-10... Describid la vida de estos primeros cristianos.

### • Una secta judía rechazada

Al principio, y durante mucho tiempo, los discípulos de Jesús –que no tomaron el nombre de cristianos hasta algunos años después de la resurrección, en Antioquía (11, 26)– aparecen como una secta dentro del judaísmo: Pedro y Juan van a rezar al templo; Pablo predica en las sinagogas, va al templo para cumplir un voto (21, 26). Hay ciertamente entre ellos divergencias doctrinales, pero la práctica es la misma.

La repulsa empezó cuando los helenistas –los judíos de la diáspora establecidos en Jerusalén, que hablaban en griego– empiezan a discutir esa práctica (sobre todo la veneración del templo y los sacrificios); la división se acentuó cuando empezaron a entrar los paganos en la iglesia («concilio» de Jerusalén).

## Vida de la comunidad

Esta iglesia o reunión de los que habían escuchado la llamada de *Dios* en el nombre de *Jesús*, Cristo y Señor, está animada por el *Espíritu*.

Según Lucas, la caracterizan tres aspectos:

— Los discípulos acuden asiduamente a la *enseñanza de los apóstoles*. En esa catequesis a los nuevos bautizados, se interpretan las Escrituras a la luz de Cristo resucitado; se recuerdan las palabras y los hechos de Jesús para encontrar en ellos una regla de vida. Así, poco a poco, se va recogiendo la materia de los evangelios.

— Los discípulos practican asiduamente la *comunión fraterna*, comunión de *corazones* que se expresa en la *comunión de bienes*; no hay pobres entre ellos, pues nadie considera suyo lo que le pertenece, sino que lo pone a disposición de todos.

— Los discípulos celebran asiduamente la *fracción del pan*, es decir, la eucaristía, y las *oraciones*. Rezan en el templo, en las casas o en otros lugares (21, 5).

## El Espíritu y los ministros

El resucitado dio su *Espíritu* a la comunidad para animarla. Le dio también unos *ministros* para que sirvieran a los creyentes. Poco a poco fueron naciendo y diferenciándose los diversos ministerios.

Hay que poner aparte a los *doce*. Fundamento de la iglesia, no podrán ser sustituidos en calidad de tal.

Ellos establecieron en Jerusalén a los *ancianos* (o *presbíteros*, según una palabra griega) y Pablo hizo lo mismo en sus comunidades. También instituyeron *inspectores* (episkopos, en griego, de donde nuestra palabra *obispo*). Los helenistas se dedicaron al servicio o *diakonía*; más tarde se convirtieron en los precursores de los diáconos (aunque parece ser que ellos no eran diáconos, sino responsables de la iglesia). También van apareciendo los *enseñantes*, los *profetas* y *profetisas* (21, 9)...

Pero no vayamos a creer que existe ya la jerarquía tal como la conocemos a partir del siglo II; todo está aún en gestación.

## Una comunidad misionera

Los discípulos se sienten responsables de transmitir a todos lo que han descubierto: «Nosotros no podemos menos de contar lo que hemos visto y oído», declara Pedro al sanedrín (4, 20). Movida por el Espíritu, la comunidad de Antioquía envía a Bernabé y a Pablo a misionar (13, 1-3). Y en el entusiasmo de su fe, Apolo se pone a catequizar incluso antes de que se complete su formación (18, 24-28).

## Comunidad una y diversa

Esta única iglesia es también la iglesia de Jerusalén, la iglesia establecida en Antioquía, en Efeso... El rostro de cada comunidad está modelado por lo que vive, por su situación histórica y económica,

---

### LAS PALABRAS Y LAS OBRAS

Como sabe Hch 1, 1, el camino de Jesús implica *hechos y palabras*: el gesto del servicio social (o ayuda humanitaria) y la palabra de anuncio salvador que convoca y reúne a los creyentes. Así lo muestran el evangelio y la misma historia de la iglesia:

— *El evangelio de Mateo* sabe unir los dos aspectos, introduciéndolos en el mismo centro de su mensaje: por eso los *misioneros de Jesús* van con la palabra (cf. Mt 28, 16-20), pero al final el Hijo del hombre ha de juzgar a todos *conforme a sus acciones* (dar de comer, dar de beber...; cf. Mt 25, 31- 46).

— *Por su parte, el autor del libro de los Hechos* acentúa los dos rasgos en el mismo principio de la iglesia: así, *los apóstoles* deben dedicarse a la oración y la palabra; pero al lado de ellos están *los siete (diáconos)*, que deben dedicarse al «servicio de las mesas» (a la ayuda social en favor de los huérfanos y viudas).

## LA «BENDICION»
## CONTRA LOS APOSTATAS

Un testimonio del contraste entre el movimiento cristiano y la sinagoga lo tenemos en la XII bendición que, aplicada genéricamente a todos los apóstatas, se referirá también a los seguidores de Jesús, los «nazarenos».

He aquí el texto:

«Que no haya esperanza para los apóstatas.

Desarraiga pronto en nuestros días el reino del orgullo y perezcan en un instante los nazarenos y los herejes. Sean borrados del libro de los vivientes y que no estén inscritos con los justos. ¡Bendito seas, Señor, que humillas a los soberbios!».

por su pasado. La que está compuesta por judíos que se han hecho cristianos no tiene la misma sensibilidad que la que ha nacido en ambiente pagano. Cuando estudiemos los evangelios, veremos cómo el rostro de Jesús se ve coloreado a su vez por la vida de estas comunidades.

Y esto nos interroga: ¿qué rostro del resucitado revela hoy en el mundo nuestra comunidad concreta?...

# 2

# El acontecimiento pascual

Nuestro recorrido por el Antiguo Testamento empezó por el éxodo: aquel acontecimiento, con toda la reflexión que suscitó, constituye realmente la base de la fe de Israel. Del mismo modo, antes de leer los libros del Nuevo Testamento, vamos a detenernos en el acontecimiento fundador de la fe cristiana: la resurrección de Cristo.

Esta etapa es importante tanto desde el punto de vista doctrinal como del pedagógico.

Tiene que permitirnos verificar que la fe cristiana se basa en este acontecimiento, un misterio tan rico que los discípulos tuvieron necesidad de utilizar varias imágenes en su intento de expresarlo.

Pedagógicamente, nos preparará para las etapas siguientes; en efecto, podremos recorrer rápidamente con este tema las grandes etapas de la formación del Nuevo Testamento; están ya resumidas en el cuadro de las p. 10-11, pero ahora veremos en concreto cómo se construyeron los relatos.

### • El test del sello postal

La revista «Fêtes et Saisons» proponía un día a sus lectores este test: «Tomad un sello postal y escribid por detrás en qué creéis». Aunque escojáis un sello grande y escribáis con letra menuda..., no tendréis mucho espacio y habréis de limitaros a lo esencial. ¿Qué habrían escrito los primeros cristianos en su sello postal? Algo así es lo que vamos a intentar descubrir. En otras palabras, vamos a ver cuál era la buena nueva, el mensaje esencial que proclamaban cuando se dirigían a un auditorio nuevo para invitarlo a la fe.

Mensaje esencial, proclamación, grito...: los especialistas le llaman a esto *kerigma*, palabra griega que designa el grito del heraldo o el pregón que pronunciaba el pregonero en nuestras aldeas, acompañado del sonido del tambor o del cuerno.

### • Nuestro camino

Así, pues, haremos tres etapas:

1. *Los discípulos proclaman su fe: el kerigma.* Partiendo de algunos discursos de los Hechos, procuraremos ver cuál es el grito, el kerigma, que lanzan los discípulos para proclamar su fe a los no creyentes.

2. *Los discípulos celebran su fe: el credo, los cánticos.* Estudiando un credo y un cántico citados por Pablo, veremos cuál es esa fe esencial que proclaman o cantan los cristianos cuando se reúnen.

3. *Los discípulos cuentan su fe: los relatos.* Podremos entonces leer los textos más recientes, los rela-

tos evangélicos sobre las apariciones de Jesús y su ascensión. Veremos que no dicen más que el kerigma y los cánticos o credos, pero lo dicen de otra forma: bajo la forma de historia.

Antes de lanzaros a este estudio, os propongo un pequeño ejercicio:

– Cuando se pronuncia la palabra «resurrección», ¿qué imágenes o comparaciones se os ocurren (por ejemplo, primavera, luz...)? Responded sin pensarlo demasiado.

– Cuando pensáis en la resurrección de Cristo (meditación, oración...), ¿qué textos de la Escritura recordáis especialmente?

– ¿Qué hay para vosotros de importante en la vida?

Y ahora pasad al estudio que os proponemos, sin preocuparos demasiado de vuestras respuestas; volveremos luego sobre ellas.

## 1. Los discípulos proclaman su fe. El kerigma

Al leer el libro de los Hechos, seguramente visteis que había muchos discursos: 9 de Pablo, 8 de Pedro y 7 de diversas personas. Leyendo algunos de ellos, buscaremos qué es lo esencial que intentan proclamar los cristianos.

### • ¿Discursos de Pedro... o de Lucas?

Pero se plantea una cuestión: ¿es la voz de Pedro, de Pablo, la que se oye, o la de Lucas? Es evidente que éste, como autor de los Hechos, tuvo que reelaborar esos discursos. Estos no son unas simples notas del oyente ni unos resúmenes. Como solían hacer los historiadores de la época, Lucas compuso verdaderos «discursos en miniatura», con su exordio, su desarrollo y su peroración.

Pero, por otra parte, todos los especialistas reconocen que Lucas no los inventa en todas sus piezas, sino que recoge materiales antiguos. Se ve por ejemplo que algunos de los títulos dados a Jesús (Hijo o Siervo) ya no se usan en tiempos de Lucas; hablar de Cristo como de un hombre acreditado por los milagros que Dios le concedió realizar es una

señal de que la reflexión sobre el misterio de Jesús está aún en sus comienzos.

Podemos así apoyarnos en esos discursos para ver cómo los primeros discípulos proclamaban su fe.

Algunos de los discursos de los Hechos van dirigidos a los discípulos, por ejemplo la despedida de Pablo a los responsables de la iglesia de Efeso (Hch 20, 17-35), pero la mayoría se dirigen a los judíos o a los paganos para convertirlos. Aquí es donde intentaremos descubrir el mensaje esencial proclamado por los cristianos, el kerigma.

### → EL KERIGMA EN LOS DISCURSOS

Leamos algunos discursos dirigidos a los judíos: cinco de Pedro (2, 14-41: el día de pentecostés; 3, 12-26: después de curar al paralítico; 4, 9-12 y 5, 29-32: ante el sanedrín; 10, 34-43: ante el oficial romano Cornelio) y un discurso de Pablo (13, 16-41: en la sinagoga de Antioquía de Pisidia). Añadiremos el diálogo entre Cleofás y Jesús en el camino de Emaús (Lc 24, 19-27).

Al leer estos discursos, observaréis siempre estos tres elementos:

– El acontecimiento Jesús... Se recuerdan algunos hechos de la vida de Jesús (fijaos en los hechos que se recogen, en los que se omiten, en los que más se insiste).

– Interpretado por las Escrituras... Es fácil que en vuestra Biblia las citas de la Escritura estén en cursiva; veréis en seguida cuánto abundan en algunos discursos. Tienen la finalidad de situar la vida de Jesús en los designios de Dios para descubrir en ella un sentido. Podéis observar los nombres o títulos que se dan a Jesús: generalmente proceden de la Escritura.

– Nos interpela. Los discursos no son nunca una simple exposición de un profesor que enseña unos nuevos conocimientos a sus discípulos. El predicador se siente aludido por lo que proclama y tiene conciencia de que su proclamación obliga a sus oyentes a una opción.

Si trabajáis en grupo, podéis proceder así. En un tablero o en una hoja de papel trazáis unas columnas verticales: en la más larga escribís abreviados vuestros descubrimientos; en las otras siete (una por cada discurso) anotáis el versículo. Cada uno de los participantes escoge un discurso y lo lee con atención; luego hay una puesta en común; uno señala al margen lo que ha encontrado (por ejemplo: milagro de Jesús, enseñanza...) y cada uno indica el versículo en donde se habla de eso en su discurso.

En la p. 55 encontraréis ese cuadro ya terminado. Pero no vayáis a verlo en seguida; construidlo vosotros mismos; será más instructivo.

Una vez terminada esta tarea, pensad sobre ese cuadro: ¿qué elementos de la vida de Jesús se encuentran en todos los discursos?; ¿cuáles se encuentran sólo en algunos?; ¿cuáles no se encuentran nunca? Intentad resumir el kerigma, el grito de fe de los primeros cristianos. Comparadlo con lo que habíais escrito en vuestro sello postal...

## IMAGENES PARA EXPRESAR EL ACONTECIMIENTO PASCUAL

Un estudio de los discursos de los Hechos, por muy rápido que sea, señala que el acontecimiento pascual está en el corazón de la fe cristiana.

Pero este acontecimiento –este misterio– ¿cómo lo expresan los discípulos? Nosotros nos hemos acostumbrado a hacerlo únicamente con la palabra *resurrección*. ¿Cómo lo hacían ellos? ¿Qué imágenes complementarias usaban para señalar sus diferentes aspectos? Vamos a verlo a partir de algunos resúmenes.

→ Repasad algunos versículos de los discursos: (Hch 2, 23-24.32- 33; 3, 13.15; 5, 30-31; 10, 40).

He aquí algunos resúmenes sacados de otros libros:

«Si tus labios profesan que Jesús es Señor y crees de corazón que Dios lo resucitó de la muerte, te salvarás» (Rom 10, 9).

«El Mesías murió y recobró la vida» (Rom 14, 9).

«Dios lo encumbró sobre todo y le concedió el título que sobrepasa todo título» (Flp 2, 9).

«El primero en nacer de la muerte» (Col 1, 18).

«Sufrió la muerte en su cuerpo, pero recibió vida por el Espíritu» (1 Pe 3, 18).

«¿Por qué buscáis entre los muertos al que está vivo?» (Lc 24, 5).

«Se trataba de ciertas controversias con él acerca de su propia religión y en particular acerca de un difunto llamado Jesús, que Pablo sostiene que está vivo» (Hch 25, 19).

– ¿Qué imágenes se utilizan? Nuestra palabra *resurrección* traduce de hecho dos palabras griegas: *resurgir* (de los muertos, de la tumba) y *despertar* (del sueño de la muerte). Se trata de dos imágenes, pero hay otras.

– Estas diversas imágenes pueden agruparse en dos ejes: unas expresan que se vuelve a encontrar la vida perdida en la muerte *(después* es como *antes);* otras dicen que hay «más», que no es como antes. Intentad agruparlas.

– Algunas de estas imágenes os hacen pensar sin duda en ciertos textos o figuras del Antiguo Testamento: ¿cuáles?; ¿puede aclararos esto algunas expresiones?

– Señalad cuáles son los actores que intervienen.

– Para terminar, podríais volver a las imágenes que se os habían ocurrido espontáneamente (véase p. 42): ¿aparecen allí los dos grandes ejes citados?; ¿o uno de ellos en especial? En caso afirmativo, ¿cuál?

### NIVELES DE JESUS

Conforme al testimonio de la iglesia, la realidad de Jesús puede entenderse en tres niveles que se encuentran implicados:

– *Jesús ha sido un hombre de la historia:* en ese plano ha nacido, ha vivido y ha muerto entre los hombres. De esa forma se define su existencia en el tiempo de este mundo. Situado sólo a ese nivel, Jesús ha muerto: ya no existe, ha terminado su camino, no está dentro de la vieja historia de la tierra.

– *Muere Jesús en un plano de historia, pero ha resucitado como hombre pascual:* ha culminado su camino de humanidad y existe para siempre, como hombre escatológico, que no muere más, que vive en un nivel de vida (de existencia) culminada, gloriosa. Pues bien, en su nueva dimensión pascual, Jesús sigue siendo creatura. No deja de ser hombre para hacerse Dios, sino que se realiza plenamente como humano, abriendo para todos los demás un nuevo espacio de esperanza (introduciéndoles en el plano de su pascua). Por eso decimos que la humanidad de Jesús tiene dos planos: uno histórico y otro pascual.

– *Finalmente, en cuanto Dios, Jesús era y será: no ha empezado nunca, porque existe desde siempre y para siempre con Dios Padre.* No ha nacido en el tiempo histórico, ni renacerá en la pascua de la escatología. Es Hijo de Dios, Dios verdadero, en un nivel eterno. Pues bien, ahora debemos añadir que, a través de la encarnación, ese mismo Hijo de Dios ha realizado su «vida eterna y filial» en el camino de la historia y de la pascua.

## 2. Los discípulos celebran su fe. Credo. Cánticos

Todo grupo siente deseos de darse a conocer proclamando en unas fórmulas breves lo esencial de su credo. Los discípulos proclaman su fe: el kerigma.

Pero todo grupo, cuando se reúne, siente también la necesidad de repetirse a sí mismo qué es lo que constituye su base: programa de los partidos políticos, carta de las asociaciones... Así es como los discípulos, en sus asambleas, celebran su fe: la expresan en su credo, la cantan en sus himnos o la meditan en su enseñanza.

### • Un credo (1 Cor 15, 1-1)

Tenemos la suerte de tener uno de esos credos más antiguos: lo cita Pablo en su carta a los corintios.

Empezad por leer este texto.

Algunas observaciones de paso. Se observa un cambio de estilo: en medio de un relato, nos encontramos con unas frases breves (y los especialistas indican que no es éste el estilo habitual de Pablo). Por otra parte, Pablo lo dice explícitamente: no habla por sí mismo, sino que recita. Lo dice recogiendo los términos que usaban entonces los rabinos: el discípulo *recibe* de sus maestros y luego él lo *transmite* a sus propios discípulos.

Pablo escribe esta carta seguramente hacia la pascua del 57. Recuerda lo que les había anunciado el año 51, cuando fundó su comunidad. Unos veinte años después del acontecimiento pascual, ese credo estaba ya formulado.

Y declara que lo ha recibido él mismo. ¿Cuándo? ¿Quizás de labios de Ananías, cuando fue bautizado en Damasco hacia el año 36 (véase Hch 9, 10s)?

En griego, la forma de los verbos indica sobre todo el aspecto de las acciones: el *presente* indica lo que dura; el *aoristo* (más o menos, nuestro pretérito indefinido) señala lo que pasó una vez, en un momento determinado; el *perfecto* (más o menos, nuestro pretérito perfecto) muestra el resultado presente de una acción pasada: aquello sucedió una vez, pero su acción todavía dura ahora. Pues bien, se constata que todos los verbos de este credo están en aoristo, excepto uno: *resucitó;* por tanto, hubo algo que ocurrió una vez, en la historia, pero su resultado perdura hasta ahora: Cristo sigue estando vivo.

→ Repasad atentamente este credo:

– Señalad los sucesos que ocurrieron una vez.

– Intentad distinguir los sucesos que pertenecen

## DOS IMAGENES

Los cristianos sintieron que con una sola imagen era imposible decir todo el misterio pascual; por eso utilizaron varias, que pueden agruparse, simplificando las cosas, en dos grandes tipos:

*– Antes / después, o el retorno a la vida*

El que muere cae en el «hoyo» (el *sheol*, el infierno) o en el «sueño»; la *resurrección* es *resurgir* o *despertar*. *Después* de la muerte se encuentra la vida de *antes*. *Lázaro resucita*, escribe Juan.

La *ventaja* de este tipo de imágenes está clara: se sitúa en la historia la resurrección de Jesús; marca claramente una continuidad: el mismo antes que después. Quienes lo conocieron, pueden reconocerlo.

Tiene el inconveniente de no decir nada de lo que es esa vida reencontrada: ¿acaso *Lázaro resucitado* (y remuerto) es como *Jesús resucitado*?

*– Abajo / arriba, o la entrada en la gloria*

Puesto que instintivamente se sitúa a Dios arriba, en el cielo, se dice del que ha muerto que ha sido introducido ante Dios, que ha sido *exaltado*, *glorificado*, que ha *subido al cielo*. Esta imagen está ciertamente llena de reflexiones sobre el Hijo del hombre, símbolo de los que permanecen fieles a Dios hasta el martirio, que Daniel señalaba sobre las nubes, ante el trono de Dios (véase *Para leer el AT*, 122).

La *ventaja* de esta imagen es que dice claramente que no se trata de volver simplemente a la vida de antes; que hay «más». Se puede decir que Lázaro resucitó, pero no que fue exaltado o glorificado.

El *inconveniente* es que, si se emplea sola, podría imaginarse que hay algo del hombre (su espíritu, su alma) que va al cielo, pero no que todo el hombre, con su cuerpo, sea glorificado.

*– El resucitado exaltado*

Los discípulos vieron que había que utilizar los dos tipos de imágenes: Jesús *resucitó*: es el mismo ser que antes conocieron y que ahora está vivo; sus amigos lo reconocen. Y ha sido *exaltado, glorificado, subido al cielo*: no goza simplemente de la vida de antes, sino que ha sido introducido en una vida nueva, la vida misma de Dios.

---

a la historia (o sea, lo que todo el mundo puede constatar) y los que sólo pueden ser vistos por los ojos de la fe. La fórmula *al tercer día* ¿es una indicación histórica o una afirmación de fe?

– ¿Qué imagen se utiliza para expresar el misterio pascual? (véase recuadro adjunto).

– Comparad este credo con nuestro credo actual: ¿qué diferencias advertís?

### • Un cántico (Flp 2, 6-11)

Hay en las cartas, en los evangelios y en el Apocalipsis cánticos compuestos por las primeras comunidades. Pablo les cita uno a los filipenses para invitarles a practicar la humildad a ejemplo de Cristo.

Leed este texto en vuestra biblia:

– ¿Cómo se expresa el misterio pascual? ¿Se utiliza la imagen «resurrección?». ¿Qué tipo de imagen se emplea? (el título que se le da a Jesús es el de *Señor*). Por tanto, se puede expresar este misterio de modo distinto y no sólo como «resurrección».

– ¿Cuáles son los actores y su función?

– La interpretación por las Escrituras no se hace explícitamente, pero está presente también aquí. En efecto, el cántico se basa en un contraste: Jesús no hizo como Adán, que quiso arrebatar el hecho de ser igual a Dios (cf. Gn 3, 5), sino que hizo como el siervo de Isaías 53 (véase *Para leer el AT*, 88). Com-

## LA PRIMITIVA FE PASCUAL

Entre los modelos más antiguos de literatura cristiana hallamos tres fórmulas de confesión pascual que siguen siendo fundamentales para la iglesia:

– *La pascua se confiesa, en primer lugar, en forma de bendición* (cf. Rom 4, 24; 8, 11; 2 Cor 4, 14). Los judíos bendecían a Dios por la creación y por la alianza. Los cristianos le bendicen «porque ha resucitado a Jesús de entre los muertos», inaugurando de esa forma el tiempo nuevo de la plenitud para los hombres.

– *La pascua se confiesa, en segundo lugar, en breves narraciones que definen el sentido de la muerte-resurrección de Jesús para sus fieles.* Esto es lo que hallamos en el fondo de textos como Rom 10, 9; 2 Cor 6, 14; 1 Cor 15, 15. Así lo ha reflejado el texto clave de 1 Tes 1, 9-10: cristianos verdaderos son aquellos que aguardan la venida final y salvadora de Jesús, a quien «Dios ha resucitado de entre los muertos».

– *Finalmente, el sentido de la pascua se transmite en fórmulas breves de confesión de fe.* La más importante de todas es aquella que está al fondo de Rom 1, 3-4: los cristianos atestiguan que Jesús ha nacido en la historia como «hijo de David», en nivel de mesianismo israelita; pero, en un plano superior, ellos descubren que es «el Hijo de Dios, en poder», por la resurrección de entre los muertos. En esta segunda perspectiva, la pascua se interpreta ya como nacimiento mesiánico universal del Cristo: sólo por ser Hijo de Dios, en un plano pascual, Jesús puede presentarse en verdad como Mesías de todos los pueblos de la tierra (como dirá Pablo en el resto de la carta a los Romanos).

## TERCER DIA SEGUN LAS ESCRITURAS

Los autores están de acuerdo en ver en Os 6, 1-2 el punto de partida de esta fórmula. Los israelitas, conmovidos por la predicación del profeta, improvisan una liturgia penitencial. Leed el texto: *dos días, tres días* significan aquí: en un poco de tiempo.

Pero en la época de Cristo esta fórmula había tomado un sentido teológico. Véase cómo el targum (cf. *Para leer el AT*, 106) interpreta este texto de Oseas: «Nos hará revivir el día de los consuelos que han de venir; el día en que haga revivir a los muertos, nos resucitará y nosotros viviremos con él».

Y un comentario rabínico sobre Gn 22, 4 declara: «El tercer día, o sea, aquel en que se devuelva la vida a los muertos, tal como está escrito en el profeta Oseas: al tercer día nos resucitará y nosotros viviremos con él».

En la época de Cristo, cuando se hablaba del *tercer día según las Escrituras*, no se trataba por tanto de una indicación cronológica (pasado mañana), sino teológica; designa lo que nosotros llamamos «el día de la resurrección universal al final de los tiempos».

Al hablar de la resurrección *al tercer día según las Escrituras*, los discípulos no señalan un dato (no se sabe cuándo tuvo lugar el acontecimiento; los textos sólo dicen que, el domingo de madrugada, las mujeres comprobaron que la tumba estaba vacía), sino que proclaman su fe: el día de la resurrección universal (*el tercer día*) ya ha tenido lugar con la resurrección de Jesús (Mt 27, 52-53 lo dice en «dibujos de cómic»); nuestra propia resurrección está detrás de nosotros, realizada ya en Jesús.

parad el v. 7 *(se despojó)* con Is 53, 12; y el v. 9 *(Dios lo encumbró)* con Is 52, 13. ¿Cómo permiten estos dos textos situar el destino de Jesús dentro del proyecto de Dios? ¿Cómo, gracias a estos dos textos, nuestro destino está ligado con el de Cristo?

• **Meditación sobre un salmo (Ef 4, 7-10)**

Pablo desea indicar que Dios da a su iglesia todo lo que necesita para cumplir con su misión, que es la de construir el cuerpo de Cristo; para ello regala a los creyentes diferentes ministerios: apóstoles, profetas, evangelistas..., catequistas, animadores de la comunidad... Pablo se apoya para ello en el Sal 68, 19 tal como se interpretaba entonces (según el targum). Comparemos en primer lugar este versículo en ambos lugares.

| Texto hebreo | Targum |
|---|---|
| Tú subiste a lo alto | Tú subiste al cielo, Moisés, profeta; |
| tú cautivaste a la cautividad (= hiciste muchos cautivos) | tú llevaste cautiva a la cautividad, es decir, tú aprendiste las palabras de la ley, |
| tú recibiste hombres en tributo | tú se las diste a los hijos de los hombres, |
| y hasta rebeldes | e incluso sobre los rebeldes, si se convierten, |
| para tener una morada, Señor Dios. | descansa la Santa Presencia del Señor Dios. |

Para el targum, no es ya Dios el que sube al cielo a establecer su morada, sino Moisés el que sube al Sinaí y recibe allí la ley para dársela a los hombres.

Pablo medita este salmo. Ve en él, no ya a Moisés, sino a Jesús, el nuevo Moisés, que ha subido al cielo después de bajar a la tierra y hasta a los infiernos, sin duda alguna. De este modo se presenta todo el misterio de pascua con esta imagen de descendimiento y de glorificación.

(Veremos cómo Lucas utiliza este mismo salmo para interpretar pentecostés: véase p. 113).

## 3. Los discípulos cuentan su fe. Los relatos

Hemos oído a los discípulos proclamando su fe a los no creyentes (kerigma) y celebrándola en sus comunidades (credos, cánticos); el centro de esta fe es siempre éste: Dios ha resucitado, glorificado, hecho Señor, a ese Jesús que fue crucificado.

Esta misma fe la expresan también en otro género literario: los relatos. Aquí no se trata de fórmulas breves; se narra, se hace ver. Este género literario

---

### SE HIZO VER

En el credo de 1 Cor 15 se repite varias veces el verbo *se apareció;* nosotros estamos también acostumbrados a hablar de las *apariciones* de Jesús resucitado. Se trata de una palabra ambigua: puede indicar a un fantasma o, por el contrario, sugerir una especie de presencia que es posible fotografiar.

La fórmula del verbo griego que aquí se utiliza significa más bien *hacerse ver;* así, pues, se insiste en el hecho de que es Jesús el que tiene la iniciativa de manifestarse a quien quiere y cuando quiere. El filósofo judío Filón, contemporáneo de Pablo, lo señala muy bien; al hablar de la visión de Dios por Abrahán, escribe: *No es que Abrahán viera a Dios, sino que Dios se hizo ver por Abrahán.*

El uso de esta forma griega en la Biblia es significativo. En el Antiguo Testamento se emplea para las teofanías o manifestaciones de Dios (por ejemplo, Gn 12, 7; 17, 1; Jue 13, 21...), en donde se insiste en la misión confiada más que en lo que pudo «verse». Es una forma de decir que lo invisible se hace presentir.

En el Nuevo Testamento, la utilizan Mt, Mc y Lc en el relato de la transfiguración: Moisés y Elías *se hacen ver* (quizás interiormente) por los discípulos. Lc la emplea con frecuencia: un ángel *se hace ver* por los pastores (1, 11), o por Jesús en su agonía (22, 43); en pentecostés *aparecen* lenguas de fuego (Hch 2, 3); Jesús *se aparece* a Pablo en el camino (sus compañeros no ven nada: 9, 17) o en sueños (16, 9), etc. Un antiguo cántico habla de Jesús que *se hace ver* por los ángeles (1 Tim 3, 16...).

Todo esto nos invita a ser prudentes. Con esta palabra, los discípulos no pretenden decir que Jesús se manifieste de manera visible, fotografiable. Insisten en la iniciativa de Jesús y dejan abierta la posibilidad de que estas apariciones sean ante todo experiencias interiores.

---

corresponde a las necesidades de una comunidad ya constituida, que desea saber más sobre el sentido de aquel acontecimiento y que tiene una experiencia litúrgica. Volveremos sobre ello, pero hay que afirmarlo con claridad al comenzar esta lectura: los relatos no dicen sobre el acontecimiento mismo más de lo que dicen las fórmulas breves del kerigma; lo que pasa es que lo dicen de otro modo y desarrollando su sentido.

Los cuatro evangelios nos han transmitido estos relatos. Se los puede clasificar en tres grupos, que corresponden cada uno a una necesidad de la comunidad:

– ésta celebra su fe en los lugares mismos del acontecimiento: *relatos sobre el sepulcro abierto* (Mt, Mc, Lc y Jn);

– demuestra que la experiencia del resucitado que tuvieron los apóstoles los ha convertido en testigos oficiales: *relatos de aparición a los once* (Mt, Lc, Jn);

– apela a la experiencia vivida en la liturgia o en el seno de la iglesia: *manifestaciones a los discípulos de Emaús* (Lc) o *a María Magdalena* (Jn).

Veamos rápidamente estas tres clases de relatos.

### a) Relatos de celebración en peregrinación: el sepulcro abierto

Cuando los creyentes van en peregrinación a Tierra Santa, les gusta celebrar en los mismos lugares los acontecimientos que allí se desarrollaron: en el santo sepulcro, por ejemplo, evocan el suceso, meditan, rezan...

Los especialistas, apoyándose en el estudio de los textos, han pensado que los relatos del sepulcro abierto habrían nacido de este modo: los primeros cristianos peregrinaban al sepulcro de Jesús, un sepulcro vacío, y celebraban allí su fe.

De ahí nació un primer relato que cada evangelista recogió a su modo para expresar su teología.

Leeremos solamente el relato de Marcos.

→ **EL SEPULCRO ABIERTO**
**Mc 16, 1-8**

Leed este texto. Señalad los datos de *tiempo*, los lugares, los *actores*, sus *acciones*. (Recurrid a la «caja de herramientas»: *Para leer el AT*, 16). Poned estos datos distintos a dos columnas, enfrentando los datos que se oponen.

¿Qué *transformación* se ha operado del comienzo al final del relato?

Las indicaciones de tiempo sugieren un paso de las tinieblas a la luz *(mañana, sol, luz)*, de lo viejo a lo nuevo, del tiempo sagrado-religioso de los judíos (el *sábado*) al tiempo cósmico-profano *(primer día de la semana)*.

En los lugares se opone el sepulcro cerrado, que guarda a los muertos, al sepulcro abierto a la vida; se opone Jerusalén (símbolo, en Marcos, de los que se encierran en sus ideas y matan a los que tienen otras maneras de pensar) a la Galilea de los paganos (el país de la apertura al mundo).

Entre los actores hay uno ausente: Jesús. El joven sugiere la forma nueva como Jesús está ahora presente: va de *blanco* (opuesto al negro del sepulcro), *sentado a la derecha* (como Cristo glorificado) y es él el que transforma la búsqueda de las mujeres. Ellas vienen a ungir el cuerpo de Jesús, o sea, para conservarlo en la muerte; pero él no está allí. Vienen a tocar un cadáver, pero reciben un mensaje. Ellas y los apóstoles no «verán» al resucitado hasta que lo hayan predicado en Galilea, o sea, hasta el final del mundo y de la historia (véase p. 82-83).

### b) Relatos de aparición para constituir testigos oficiales

Mateo, Lucas y Juan terminan su evangelio con el relato de una o de varias manifestaciones de Cristo. En este párrafo veremos las apariciones a los once apóstoles. Dejaremos para el párrafo siguiente las apariciones a los discípulos, que son de otro género.

El evangelio de Marcos acababa sin duda con la huida de las mujeres lejos del sepulcro; los v. 16, 9-20, añadidos más tarde, son un simple resumen de Mt y Lc.

Los relatos de aparición a los once quieren demostrar que Jesús los hizo testigos suyos. No vamos a leerlos todos ni a estudiarlos a fondo (luego volve-

## LAS MUJERES EN LA PASCUA Y EN LA IGLESIA

La tradición del sepulcro abierto y la primera experiencia pascual de la iglesia se encuentran radicalmente unidas al testimonio de las mujeres. Ellas aparecen en los siguientes contextos:

– *Durante la vida de Jesús:* hay un grupo de mujeres que le acompañan, al lado de los que después se llamarán apóstoles. Jesús no es rabino judío que llama sólo a un grupo de discípulos varones; él ha convocado por igual a varones y mujeres (cf. Lc 8, 2-3).

– *Ese grupo de mujeres acompaña a Jesús hasta la muerte.* En ese momento final, los discípulos varones han huido, quizá por desencanto y miedo; han perdido la fe en Jesús y escapan. Las mujeres en cambio le siguen hasta el fin y son testigos de su muerte y de su sepultura (Mc 15, 40-47).

– *Son ellas las que encuentran el sepulcro abierto y viven (reciben o realizan) una primera experiencia pascual.* Conforme a Mc 16, 1-8, ellas van al sepulcro para ungir el cuerpo muerto; pero encuentran el sepulcro abierto y escuchan una voz del cielo (del ángel) que les dice que Jesús ha resucitado.

– *Las mismas mujeres ven a Jesús resucitado.* Conforme a Mt 28, 8-10, ellas no han visto sólo a un ángel al lado del sepulcro: han visto a Jesús y han vuelto a escuchar su palabra que les dice que anuncien su pascua a los discípulos y vayan a encontrarle a Galilea, para rehacer allí su experiencia y su camino.

– *Siguiendo en esa línea, Jn 20, 11-18 ha transmitido la más bella de todas las apariciones pascuales: Jesús se muestra a María Magdalena, al lado del sepulcro, en el huerto nuevo de la pascua.* Esta aparición se cuenta en forma de experiencia litúrgica y misionera, como encuentro del creyente con Jesús resucitado. Pues bien, de un modo muy significativo, el primer creyente de la iglesia ha sido una mujer que ha de actuar después como «apóstol de los apóstoles», transmitiéndoles la palabra del resucitado.

– *Finalmente, conforme a Hch 1, 13-14, las mujeres forman parte del grupo fundacional de la iglesia:* ellas se encuentran al lado de los apóstoles y parientes de Jesús, con María, que es su madre, formando la base y fundamento de toda la comunidad cristiana; no son creyentes de segunda categoría, sometidas a los apóstoles; son miembros fundantes de la iglesia y en ella permanecen como tales para siempre.

---

remos sobre algunos). Se trata de comprobar aquí que estos relatos recogen, en imagen, la afirmación proclamada en el kerigma (véase lo dicho en p. 25 sobre la «narratificación» de las ideas).

### → *ADORACION DE CRISTO GLORIFICADO*
### *Mt 28, 16-20*

Empezad por leer este texto. ¿Os acordáis de los dos grupos de imágenes utilizadas para presentar el acontecimiento pascual?; ¿a cuál se recurre en este caso?

Repasemos el texto. Los once van, como en procesión, a la *montaña* en donde Jesús, el nuevo Moisés, les había dado su ley nueva (Mt 5, 1). *Se postran:* es la palabra que todavía hoy, en la liturgia griega, designa el gesto de adoración. Sorprende el «viniendo hacia ellos», ya que los discípulos están postrados a sus pies; pero en la Biblia «el que viene» es a veces un título que se da a Dios. Citando la frase de Dn 7 (véase *Para leer el AT*, 122), Jesús se presenta como el Hijo del hombre introducido sobre las nubes del cielo junto a Dios. Por tanto, está ya exaltado, glorificado. Por eso puede enviar a sus discípulos en misión al mundo.

Así, pues, este texto recoge en forma de relato una de las formas como los cristianos, en el kerigma, intentaban representar el acontecimiento pascual: el esquema *abajo / arriba* o *exaltación*. El único elemento que pertenece al otro esquema (resurrección) es la mención de la *duda* (v. 17); pero no encaja aquí y pudo ser añadida más tarde.

### → *RECONOCIMIENTO DEL RESUCITADO*
### *Lc 24, 36-53*

Leed los v. 36-43: ¿sobre qué esquema se construye el relato? Luego, los v. 50-53: ¿cuál es aquí el esquema?

Está claro que Lucas utiliza la imagen *resurrección*. Jesús toma la iniciativa de hacerse ver. La duda debe manifestar que no se trata de una ilusión colectiva. Y Jesús demuestra que es como antes: tiene un cuerpo, puede comer. Todo esto podría decirse de Lázaro (excepto el hecho de que Jesús se presenta en medio sin entrar por la puerta).

Lucas desarrolla luego un tema que le agrada: no se puede conocer de verdad a Jesús más que interpretándolo por las Escrituras; pero no es posible comprender las Escrituras, más que si nos las lee el propio resucitado (v. 44-49).

Luego narra Lucas la ascensión (la tarde del día

---

### LAS DOS CARAS
### DE UNA MONEDA

Una moneda tiene dos caras, pero es difícil ver las dos al mismo tiempo; para ello habría que partirla en dos. Tampoco se pueden ver al mismo tiempo los dos perfiles de un rostro; en algunos cuadros, Picasso rompe el rostro humano para que se puedan ver todas sus caras a la vez.

Algo parecido es lo que hace Lucas. Sabe muy bien que hay dos formas de expresar la pascua: decir que Jesús *resucitó* y decir que *ha sido exaltado*. Son las dos caras inseparables del mismo misterio. Como las dos le parecen esenciales, ha escogido ponerlas una junto a otra: Jesús ha *resucitado* - ha *subido al cielo*. Nosotros quizás hemos creído demasiado fácilmente que se trataba de dos sucesos históricos distintos (como si creyéramos que se trataba de dos monedas), siendo así que se trata de las dos caras de un mismo misterio.

---

de pascua); es una forma de decir, por medio de un relato que Jesús es *exaltado, glorificado*. Cuando estudiemos Lc-Hch, veremos que Lucas tiene otro relato, de la ascensión situada por lo menos 40 días después de pascua. El hecho de que el mismo autor pueda hacer dos relatos del mismo suceso, situándolo en dos momentos distintos, nos advierte que no intenta hacer cronología, historia, sino teología.

#### c) *La experiencia cristiana:*
*apariciones a los discípulos*

Los relatos de la aparición de Jesús a María Magdalena, en Juan, y a los discípulos de Emaús, en Lucas, son de un género especial. No intentan mostrar que Jesús resucitó o ha sido exaltado, ni que estableció unos testigos oficiales. Quieren hacernos comulgar del gozo de los discípulos que encuentran de nuevo a su Señor, renovando con él los vínculos de afecto, para enseñarnos que podemos hoy nosotros realizar esa misma experiencia.

Leeremos solamente el relato de Emaús (Lc 24, 13-55) comparándolo con otro relato de Lucas: el bautismo de un oficial etíope (Hch 8, 26-40). Para facilitar su comparación, podéis ver la traducción de los textos en las páginas siguientes.

→ Si tenéis tiempo, empezad por estudiarlos con ayuda de la «caja de herramientas»; veréis cómo funcionan muy bien las cuestiones tituladas «el propio texto» y os iluminan sobre estos textos.

Lucas intenta responder a una cuestión: ¿cómo encontrar hoy al Señor Jesús? Y señala la función de tres elementos esenciales: *conocimiento de la vida terrena de Jesús - Escrituras - sacramentos*. Leed los textos señalando estos tres elementos y su función.

Cleofás y su compañero conocían bien la *vida de Jesús*; conversaban (literalmente, *se hacían una homilía*) sobre ella; su discurso es tan completo y exacto como los de Pedro. Pero para ellos «la cosa» no tenía sentido. Para que la vida de Jesús tenga sentido, ha de ser interpretada por las *Escrituras* (lo que hoy llamaríamos el Antiguo Testamento). Entonces se le podrá reconocer en el *sacramento*. Y si Jesús desaparece en el momento en que lo reconocen, es para advertirnos que ahora es en la eucaristía donde nos encontramos con Cristo vivo. Al escribir: *Jesús les ofrecía el pan* (mejor que «se lo ofreció») en el v. 30, Lucas quiere sugerir que sigue haciendo lo mismo en la historia de la iglesia.

El oficial etíope está en otra situación. Convertido al judaísmo (prosélito), conoce las *Escrituras*, pero éstas no tienen sentido para él. Para ello han de relacionarse con la *vida de Jesús*. Y esto sólo puede hacerlo el resucitado por medio de sus testigos. En efecto, está claro que Lucas presenta a Felipe como a Jesús: el uno y el otro aparecen y desaparecen misteriosamente, interpretan las Escrituras (comparad Lc 24, 27 y Hch 8, 35). Ahora, en la iglesia, no es Jesús el que actúa; o mejor dicho, actúa él, pero por medio de sus ministros en la medida en que están animados por el Espíritu (Hch 8, 26.28.39). Y el oficial experimenta su encuentro personal con Jesús en el *sacramento*, en el bautismo. (El v. 37 no aparece en todos los manuscritos: se trata sin duda de una fórmula de la liturgia bautismal que entró más tarde en el texto).

También habría que fijarse en los juegos de palabras imposibles de traducir al español: se entrelazan tres verbos con la misma raíz en los versículos 28-31: *ginoskein* (conocer- entender), *epiginoskein* (comprender) y *anaginoskein* (leer).

Observad sobre todo el cambio de situación del principio al fin. Al principio, *estaban cegados* (v. 16); por tanto, no es que Jesús estuviera transformado o disfrazado de caminante, fueron los discípulos los que cambiaron, los que se encerraron en su esperanza fallida, de forma que se incapacitaron para reconocer esa esperanza, realizada en Jesús, pero de una manera distinta de como se lo esperaban. También María Magdalena, en Juan, piensa de tal forma en Jesús –el Jesús con que sueña– que es incapaz de reconocerlo cuando se presenta a ella. Al partir el pan, *se les abrieron los ojos* (v. 31): este cambio de corazón que permite reconocer al resucitado no viene del hombre: sus ojos se abrieron porque Jesús les *abrió* las Escrituras.

Cuando Pedro llega al sepulcro (v. 24), no ve a Jesús; pero al final se proclama: Jesús se *dio a ver* a Pedro (v. 33). Tampoco los discípulos conocieron a Jesús en el camino; lo reconocieron en la fracción del pan (v. 31) y declararon que *se les dio a reconocer* (v. 35) a ellos. Siempre es Jesús el que toma la iniciativa.

### → *Lc 24, 13-35: Los discípulos de Emaús*

[13] Aquel mismo día, hubo dos discípulos que iban camino de una aldea llamada Emaús, distante unas dos leguas de Jerusalén, [14] y comentaban lo sucedido. [15] Mientras conversaban y discutían, Jesús en persona se acercó y se puso a caminar con ellos. [16] Pero estaban cegados y no podían reconocerlo. [17] Jesús les dijo:

– ¿Qué conversación es ésa que os traéis por el camino?

Se detuvieron cariacontecidos, [18] y uno de ellos, que se llamaba Cleofás, le replicó:

– ¿Eres tú el único de paso en Jerusalén que no se ha enterado de lo ocurrido estos días en la ciudad?

[19] El les preguntó:

– ¿De qué?

Contestaron:

– De lo de Jesús Nazareno, que resultó ser un profeta poderoso en obras y palabras ante Dios y ante todo el pueblo; [20] de cómo lo entregaron los sumos sacerdotes y nuestros jefes para que lo condenaran a muerte, y lo crucificaron, [21] cuando nosotros esperábamos que él fuera el liberador de Israel. Pero, además de todo eso, con hoy son ya tres días que ocurrió. [22] Es verdad que algunas mujeres de nuestro grupo nos han dado un susto: fueron muy de mañana al sepulcro [23] y, no encontrando su cuerpo, volvieron contando incluso que habían visto una aparición de ángeles que les habían dicho que estaba vivo. [24] Algunos de los nuestros fueron también al sepulcro, y lo encontraron tal y como habían dicho las mujeres, pero a él no lo vieron.

[25] Entonces Jesús les dijo:

– ¡Qué torpes sois y qué lentos para creer lo que anunciaron los Profetas! [26] ¿No tenía el Mesías que padecer todo eso para entrar en su gloria?

[27] Y comenzando por Moisés y siguiendo por los Profetas, les explicó lo que se refería a él en toda la Escritura. [28] Cerca ya de la aldea adonde iban, hizo ademán de seguir adelante, [29] pero ellos le insistieron diciendo:

– Quédate con nosotros, que está atardeciendo y el día va ya de caída.

El entró para quedarse. [30] Recostado a la mesa con ellos,

tomó el pan, pronunció la bendición, lo partió y se lo ofreció. [31] Se les abrieron los ojos y lo reconocieron, pero él desapareció. [32] Entonces comentaron:

– ¿No estábamos en ascuas mientras nos hablaba por el camino explicándonos las Escrituras?

[33] Y, levantándose al momento, se volvieron a Jerusalén, donde encontraron reunidos a los once con sus compañeros, [34] que decían:

– Era verdad: ha resucitado el Señor y se ha aparecido a Simón.

[35] Ellos contaron lo que les había pasado por el camino y cómo lo habían reconocido al partir el pan.

→ **Hch 8, 26-40: El oficial etíope**

[26] El ángel del Señor habló así a Felipe:

– Anda, ponte en camino hacia el sur, por la carretera de Jerusalén a Gaza (la que cruza el desierto).

[27] El se puso en camino. En esto apareció un eunuco etíope, ministro de Candaces, reina de Etiopía, intendente del tesoro, que había ido en peregrinación a Jerusalén [28] e iba de vuelta, sentado en su carroza, leyendo al profeta Isaías.

[29] El Espíritu dijo a Felipe:

– Acércate y pégate a esa carroza.

[30] Felipe se acercó corriendo, le oyó leer al profeta Isaías y le preguntó:

– A ver, ¿entiendes lo que estás leyendo?

[31] Contestó:

– Y ¿cómo voy a entenderlo si nadie me lo explica?

E invitó a Felipe a subir y sentarse con él.

[32] El pasaje de la Escritura que estaba leyendo era éste:

«Como cordero llevado al matadero,
    como oveja ante el esquilador,
enmudecía y no abría la boca.
[33] Lo humillaron, negándole todo derecho;
    a sus seguidores, ¿quién podrá enumerarlos?
Lo arrancaron de la tierra de los vivos».

[34] El eunuco le preguntó a Felipe:

Por favor, ¿de quién dice esto el Profeta? ¿De sí mismo o de otro?

[35] Felipe tomó la palabra y, a partir de aquel pasaje, le dio la buena noticia de Jesús. [36] En el viaje llegaron a un sitio donde había agua, y dijo el eunuco:

– Mira, ahí hay agua, ¿qué impide que yo me bautice?

[37] Contestó Felipe:

– Si crees de todo corazón, se puede. Respondió:

– Creo que el Hijo de Dios es Jesús el Mesías.

[38] Mandó parar la carroza; bajaron los dos al agua, Felipe y el eunuco, y Felipe lo bautizó. [39] Cuando salieron del agua, el Espíritu del Señor arrebató a Felipe. El eunuco no volvió a verlo, y siguió su viaje lleno de alegría.

[40] Felipe fue a parar a Azoto y fue dando la buena noticia en cada pueblo hasta llegar a Cesarea.

## 4. ¿Y ahora...?

Al comenzar esta etapa, nos proponíamos dos objetivos principales: verificar que la resurrección de Cristo es el centro de la fe de los cristianos y descubrir mejor cómo se formaron los escritos del Nuevo Testamento.

Pero es probable que en el camino haya surgido otro centro de interés: ¿cómo fue la resurrección de Cristo?; ¿cómo será la nuestra? Es una cuestión evidentemente importante que supera el propósito de este recorrido; pondremos sólo unos jalones que os ayuden a reflexionar, remitiéndoos a otras obras (véase p. 165).

→ Sería conveniente, ante todo, que, solos, o mejor en grupo, intentarais centrar el tema:

– ¿Cómo expresaban los primeros cristianos este acontecimiento pascual? ¿Por qué es importante que utilizaran varias imágenes?

– ¿Cómo se expresó esta fe en los diversos géneros literarios: proclamación a los no creyentes –celebración– relatos...? En concreto, ¿dicen estos últimos algo más sobre el misterio que el kerigma?

→ Se os propuso también un pequeño ejercicio (p. 42). Sería interesante volver ahora sobre él:

– ¿Qué imágenes utilizamos para hablar de la resurrección? ¿Expresan sobre todo (o únicamente) el aspecto de resurrección, de regreso a la vida ante-

## GUARDIA MILITAR ANTE EL SEPULCRO. LA SABANA SANTA

Mt 27, 62-66 y 28, 11-15 nos transmite una preciosa referencia sobre el sepulcro vacío y los soldados de este mundo que siguen (que seguimos) realizando allí una especie de señal inútil de poder y prepotencia: vigilan con sus armas y custodian de esa forma una tumba que se encuentra vacía; el verdadero Jesús se encuentra en otra parte, en el camino de la vida y libertad que empieza siempre en Galilea.

Al amanecer de pascua, quedó vacío el sepulcro, guardando sólo unos lienzos y sudarios doblados, quizá perfumados todavía de perfume sepulcral, pero «sin cuerpo» (sin presencia de Jesús). Juan y Pedro han corrido para ver ese vacío, pero no han quedado allí (cf. Jn 20, 1-10), en contra de aquello que quieren hacer todavía los que buscan la seguridad pascual en las huellas de una «sábana santa» que pudiera encontrarse al parecer en Turín, en Oviedo o en cualquier vieja ciudad de nuestra tierra, sedienta de seguridades y reliquias externas del misterio. Pero las huellas verdaderas de Jesús no son las que pudiéramos hallar en una sábana y sudario; no se encuentran en los lienzos que envolvieron su cuerpo asesinado. Las huellas de Jesús son la existencia misma de la iglesia: son los pobres de este mundo y son aquellos que ayudan a los pobres, conforme al evangelio (aunque quizá no sepan que Jesús se encuentra en esos pobres, conforme a la palabra de Mt 25, 31-46).

Al amanecer de la pascua, quedó vacío el sepulcro, pero muchos queremos seguir allí, con los militares romanos: lanza en ristre o cruz en ristre custodiamos, conservamos, un sepulcro muerto, unas estructuras ya vacías, mientras la vida de Jesús se extiende por el mundo. Para anunciar la pascua, es necesario que dejemos los sepulcros, que abandonemos las seguridades, los poderes y los miedos de este mundo: la vida pascual se encuentra allí donde se extiende la vida sobre el mundo, donde crece la esperanza y donde el gozo y la entrega del amor se expanden y triunfan por encima de la muerte. Esto es lo que predica, anuncia y testimonia sin cesar la iglesia verdadera de Jesús sobre la tierra.

rior? ¿Dicen ese algo «más» que evocan las imágenes de *exaltación y glorificación?*

– Destacamos algunos textos de la Escritura; es normal. Pero hemos visto que cada texto se limita a un aspecto del acontecimiento. ¿Qué aspecto señalan los textos que nosotros destacamos? ¿Nos preocupamos de completarlos con otros?

– La cuestión sobre lo que consideramos importante en la vida ha podido sorprendernos. Pero si la fe en la resurrección es fundamental, no puede ser extraña a lo que es importante para nosotros. Podríais volver sobre vuestras respuestas: ¿qué relación tiene con ellas vuestra fe en la resurrección?

### • Algunos puntos básicos

Resumamos en primer lugar algunos de los puntos más sólidos que han ido apareciendo en nuestro estudio.

Nunca se dice que Jesús *fuera visto mientras resucitaba* (a diferencia de algunas pinturas que, en este sentido, resultan peligrosas). Los discípulos afirman que *vieron a Jesús resucitado.* Según los casos, insisten en un punto o en otro, o en los dos al mismo tiempo: *lo reconocen* (por tanto, es el mismo que habían conocido antes de morir), pero no se trata de un simple retorno a la vida, sino de la entrada en una vida definitiva: ha sido *exaltado, glorificado, subió al cielo, está sentado a la derecha de Dios, hecho Señor...*

Y este acontecimiento *sólo es perceptible en la fe.* No vemos al resucitado cuando queremos, como hacemos con un amigo; es él el que se hace ver por quien quiere, donde y cuando quiere. Los testigos tienen entonces una experiencia muy real (que expresan por ejemplo diciendo que Jesús es capaz de comer: véase Lc 24), aunque son ellos solamente los que la tienen; así, por ejemplo, los compañeros de Pablo se dan cuenta de que le está pasando algo, pero no ven a Cristo. El uso de esta expresión «hacerse ver» puede orientar hacia una experiencia real, pero totalmente interior.

Nuestra fe descansa finalmente en la afirmación que Dios nos hace de ello. El evangelio de Marcos no tenía ningún relato de aparición. El joven (es decir, Dios) afirma que Jesús ha resucitado: esto es suficiente para asegurar la fe.

Las *Escrituras* (el Antiguo Testamento) son fundamentales para creer y comprender un poco este misterio. Lo hemos visto a propósito de los relatos de Emaús y del etíope; también podríamos haber leído en este sentido el episodio en que Juan muestra a Pedro y al otro discípulo acudiendo al sepulcro: «Entró también el discípulo que había llegado primero y, al ver aquello, creyó, porque hasta entonces no habían entendido lo que dice la Escritura: que tendría que resucitar de la muerte» (Jn 20, 8-9); si hubieran comprendido la Escritura, no habrían tenido ya necesidad de ver (con los ojos del cuerpo) el sepulcro vacío para creer; habrían *creído* y *visto* (con los ojos de la fe) al resucitado (Jn 20, 29).

Las Escrituras dan sentido a la vida terrena de Jesús, y esta vida da su sentido a las Escrituras.

Pero sólo el resucitado, él personalmente (Lc 24, 27.45), o por medio de sus discípulos (Hch 8, 35), puede dar el sentido de las Escrituras.

Los episodios de Emaús y del etíope, junto con otros muchos, nos advierten que el creyente del año 80 o del año 1990 no es menos privilegiado que los primeros discípulos; pueden y deben, también ellos, realizar la misma experiencia del encuentro con el Señor vivo, ya que está también realmente presente en el hermano desconocido con el que tropezamos en nuestro caminar de cada día, y en los sacramentos, ante todo en la eucaristía.

Esto puede plantearnos una cuestión: la experiencia que hoy realiza el cristiano ¿es fundamentalmente distinta de la que pudieron tener Tomás y los otros apóstoles? A esta cuestión se le pueden dar sin duda varias respuestas. He aquí una perfectamente posible. Esta experiencia es fundamentalmente la misma; si un no creyente, que no sabe nada del cristianismo, entrase en un lugar en donde los cristianos celebran el culto, se daría cuenta a través de su actitud de que ocurre algo; a su pregunta, los cristianos le contestarían: «El Señor Jesús está presente entre nosotros; nos invita a su mesa; comemos con él, le escuchamos y le hablamos...», y esta respuesta se parecería de algún modo a los relatos de los evangelistas.

Sin embargo, hay una diferencia: en esos relatos se dice que los apóstoles reconocían a Jesús; lo conocieron durante su vida terrena y pueden verificar por tanto que la experiencia del resucitado que ahora tienen corresponde a la del Jesús terreno que antes tuvieron. Y esto es imposible para nosotros. Para verificar la autenticidad de esta experiencia nuestra, tenemos que confrontarla con la de los apóstoles. Es cierto que la experiencia en sí misma no es fundamentalmente distinta, pero la referencia al pasado que la autentifica es diferente: la vida de Jesús para los apóstoles, la experiencia de los apóstoles para nosotros.

• **Una constatación**

Hemos visto que los primeros cristianos utilizaban dos grandes tipos de imágenes para evocar el misterio pascual: *resurrección* y *exaltación*. Hemos visto también las ventajas e inconvenientes de cada uno de estos tipos cuando se les usa exclusivamente (véase p. 45).

Cabe preguntarse –pero sólo se trata de una hipótesis– si muchas de nuestras dificultades no provendrán de separar estas dos imágenes:

– Para Jesús, no hemos conservado prácticamente más que el lenguaje de la *resurrección*. Y esto nos lleva a cuestiones sobre el cómo: ¿qué cuerpo tenía?; ¿podía comer?... El lenguaje de la *exaltación* debería recordarnos que es ciertamente un hombre real –por tanto, con un cuerpo–, pero exaltado, es decir, distinto; ahora tiene, para usar una palabra de Pablo, un cuerpo espiritual.

– Para nosotros mismos, sólo conservamos muchas veces, sin tener conciencia de ello, el lenguaje de la *exaltación:* al morir, nuestro cuerpo se pudre en el polvo, pero algo de nosotros, nuestra alma, se va al cielo, y, en este caso, no se ve ya la necesidad de volver a encontrarse con un cuerpo. El lenguaje de la *resurrección* debería recordarnos que no podemos existir más que como seres corporales.

• **Una certeza**

Es inútil e imposible imaginarse el cómo de la resurrección. La única certeza del creyente es mantener estas dos cosas: *Jesús ha sido resucitado - glori-*

*ficado - nosotros estaremos con él.* Cuando leemos a Pablo en la próxima etapa, podríamos fijarnos en las palabras que utilizó o que inventó con ayuda de la preposición *con:* consufrir, conmorir, conresucitar, conglorificación, convivir... Estar siempre con él. Cf. *¡Cristo ha resucitado!* (CB 4). Verbo Divino, Estella [7]1987.

| El acontecimiento Jesús | Hechos 2, 14-41 pentecostés | 3, 12-26 paralítico | 4, 9-12 ante el sanedrín | 5, 29.32 ante el sanedrín | 10, 34-43 Cornelio | 13, 16-41 Pablo | Lucas 24, 19-27 | Otros textos de Lucas |
|---|---|---|---|---|---|---|---|---|
| *Ministerio terreno* | | | | | | | | |
| Predicación de Juan bautista | | | | | | 24-25 | | Lc 3, 15-16 |
| Jesús de Nazaret | 22 | | 10 | | 38 | | 19 | |
| su bautismo por Juan | | | | | 37-38 | | | Solivianta al pueblo con |
| su enseñanza | | | | | (36) | | 19 | su enseñanza (Lc 23, 5) |
| milagros | 22 | | | | 38 | | | |
| *Muerte* | | | | | | | | |
| condenado por los jefes judíos | 23.36 | 13.15.17 | 10 | 30 | 39 | 27 | 20 | Lc 23, 2.4.5.20.22.23.25.51; Hch 7, 52 |
| ejecutado por los paganos | 23.36 | 13.14 | | | | 28 | | |
| según el plan de Dios | 23.36 | 18 | 28 | | | 27 | 25-27 | Lc 18, 31 Todo lo que escribieron |
| inocente | | 13 | | | | 28 | | Lc 23, 4.14.15.32 |
| sepultado | | | | | | 29 | | |
| *Pascua* | | | | | | | | |
| Dios lo hace resurgir | 24.32 | | | | | 33 | | |
| lo despierta | | 15 | 10 | 30 | 40 | 30-37 | 34 | |
| somos testigos de ello | 32 | 15 | | 32 | 39.41 | 31 | 48 | Hch 1, 8.22; Lc 24, 48; Hch 1, 3-4 |
| exaltado por la diestra de Dios | 33 | 13.21 | | 31 | | | | Lc 24, 51; Hch 1, 9-11 |
| da el Espíritu | 33 | | | | | | | |
| **Cumpliendo las Escrituras** | | | | | | | | |
| *Títulos* | | | | | | | | |
| Antes: Hijo-Siervo | | 13.26 | 27.30 | | | | | |
| Santo, Justo | (27) | 14 | | | | | | |
| Después: Dueño de la vida, Salvador | | 15 | | 31 | | | | |
| Juez de vivos y muertos | | | | | | | | |
| Antes y después: Señor | 36 | | | | 36 | | | |
| Cristo | 31.36 | | | | | | | |
| *La Escritura. En general* | | | | | | | | |
| La Escritura anuncia | | | | | | | | |
| sus días | | 24 | | | (43) | (27.40) | | |
| sus sufrimientos | | 18 | | | | | 26s.46 | |
| su última venida | 20 | 20 | | | | | | |
| Los judíos, primeros herederos | 39 | 25 | | | | 26.33 | | |
| Por ellos: salvación de los paganos | 39 | 25 | | | | | | |
| *Textos particulares* | | | | | | | | **Citas en otros textos** |
| Sal 16, 10: fiel conocer la fosa | 25.31 | | | | | 35.37 | | Hch 9, 20, Heb 1, 5; 5, 5; |
| Sal 2, 7: tú eres mi hijo, hoy | 30 | | | | | 33.20 | | Mc 1, 11; Lc 3, 22 |
| Sal 110, 1: siéntate a mi derecha | 34 | | | | | | | Mc 12, 36; Heb 1, 13; Mc 14, 62; Hch 7, 55; Rom 8, 34; Ef 1, 20; Col 3, 1; 1 Pe 3, 22; Heb 1, 3; 8, 1; 10, 12; 12, 2 |
| Sal 118, 22: piedra desechada: angular | | | 11 | 31 | | | | Mc 12, 10; 1 Pe 2, 7 |
| Is 55, 3: promesas a David | | | | | | 34 | | |
| Jl 3: el Espíritu derramado | 17.21.39 | | | | | | | |
| Dt 18: profeta como Moisés | | 22 | | | | | | Hch 7, 37; Jn 6, 14 |
| Hab 1, 5 | | | | | | 41 | | |
| **Nos interpela** | | | | | | | | |
| Salvación por la fe | | | | | 43 | 38 | | |
| Salvación en el nombre de Jesús solo | (21.39) | | 12 | | 43 | | | |
| Convertirse | 38 | 19 | | 31 | | | | |
| Bautismo por los pecados | 38 | 19.26 | | 31 | 43 | 38 | | |
| Don del Espíritu | 38 | | | | | | | |

# 3

# Pablo y sus cartas

Pablo tiene fama de ser un autor difícil. Es verdad. ¡Pero resulta tan impresionante! A través de sus cartas, se revela tal como es, un santo con sus defectos: habla siempre de sí mismo; afectivo, siente la necesidad de tener amigos fieles a su lado; integrista en el judaísmo, conserva su carácter entero después de hacerse cristiano, y no pocos colegas y fieles lo sabrán a sus expensas: Pedro («Tuve que encararme con él, porque se había hecho culpable»: Gál 2, 11); Bernabé que desea llevarse consigo a misionar a su joven sobrino Juan Marcos en contra del parecer de Pablo («El conflicto se agudizó tanto, que se separaron»: Hch 15, 39); los corintios a los que Pablo propone ir a restablecer el orden «con la vara» (1 Cor 4, 21; véase 11, 16)... Y al mismo tiempo, un hombre entregado por completo a su misión, para el que sólo cuenta el amor a su Señor y el servicio a las comunidades, a esos hijos queridísimos con los que tiene entrañas maternales...

Muchos de los pasajes de sus cartas nos parecen oscuros (también opinaba así el autor de 2 Pe 3, 16). No nos detendremos en ellos; podréis luego volver a estudiarlos. Intentaremos sobre todo descubrir los grandes trazos de su teología y leeremos algunos de esos pasajes maravillosos en donde se descubre la fe cristiana en su primera juventud y en donde se percibe también, a través de Pablo, todo lo que puede hacer la gracia de Dios en un corazón humano.

La vida de Pablo se divide en dos partes casi iguales: durante treinta años (nació quizás hacia el 5 de nuestra era y tuvo su camino a Damasco en el 36) es *fariseo;* luego, durante treinta años (muere mártir en Roma seguramente el 67), hecho *cristiano,* es ese misionero infatigable que funda comunidades por toda el área mediterránea y escribe a sus cristianos.

- **Pablo, fariseo**

Nacido en Tarso, capital de Cilicia (Asia Menor), una ciudad universitaria de más de 300.000 habitantes, Pablo se mueve en la encrucijada de dos civilizaciones.

*Judío,* fariseo, estudia en Jerusalén con uno de los más ilustres rabinos del momento, Gamaliel (véase Hch 22, 3 y 5, 37). Había vuelto a Tarso durante los años de predicación de Jesús, al que no parece haber conocido. Aprendió (¿con sus padres?) a tejer esa tela dura hecha de pelos de cabra, el cilicio, que debe su nombre a Cilicia. Sin duda era rabino y, por tanto, estaba casado.

Pero al mismo tiempo recibió de sus padres el título de *ciudadano romano,* que ostentará con orgullo (Hch 22, 25-28). Asistió sin duda a la universidad, cuyos procedimientos literarios emplea en ocasiones con la cita de sus poetas (Hch 17, 28). Su doble, *Saulo* (judío) y *Pablo* (griego), indica su pertenencia a estas dos civilizaciones.

Como fariseo sincero, Pablo no tiene entonces más que una pasión: servir a Dios practicando minuciosamente la ley. « Mi vida es la ley», podía decir. Cuando vuelve a Jerusalén hacia el año 36, se encuentra con la predicación de Pedro y de los otros discípulos de Jesús. Como es teólogo, percibe sin duda mejor que Pedro que los discursos de los apóstoles corren el peligro de derrumbar el judaísmo: ponen a Jesús, justamente condenado por las autoridades como blasfemo, en el mismo plano que a Dios. Fariseo intransigente cuando se trata de la pureza de la fe, está decidido a combatir a la nueva secta. Aprueba la muerte de Esteban y parte para Damasco para perseguir allí a los discípulos de Esteban que se habían refugiado en dicha ciudad.

### • El camino de Damasco

El *Señor glorificado* que se le aparece es el *maldito de la cruz*: toda la teología de Pablo se basa en esta revolución. Jesús había sido condenado por la ley, que garantizaban las autoridades religiosas; era un maldito de Dios, que no había hecho nada para librarlo, como está escrito: «Dios maldice al que cuelga de un árbol» (Dt 21, 23; cf. Gál 3, 13). Pues bien, Dios ha glorificado a ese «maldito». Por tanto se muestra de acuerdo con él. Y la ley que lo condenó ha sido entonces condenada por Dios. La ley ya no vale. Para Pablo se derrumba el sentido de toda su vida anterior... Se comprende que permanezca tres días postrado, ciego, en Damasco, haciendo el balance de todo ese mundo que se le ha venido abajo. Pero Jesús se ha instalado en todo ese vacío doloroso. En adelante, Pablo dirá: «Mi vida es Cristo».

Toda su teología está aquí en germen como una intuición que tardará toda su vida en inventariar. Vamos a señalar algunos de sus puntos más destacados.

*Justificado por la fe.* Fariseo, Pablo creía estar justificado por su práctica leal de la ley: pensaba que todo cuando hacía, sus esfuerzos, sus «obras», como él dice, le hacían justo delante de Dios. Ahora descubre que sólo Cristo puede hacer justo al hombre. Por tanto, no se trata de *hacer* la salvación, sino de *recibirla* gratuitamente de la mano de Dios, por la fe. Creyendo en Dios, adhiriéndose totalmente a Cristo, poniendo en él toda la confianza, uno es salvado por él, se hace justo. Esto no quiere decir evidentemente que baste con creer, portándose de cualquier manera. Si se cree, si se ama, se intenta vivir en la lógica de esa fe y de ese amor; pero las obras que entonces se realizan no se cumplen *para* forzar al otro a que nos ame, sino *porque* nos sentimos amados por él.

*La gracia de Dios* es una palabra clave en la teología de Pablo. Ha descubierto que es amado por Dios gratuitamente, misericordiosamente. Dios no

---

### TRADICION PAULINA

La forman, principalmente, las cartas de la cautividad (Col, Ef), escritas probablemente por un discípulo muy cercano a Pablo, y las cartas pastorales (1 y 2 Tim, Tito), escritas bastantes años después de la muerte de Pablo, para defender y actualizar su herencia teológico-eclesial en las nuevas condiciones históricas de la comunidad; estas últimas parece que se deben datar en torno al 90-100 d. de C.

*Las cartas de Pablo y de su tradición*

| Año | Lugar | Destinatarios |
|-----|-------|---------------|
| 51 | Corinto | 1.ª y 2.ª Tesalonicenses |
| 54 | Efeso | Gálatas |
| 55 | Efeso | 1.ª Corintios |
| 56 | Filipos | 2.ª Corintios |
| 57? | Efeso | Filipenses |
| 57 | Efeso | Filemón |
| 58 | Corinto | Romanos |
| | *Tradición* | |
| 61-63? | Roma | Colosenses |
| 65-66? | Grecia | 1.ª Timoteo y Tito |
| 67 | Roma | 2.ª Timoteo |
| 80 | Asia | Efesios |
| 75-80 | Italia | Hebreos |

nos ama *porque* seamos buenos, sino *para que* lo seamos. Esa es la fuente del gozo y de la seguridad de Pablo y del creyente, que no se apoyan ya en lo que hacen o en lo que son (sería algo descorazonador), sino en el amor de Dios, que siempre es fiel.

*Jesucristo crucificado*. El maldito de la cruz glorificado... Pablo intenta comprender: si Dios lo glorifica, es que su muerte entraba en sus planes; por tanto, hay que repasar las Escrituras; los poemas del siervo doliente le ofrecen sobre todo la respuesta (véase *Paa leer el AT*, 88): Jesús no fue condenado por sus pecados, sino que «fue triturado por nuestros crímenes, y sus cicatrices nos curaron» (Is 53, 4-5). La cruz, iluminada siempre por la resurrección, estará en adelante en el corazón de la teología de Pablo.

Allí, a los pies del crucificado, se descubre pecador, pero pecador perdonado. Rumiar los pecados no puede conducir más que a un remordimiento estéril; en el rostro de los otros es donde uno percibe su pecado, en el daño que se les hace. Pablo lo ve en el torturado en la cruz. Pero lo que ve ante todo es el perdón. La toma de conciencia de nuestro pecado es ahora acción de gracias a Dios que nos purifica por medio de Jesucristo.

*La iglesia, cuerpo de Cristo*. «¿Por qué me persigues?», le pregunta Jesús a quien persigue a sus cristianos... Pablo percibe la unión íntima entre Jesús y sus discípulos: forman un solo cuerpo, la iglesia. Aquí está en adelante el fundamento de la moral de Pablo: por la fe y el bautismo os habéis revestido de Cristo, os habéis hecho cuerpo suyo; vivid en consecuencia.

*Apóstol de Jesucristo*. «No podemos callarnos», decían los apóstoles. Cuando uno se descubre amado con ese amor, y que así cobra sentido su vida, no puede por menos de anhelar comunicar esa dicha a los demás. Predicar a Jesucristo se convierte para Pablo en una necesidad vital (1 Cor 9, 16). El amor le empuja a anunciarlo a todos los hombres, judíos y no judíos.

*Entrada en una tradición*. Pablo tenía todo lo necesario para ser el jefe de una secta: inteligente, apasionado, escogido directamente por Dios... Sin embargo, es bautizado por manos de Ananías, que aparentemente no brilla mucho ni por su ciencia ni

por su coraje (Hch 9, 13). Su vocación en Damasco, por muy excepcional que fuese, lo llevó a entrar humildemente en la tradición de la iglesia. Y sus ojos se abren en el mismo momento en que recibe el bautismo de esa iglesia.

Sería falso creer que Pablo recibió en Damasco una teología ya hecha, que en adelante no habría que hacer más que repartir. El Señor lo «agarró» entonces (Flp 3, 12) o, volviendo a la imagen que antes desarrollamos (véase p. 12), lo «impresionó». Para que esta imagen del resucitado se le revele plenamente, tendrá que intervenir en la vida cotidiana de las diversas comunidades, que obligarán a Pablo a profundizar en su conocimiento de Cristo. Señalaremos cuatro etapas en esta evolución. Antes de recorrerlas, leamos la carta a los filipenses, en donde nos abre su corazón.

## 1. Carta a los filipenses

Las cartas de Pablo suelen ser escritos de circunstancias: responde a las preguntas de una comunidad o reacciona contra ciertos desórdenes doctrinales o morales. Su carta a los filipenses (que reúne quizás tres misivas distintas) parece no tener ningún objetivo; Pablo la escribe sencillamente porque quiere a sus filipenses, los únicos de quienes aceptó una ayuda económica; tenía la suficiente confianza en su amor desinteresado para saber que no estaría atado por esta ayuda. En su carta les abre su corazón, habla de su alegría, de sus sufrimientos (está apresado por los romanos y ha pasado por la experiencia de la enfermedad, del desánimo), les deja vislumbrar su amor apasionado a Jesús y el sentido que da a su vida. Escribe sin duda desde Efeso, hacia el año 57.

→ *Flp 3*

Podríais empezar por este capítulo.

Pablo se ve atacado por los judíos o, mejor dicho, por los cristianos que judaizan, que se empeñan en volver a las prácticas judías creyendo encontrar en esas prácticas una seguridad delante de Dios (3, 1-3 y 18-19; para las expresiones difíciles, ved las notas de vuestra Biblia).

Pablo tiene razones para confiar en sí mismo (3, 4-6): ¿cómo ve él estas razones?; ¿cómo expresar con palabras de hoy lo que se dice en el v. 9?

Observad lo que expresa la pasividad (Cristo lo hace todo) y la actividad del cristiano (lo que ha de hacer): ¿cómo se articulan estos dos aspectos?

Señalad las expresiones que marcan la unión con Cristo. ¿Qué es la fe para Pablo?

→ **LECTURA DE CONJUNTO**

Esta carta no encierra grandes dificultades. Un buen medio de estudiarla sería leer el texto de se-

---

**CUATRO ETAPAS**

Se pueden distribuir las cartas de Pablo en cuatro grupos que marcan otras tantas etapas de su pensamiento.

– *1 y 2 tesalonicenses* (año 51)

Pablo recoge los grandes temas del kerigma; vive en la esperanza de la venida próxima de Cristo.

– *1 y 2 corintios, gálatas, filipenses, romanos* (años 56-58)

En estas cartas hay una cuestión central: ¿cómo llegar a ser justo y ser salvado? Uno no queda justificado por lo que hace (obras, práctica de la ley), sino por la fe en Cristo. Pablo ve sobre todo el papel de Cristo en su iglesia.

– *Colosenses, efesios, Filemón* (años 61-63)

Como las escribe desde su prisión en Roma, se las llama muchas veces las *cartas de la cautividad*. Pablo descubre el lugar de Cristo en la historia y en el universo.

– *Tito, 1 y 2 Timoteo*

Estas *cartas pastorales* fueron escritas por Pablo antes del año 67 o por un discípulo que recogió su testamento espiritual después de su muerte. Su preocupación es la de organizar la iglesia y mantener puro el depósito de la fe.

---

guido subrayando con diversos colores las palabras (o expresiones equivalentes): *Jesús* (fijaos en las preposiciones que lo acompañan: *por, con en...) - evangelio - gozo - sufrimiento.*

*El Señor Jesús.* Una nota de cariño empapa toda esta carta hacia aquel que lo ha «agarrado» (3, 12, según el texto griego) y a quien llama –esta sola vez– «Jesús, mi Señor» (3, 8). El cántico primitivo (2, 6-11) que ya leímos en la p. 45 resume todo su misterio.

*La vida cristiana* es la obra de Dios (1, 6; 2, 13...) y es una vida en Cristo. Este conocimiento (3, 8: ¿de qué se trata?) es indisociablemente comunión con el sufrimiento y la muerte de Cristo (señalad las expresiones que lo muestran para Pablo –para Epafrodito– para los cristianos) y con su vida de resucitado. La vida cristiana es obra de Cristo, ya que es él quien lo hace todo en el creyente: nuestras obras no sirven de nada (3, 4s).

Pero esta vida cristiana tiene que manifestarse externamente por obras: oración (4, 6...), glorificación de Dios en nuestro cuerpo (1, 20; 3, 21...), unidad entre los cristianos (2, 1-4), y por una especie de estado que puede resumirse en la palabra *gozo* (observad cuáles son sus causas).

Finalmente, el gozo del cristiano consiste en anunciar el evangelio por la palabra, pero también por la vida, poniéndose al servicio de los demás. Porque la comunión con Jesús crea la comunión entre los hermanos: fijaos en el amor apasionado de Pablo por sus cristianos.

## 2. 1 y 2 tesalonicenses

Enviadas desde Corinto (años 50-51), estas cartas son los primeros escritos del Nuevo Testamento. Nos dan a conocer una iglesia muy joven nacida en tierra pagana, comunidad minúscula en una inmensa ciudad de unos 300.000 habitantes. Se descubre el entusiasmo de una fe nueva, la esperanza un tanto desordenada, el amor apasionado que suscita la predicación de Jesucristo.

Pablo toca la cuestión de la *escatología* (reflexión sobre el final de los tiempos). Cree aún que está cerca la venida definitiva de Cristo. Algunos tesalo-

## LA PARUSIA DE JESUS

Al principio de la iglesia, los cristianos viven inmersos en el gozo y la esperanza de la venida salvadora del Mesías. La resurrección individual de Jesús viene a mostrarse para ellos como anuncio y signo muy cercano, casi inmediato, de su vuelta. Por eso, Pablo y sus primeros discípulos no piensan que los fieles puedan morir antes que venga victorioso y triunfador el Cristo, ofreciendo a todos el misterio y camino de su pascua. Pues bien, desde la experiencia concreta de la muerte de los fieles, que fallecen ántes de que venga a realizarse el reino, Pablo ha tenido que actualizar su mensaje escatológico, distinguiendo en él cuatro momentos, conforme a 1 Tes 4, 13-18 (cf. 1 Cor 15, 20-28):

– *Parusía de Cristo*. Como principio de toda la consumación escatológica ha de hallarse la «venida» victoriosa de Jesús que mostrará al final del tiempo la fuerza de su pascua dentro de la historia.

– *Resurrección de los muertos*. Parece que, en principio, Pablo no se preocupaba de anunciar la resurrección de los muertos. Sólo hablaba del triunfo y consumación pascual de aquellos que «estaremos vivos» en el tiempo de la parusía. Pues bien, cuando advierte que los fieles, que han creído en Cristo sobre el mundo, van muriendo antes que el mismo Cristo vuelva triunfador, Pablo debe ampliar su perspectiva pascual, diciendo: los muertos en Cristo resucitarán para participar de su victoria.

– *Glorificación final:* no todos los justos morirán, pero todos serán glorificados, transformados por el Cristo. Esto significa que, uniéndose a los que han resucitado, los «fieles» del tiempo de la parusía (de la última generación cristiana) serán transformados por el Cristo, participando de su gloria: pasarán directamente desde este mundo al reino.

– *La gloria se interpreta como encuentro definitivo con el Cristo pascual:* estaremos para siempre con el Señor (1 Tes 4, 18); nos uniremos para siempre al Hijo que se ofrece y vuelve nuevamente al Padre, de manera que así el Padre pueda ser ya todo en todos (cf. 1 Cor 15, 28).

nicenses concluyen entonces: ¿para qué trabajar? Como los demás cristianos, Pablo tardará en admitir que el plazo para esta venida –el tiempo de la iglesia– puede ser largo (todavía dura). De estos textos a veces difíciles (ved las notas de vuestra Biblia) señalemos algunos puntos importantes. La esperanza no inmoviliza al creyente: hay que vivir como si tuviéramos la eternidad por delante, aunque sepamos que el Señor está cerca. Son vanas las preguntas sobre cómo será el fin; basta con saber que después de morir *estaremos siempre con el Señor* (1 Tes 4, 17). Para evocar la venida de Cristo, Pablo se inspira en manifestaciones bien conocidas de los tesalonicenses: la *parusía* (palabra griega que significa entrada) del emperador entrando triunfante en su ciudad.

También se advierte en estas cartas un primer esbozo de reflexión sobre el *ministerio del apóstol:* consiste esencialmente en predicar la palabra; exige seguridad y fidelidad; ésta se reconoce por dos signos: autenticidad y desinterés. Pablo recogerá largamente estos temas en 2 Cor.

### → *LA VIDA CRISTIANA*

Podéis deteneros en la forma como presenta Pablo la vida cristiana. Consiste en entrar en el proyecto que Dios forjó desde siempre para realizarlo en Jesucristo: en Jesús somos santificados por el Espíritu para formar la iglesia.

He aquí algunos puntos para vuestro estudio.

*Dios tiene un proyecto de amor.* Señalad las expresiones que evocan esa llamada *(klesis en griego)*, esa opción o elección. ¿Para qué llama Dios?

*Dios realiza este proyecto por Jesucristo.* El hombre es interpelado, invitado a entrar, cuando se le anuncia la palabra de Dios. Observad las expresiones que indican el dinamismo, la fuerza de esa palabra que actúa en el creyente. ¿Cuál es el contenido de esa palabra? (comparad con el kerigma). La palabra obliga al oyente a una opción: la repulsa (¿con qué consecuencias?) o la acogida.

*La acogida de la palabra* es fe, esperanza, caridad. Aparecen ya reunidas estas tres virtudes: ¿qué calificativos (verbos, adjetivos) las acompañan?

*La fe* es acogida de la palabra (1 Tes 2, 13; 2 Tes 2,

13). ¿Cuál es la función del Espíritu y la del hombre? Intentad describir esta fe. Con frecuencia va acompañada de verbos que indican *caminar*: no se trata de «tener» fe, sino de caminar, de progresar en la fe. Y la *moral* o el obrar cristiano es su consecuencia.

*La esperanza* es espera: ¿de qué? Notad sus dos características: paciencia (constancia) y vigilancia. ¿Qué papel tiene ante el «sueño» de la muerte?

*La caridad.* La vida cristiana es amor o *vida en Cristo.* Indicad las expresiones que señalan esta unión –actual o futura– con Cristo.

*El Espíritu* es el que consagra o santifica. Señalad los pasajes que hablan de él. ¿Cuál es su función?

*La iglesia (ek-klesia* en griego) es la comunidad de los que respondieron a la llamada *(klesis).* No es un grupo que las personas hayan escogido, sino el grupo de los escogidos por Dios que han respondido a su invitación. ¿Cómo se expresa esto? ¿Qué consecuencias puede tener esto para nuestras comunidades de hoy?

Todo esto es la obra de la *gracia de Dios* y suscita en el creyente *la acción de gracias.* ¿Cómo se expresa esto? ¿Cómo se presenta la oración? De este modo, la vida cristiana es relación personal con cada una de las personas de la *Trinidad:* ¿qué relación tiene cada persona con el creyente y el creyente con ellas?

## 3. Las grandes cartas: Corintios. Filipenses. Gálatas. Romanos

Del año 53 al 58, Pablo residió tres años en Efeso, desde donde escribió varias cartas a los corintios, a los gálatas y sin duda a los filipenses. Desde Corinto, donde pasó el invierno 57- 58, escribió a los romanos.

Ahora es esta cuestión la que le preocupa: ¿Qué quiere decir «ser salvado por Jesucristo?». Profundiza en el papel de Cristo en la historia de la salvación, en el seno de la comunidad creyente en donde está presente por la palabra, los sacramentos, la vida vivida como una ofrenda.

• **Cristo en la historia de la salvación**

Como judío, Pablo pensaba encontrar la salvación en la práctica de la ley. Pues bien, aunque la ley era santa por haber sido dada por Dios, ha sido condenada en Jesucristo. Para intentar comprenderlo, Pablo repasa a su modo la historia de la salvación.

Mucho antes de Moisés, Dios hizo ya una alianza unilateral con Abrahán: se comprometió él solo, sin condición alguna por parte del hombre (léase Gn 15; cf. *Para leer el AT*, 80). Si Dios es justo, o sea, fiel, tiene que dar la felicidad a Abrahán y a sus descendientes, sea cual fuere su conducta.

Pero el pueblo se portó mal. Dios le dio entonces la ley del Sinaí, una alianza bilateral: se compro-

---

### EL SALUDO CRISTIANO: DIOS PADRE / JESUS KYRIOS

Conforme al modelo universal de aquel momento, las cartas de Pablo, encabezadas por la *superscriptio* (nombre del mitente) y la *adscriptio* (nombre del destinatario), comenzaban con un saludo o *salutatio*. Los griegos saludaban con *khaire* (alégrate), los judíos con *eleos kai eirene* (misericordia y paz). Pues bien, Pablo y los cristianos empiezan a hacerlo de esta forma:

*Gracia y paz* a vosotros,
de parte de Dios, *nuestro Padre,*
y de Jesucristo, *el Kyrios (señor).*

Esta fórmula de saludo, repetida en Gal 1, 3; 1 Cor 1, 3; 2 Cor 1, 2; Rom 1, 7; Flp 1, 2; Flm 3; Ef 1, 2, refleja la experiencia más antigua de la iglesia: por *gracia* de Jesús, los cristianos viven ya en la *paz* de Dios; ellos se encuentran vinculados a Dios que es *Padre* y a Jesús que es el *Señor.* Esta forma de ver en unidad al Padre Dios y al Kyrios Jesús (que después aparecerá como Hijo) constituye el principio de la fe trinitaria de la iglesia: Dios viene a presentarse de esa forma como Padre y como Hijo (y como Espíritu Santo) en comunión de amor definitivo.

metió a dar la felicidad a su pueblo con la condición de que éste respetara sus mandamientos (léase Ex 19-20; cf. *Para leer el AT*, 67 y 80). La ley fue dada por Dios porque el pueblo había pecado, como una barrera de protección: como no había sido capaz de obedecer a Dios por amor, el pueblo tendría que obedecerle por causa de la ley. Dios se portó como un padre con su hijo: entre ellos no hay contrato, el padre tiene confianza en su hijo que le obedece por amor; pero si llega a fallar ese amor, el padre tratará a su hijo con mano de hierro, le impondrá una ley hasta que vuelva a mejores sentimientos. También la ley fue dada para mantener al pueblo en el amor de Dios. Es santa, porque viene de Dios. Pero de hecho aumenta el pecado, porque dice lo que hay que hacer sin dar fuerzas para cumplirlo, de modo que con ella el pueblo peca con plena conciencia. Y Dios se encuentra en un callejón sin salida: justo, fiel a su alianza con Abrahán, tiene que dar la felicidad; justo según la alianza firmada en el Sinaí, tiene que dejar al pueblo que vaya hacia la muerte que le merecen sus acciones...

Y Dios entonces busca la solución: como al final del camino marcado por la ley está la muerte, él mismo sufrirá esa muerte en su Hijo; la muerte de Cristo es también la de todos los pecadores en él; así Dios es fiel al contrato del Sinaí. Pero hace que esa muerte desemboque en la vida: en Cristo resucitado, todos los hombres tienen acceso a la vida y a la felicidad. Dios es fiel a su promesa a Abrahán.

Así, pues, lo importante para el hombre es estar en *Cristo*: unido a él por la fe y el bautismo, el creyente realiza con él ese paso de la muerte a la vida; encuentra la salvación, no en las obras que puede hacer, sino en Jesús.

La ley ha caducado ya para el creyente; sólo importa ser recreado en Jesucristo, dejarse animar por su Espíritu.

## 1 CORINTIOS

Corinto: un puerto activo, una ciudad cosmopolita, quizás de 600.000 habitantes, entre ellos más del 60% esclavos, con una reputación poco halagüeña: «vivir a lo corintio» significaba entonces libertad de costumbres... Allí, con la pequeña comunidad cristiana de pobres que se han adherido a Cris-

---

### PLAN DE LAS CARTAS DE PABLO

Pablo escribe como se hacía en su época (véase un ejemplo en p. 63).

• *Dirección*. Se empezaba: *Fulano a Mengano, salud*. Pablo se designa a sí mismo junto con sus colaboradores; nombra a sus corresponsales y les saluda.

— Leer seguidas todas estas direcciones: ¿cuál es la forma cristiana de saludar?

• *Oración*. Se dirigía una breve oración a los dioses.

— Leer seguidas todas estas acciones de gracias: ¿por qué motivos da Pablo gracias a Dios?

• *Cuerpo de la carta*. Las de Pablo tienen generalmente dos partes:

— *doctrina*: se desarrolla un punto doctrinal importante o mal comprendido por sus cristianos;

— *exhortación* (o *parénesis*, como dicen algunas Biblias): se sacan las consecuencias prácticas de la doctrina que se acaba de exponer. La moral o manera cristiana de comportarse se basa en la doctrina.

• *Saludos*. Pablo acaba dando noticias de sus colaboradores y saludando a los cristianos. Concluye con una breve fórmula de bendición.

---

to con entusiasmo, es donde Pablo va a «inventar» la moral cristiana. La carta que les escribe intenta descubrir cómo la fe y el bautismo hacen vivir las diferentes situaciones humanas de una forma totalmente nueva. Volveremos luego sobre este punto en las p. 71s.

Podríais leer al menos algunos textos: el himno al amor (13), el relato más antiguo que tenemos de la cena (11, 17-34) y el credo antiguo que ya hemos estudiado (15, 1-1; véase p. 44); la fe en la resurrección de Cristo y en la nuestra (15).

## 2 CORINTIOS

Las relaciones de Pablo con su comunidad fueron a veces turbulentas; fue criticada su autoridad y, tras ella, la verdadera fe. En esta carta, Pablo se defiende; la mayor parte de ella va dedicada al ministerio apostólico tal como lo vive Pablo (1, 11-7, 16). Siente su tremenda responsabilidad: al proponer la palabra de Dios, sabe que ofrece a sus oyentes una opción en favor o en contra de Cristo (2, 14-4, 44). El pasaje en que Pablo muestra que el cristiano, gracias a Jesús, lee las Escrituras de una forma nueva y comprende finalmente su verdadero sentido os parecerá algo complicado, pero en él descubriréis por lo menos esta hermosa afirmación: el cristiano que acoge a Cristo queda transfigurado por la gloria de Dios que brillaba en el rostro de Jesús e iluminado para iluminar a su vez a sus hermanos (3, 5-4, 6).

En Jesús, muerto a causa del pecado con el que se identificó (5, 31), Dios nos ha reconciliado con él; en Cristo somos ahora una creación nueva (5, 11-21).

Si queréis conocer los sufrimientos que padeció Cristo, así como las gracias que nos ha merecido, podéis leer 11, 16-12, 10.

En fin, en 13, 13 reconoceréis una bendición que ha recogido la liturgia católica: es el primer testimonio claro de la fe en la Trinidad.

## GALATAS

Esos gálatas un poco locos son primos hermanos de los «galos»; impulsivos como ellos, agitados, enamorados de la libertad, acogieron con entusiasmo la predicación de Pablo y se entregaron a Cristo. Pero pasaron por allí otros predicadores y se pusieron a «judaizar»; ellos, antiguos paganos, se colocan entonces bajo el yugo de la ley judía. Sin duda creían que obraban bien, pero Pablo siente el peligro: si hay que añadir algo (aquí, las prácticas judías) a la fe cristiana, es señal de que la fe en Jesús no es suficiente para salvarnos. Pablo contraataca con pasión, y también con toda su teología: resulta un tanto complicado. Pero finalmente no tiene más que una pregunta que hacer a los cristianos: Acordaos de lo que llegasteis a ser con vuestra adhesión a Cristo. ¿Sois ahora fieles a los compromisos de vuestro bautismo?

Después de entrar en materia con viveza, Pablo defiende en tres tiempos el evangelio que predica:

– *¿De dónde viene su evangelio?* Lo recibió directamente de Cristo en el camino de Damasco (1, 11-2, 21).

– *¿Qué contiene su evangelio?* Repasando la historia del pueblo de Dios, muestra que la ley era solamente un pedagogo para conducirnos a Cristo. Ahora que lo hemos alcanzado, ya no la necesitamos (3-4). Leyendo estos pasajes, encontraréis fór-

---

He aquí la carta de un joven egipcio, alistado en la legión romana, que escribe a su padre al llegar a Italia (papiro del siglo II d. C.).

(Saludo y oración). Apión a Epímaco, su padre y señor, muchos saludos. Ante todo, expreso mis deseos de que te encuentres con buena salud y de que, yendo bien todas las cosas, te sientas feliz, lo mismo que mi hermana, su hija y mi hermano.

Doy gracias al Señor Serapis de que, habiendo corrido un grave peligro en el mar, me haya salvado de él.

(Contenido). Al llegar a Miseno, he recibido como indemnización por el viaje tres piezas de oro de parte del César. Las cosas me van bien.

Por otra parte, te pido, padre y señor mío, que me escribas una pequeña nota, en primer lugar para decirme si te encuentras con buena salud; en segundo lugar, a propósito de la de mis hermanos; en tercer lugar, a fin de que pueda besarte la mano por haberme dado una buena educación, gracias a la cual espero poder hacer rápidos progresos, si los dioses lo permiten.

(Saludo final). Muchos saludos a Capitón, a mi hermano y hermana, a Serenilla y a todos mis amigos. Te he enviado un pequeño retrato mío por medio de Eutemón. Mi nombre de soldado es Antonio Máximo, centuria Atenónica. Hago votos para que te encuentres bien. Te saluda Sereno, hijo de Agatón Demón. Y Turbón, hijo de Galonio.

(Dirección, en la parte posterior). En Filadelfia, para Epímaco, de parte de su hijo Apión. A entregar en la primera cohorte apamea de Juliano Antonio, al secretario, de parte de Apión, para ser entregada a su padre Epímaco.

---

mulas muy bellas sobre la fe en Cristo (2, 16.20), sobre Abrahán (3, 6- 14), sobre la igualdad de todos en Jesucristo (3, 26-29), sobre el espíritu de hijos (4, 6-7).

– *¿Adónde lleva su evangelio?* A la libertad (5-6). Para un cristiano no hay mandamientos; sólo hay una ley interior –el Espíritu Santo– que en el corazón de cada creyente le dice lo que ha de hacer. «Sois, en Cristo, una creación nueva; vivís como hombres libres» (5).

La carta a los gálatas es un escrito polémico. Contiene muchos pasajes oscuros, pero la pasión de Pablo le da un aliento extraordinario. Leedla sin preocuparos por las frases difíciles; se iluminarán más tarde (quizás).

Unos meses más tarde, Pablo recoge las mismas ideas en una exposición más amplia, que constituye una de las cimas de su pensamiento: la carta a los romanos.

## ROMANOS

Se han propuesto varios esquemas de la carta a los romanos. He aquí uno que por lo menos os permitirá orientaros dentro de ella.

En la *parte doctrinal* (1-11), Pablo desarrolla la misma idea de cuatro formas diferentes:

– *Como estadístico,* hace una constatación: todos los hombres, judíos o no, son pecadores, todos necesitan ser salvados por Jesucristo (1, 18-5, 11).

– *Como creyente,* reflexiona a partir de lo que somos tras el bautismo: el bautismo nos ha unido a Jesús, muerto y resucitado, a Jesús *nuevo Adán,* el segundo primer hombre. En él somos una creación nueva (5, 12-7, 6). (Sobre el pecado original, véase *Para leer el AT,* 53).

– *Como psicólogo,* muestra cómo el hombre está dividido interiormente entre el bien que quiere hacer y no hace y el mal que no quiere hacer y hace (7, 7-25). El Espíritu reunifica al creyente reconciliándolo con Dios a quien puede llamar «Abba» (papá), con los demás hombres y con el universo (8).

– *Como historiador,* finalmente, repasa la historia de Israel: muestra la miseria de Israel al rechazar a Cristo; anuncia su salvación para el momento en que el pueblo reconozca en su conjunto a Jesús como mesías.

En la *parte moral* (12-15), saca las consecuencias de esta fe para la vida cotidiana (cf. p. 71).

Podríais leer al menos Rom 6-8, deteniéndoos en algunos pasajes.

→ **EL BAUTISMO**
**Rom 6, 1-7, 6**

Pablo quiere responder a una objeción que pueden provocar las ideas ya expuestas; muestra cómo el cristiano no debe pecar ya. Como de ordinario, fundamenta esta moral en la doctrina.

Señalad algunas palabras importantes que marcan este texto (que por desgracia no siempre están debidamente traducidas en nuestras Biblias): *bautizar* (la palabra en griego significa *sumergir), servir, siervo* (o *esclavo,* 6, 6.19); leed 1 Tes 1, 9; sobre el paso de la *servidumbre* al *servicio,* ved *Para leer el AT,* 38), *ofrecerse* (o *poner a disposición;* esta palabra en la Biblia griega suele expresar la ofrenda de sí mismo a Dios en el culto, por ejemplo Dt 10, 8; 17, 12; 18, 5.7; 21, 5; y en Rom 6, 13 –dos veces–; 6, 16.19; 12, 1), *obedecer* (Rom 6, 12.16.19 –tres veces–; este verbo define a veces al cristiano: Rom 10, 16; 1 Pe 1, 2.14.22).

Notad las oposiciones: antes / ahora; novedad / antigüedad (6, 4; 7, 6); muerte / vida; salario / gratuidad («méritos para el cielo» [?]).

Señalad las comparaciones entre el destino de Cristo y el de los creyentes; ved sobre todo las expresiones que indican el parecido: *como, con, semejante a...,* ¿Por quién ha sido resucitado Cristo? (véase 6, 14; 8, 11; Col 2, 12).

Fijaos también en los tiempos verbales: ¿qué se indica en presente?; ¿qué en futuro?

Partiendo de estas observaciones, ¿qué sentido se da al bautismo en este pasaje?

Si os queda tiempo, podríais ver otras imágenes del bautismo en Pablo:

– baño, ser lavado (1 Cor 6, 11; Ef 5, 26; Tit 3, 5);

– sepultado con Cristo (Gál 3, 27; Col 3, 9);

– marcado con un sello, índice de propiedad (2 Cor 1, 21s; Ef 1, 13; 4, 30);

– iluminación (Ef 5, 14).

→ **VIDA EN EL ESPIRITU**
*Rom 8*

Rom 7 nos mostró al hombre dividido; aunque hay algunos pasajes oscuros (con su referencia al paraíso terrenal y a la ley), comprendemos fácilmente que se trata de una situación trágica. ¿Hay esperanza...? (Atención a la palabra *carne* en Pablo: no designa la sexualidad, como cuando decimos «pecado de la carne», sino al hombre entero en la medida en que rechaza a Dios, al *hombre viejo*, o al *viejo yo malvado*).

Rom 8 muestra cómo el Espíritu reunifica al creyente. Ved cómo lo establece en comunión con Dios –consigo mismo - con los demás– con el universo entero.

Podríais estudiar el *himno al amor de Dios*, con que acaba toda esta parte (Rom 8, 31-39).

Notad el contexto judicial: ¿en qué podemos apoyarnos para lograr vencer?; ¿en nosotros?; ¿en Dios?

¿Cuál es el papel de Dios?; ¿de Cristo?

¿Cuál es la seguridad última del creyente?

## 4. Cartas de la cautividad: Colosenses. Efesios. Filemón

Entre los años 58 y 63, Pablo pasa cuatro años en la cárcel, primero en Cesarea y luego en Roma. Tiene tiempo para meditar. Una ocasión para profundizar en el misterio de Cristo se la ofrecen los colosenses, tentados de situar simplemente a Cristo entre las numerosas potencias celestiales que algunos ponían entre Dios y los hombres. Pablo va a llegar a la síntesis de su pensamiento situando a Cristo en el corazón del universo y de la iglesia. Lo expresa en su carta a los colosenses y a los efesios (escrita quizás por un discípulo) y en su misiva a Filemón.

*La breve misiva a Filemón* es la más personal de las cartas de Pablo; se revela en ella todo entero. Adivinamos la vida de la iglesia que había nacido en ambiente pagano. Es extraño que Pablo no reclame la supresión de la esclavitud. Pero hace algo más: al establecer la igualdad y hasta la fraternidad entre todos, dueños y esclavos, suprime desde dentro esta institución.

En su *carta a los colosenses*, gracias sobre todo a lo que ha descubierto en la Escritura sobre la Sabiduría de Dios (véase *Para leer el AT*, 123s), Pablo logra situar a Cristo respecto a Dios –es el Hijo en quien reside toda la plenitud de la divinidad– y respecto al mundo (es aquel *por* el cual y *para* el cual ha sido hecho todo). Nuestra vida humana recibe de él un sentido nuevo: puesto que nada escapa a la influencia de Cristo, mientras construimos la ciudad terrena estamos también construyendo misteriosamente el reino de Dios. En adelante, hemos de vivir como ya resucitados con Cristo (3, 1-4).

→ **EL SEÑOR DEL MUNDO**
*Col 1, 15-20*

Dos estrofas en torno a un versículo eje: 16d-17a resumen la primera estrofa, 17b-18a la segunda.

Empezad señalando las expresiones que se co-

---

### LIBERACION DE LA MUERTE, DEL PECADO Y DE LA LEY

Este es el tema medular de la parte central de la carta a los romanos: muerte, pecado y ley constituyen para Pablo los tres males primordiales que mantienen oprimido al hombre ya desde el principio, en un proceso de destrucción que ha empezado con «Adán» (el primer hombre). De esos mismos males nos libera Jesucristo, en un camino creador en el que ofrece vida (contra la muerte), gracia (contra el pecado) y libertad (contra la ley), conforme al esquema que ahora sigue:

justificación-paz con · · · · · · · · · · DIOS · · · · · · · · · · · · · · · · · Rom 5, 1-11
reconciliación por medio de · · · · JESUCRISTO
con el don del · · · · · · · · · · · · · ESPIRITU SANTO

• LIBERACION DE LA MUERTE · · · · · · · · · · · · · · · · · · · · · · · · · · · · Rom 5, 12-21

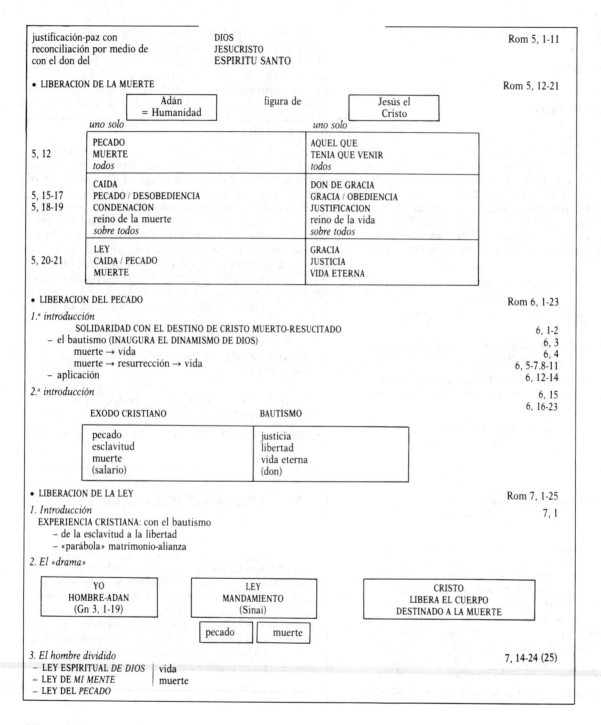

|  | Adán = Humanidad | figura de | Jesús el Cristo |
|---|---|---|---|
|  | *uno solo* |  | *uno solo* |
| 5, 12 | PECADO<br>MUERTE<br>*todos* |  | AQUEL QUE<br>TENIA QUE VENIR<br>*todos* |
| 5, 15-17<br>5, 18-19 | CAIDA<br>PECADO / DESOBEDIENCIA<br>CONDENACION<br>reino de la muerte<br>*sobre todos* |  | DON DE GRACIA<br>GRACIA / OBEDIENCIA<br>JUSTIFICACION<br>reino de la vida<br>*sobre todos* |
| 5, 20-21 | LEY<br>CAIDA / PECADO<br>MUERTE |  | GRACIA<br>JUSTICIA<br>VIDA ETERNA |

• LIBERACION DEL PECADO · · · · · · · · · · · · · · · · · · · · · · · · · · · · · Rom 6, 1-23

*1.ª introducción*

    SOLIDARIDAD CON EL DESTINO DE CRISTO MUERTO-RESUCITADO · · · · 6, 1-2
  – el bautismo (INAUGURA EL DINAMISMO DE DIOS) · · · · · · · · · · · · · · 6, 3
    muerte → vida · · · · · · · · · · · · · · · · · · · · · · · · · · · · · · · · · · · · · · 6, 4
    muerte → resurrección → vida · · · · · · · · · · · · · · · · · · · · · · · · · · 6, 5-7.8-11
  – aplicación · · · · · · · · · · · · · · · · · · · · · · · · · · · · · · · · · · · · · · · · · 6, 12-14

*2.ª introducción* · · · · · · · · · · · · · · · · · · · · · · · · · · · · · · · · · · · · · · · · 6, 15
· · · · · · · · · · · · · · · · · · · · · · · · · · · · · · · · · · · · · · · · · · · · · · · · · · · · · · 6, 16-23

| EXODO CRISTIANO | BAUTISMO |
|---|---|
| pecado<br>esclavitud<br>muerte<br>(salario) | justicia<br>libertad<br>vida eterna<br>(don) |

• LIBERACION DE LA LEY · · · · · · · · · · · · · · · · · · · · · · · · · · · · · · · · Rom 7, 1-25

*1. Introducción* · · · · · · · · · · · · · · · · · · · · · · · · · · · · · · · · · · · · · · · · 7, 1
  EXPERIENCIA CRISTIANA: con el bautismo
    – de la esclavitud a la libertad
    – «parábola» matrimonio-alianza

*2. El «drama»*

| YO<br>HOMBRE-ADAN<br>(Gn 3, 1-19) | LEY<br>MANDAMIENTO<br>(Sinaí) | CRISTO<br>LIBERA EL CUERPO<br>DESTINADO A LA MUERTE |
|---|---|---|
|  | pecado   muerte |  |

*3. El hombre dividido* · · · · · · · · · · · · · · · · · · · · · · · · · · · · · · · · · · · 7, 14-24 (25)

– LEY ESPIRITUAL *DE DIOS*  | vida
– LEY DE *MI MENTE*        | muerte
– LEY DEL *PECADO*

## VARON Y MUJER. EL MATRIMONIO

El tema del varón y la mujer recibe matices diferentes dentro de la misma tradición paulina. Por eso es importante situarlo con cierta precisión en su propio contexto, para obtener así una visión más amplia y equilibrada del tema.

– *Punto de partida: no existe ya varón-mujer, pues ambos son uno en el Cristo* (Gál 3, 28). Esta es la palabra originaria de una confesión o canto bautismal que Pablo ha recogido en su argumento. En Cristo se supera la antigua diferencia que escindía a varones y mujeres. Ambos han logrado su igualdad y libertad, su plenitud como personas en el Cristo.

– *¡Mejor es que no se casen!* La novedad de la experiencia pascual, del nacimiento escatológico en el Cristo, ha sorprendido de tal manera a Pablo que, en un primer momento, le parece preferible que varones y mujeres no se casen: cada uno vale por sí mismo, en su verdad, como persona; cada uno puede vincularse de manera independiente con la iglesia, que es el cuerpo en el que todos (varones y mujeres) nos hallamos vinculados en y con el Cristo. Esta es la perspectiva que está al fondo de 1 Cor 7. Ciertamente, Pablo no condena el matrimonio, pero lo sitúa en un segundo plano.

– *El matrimonio «como misterio salvador en Cristo y en la iglesia»* (Ef 5, 22-33). Superando la visión anterior, que, llevada hasta el final, es reductora, el autor de Efesios recupera en Cristo el valor del matrimonio, realizando así una opción teológico-religiosa que resulta muy positiva dentro de la iglesia: en la unión del varón y la mujer, como fidelidad y entrega mutua, se refleja y actualiza la unidad de Cristo con esa misma iglesia. Sin embargo, la forma concreta de expresar este misterio resulta limitada e imperfecta porque entiende los dos sexos de manera jerárquica: el varón es superior (como signo de Cristo); la mujer viene a encontrarse de algún modo sometida (es como el cuerpo del varón, es signo de la iglesia). Lógicamente, para expresar en toda su novedad cristiana esta visión del matrimonio habrá que precisarla y entenderla desde Gál 3, 28, superando toda visión jerárquica del varón y la mujer.

---

## DOS IMAGENES DE LA IGLESIA

Pablo utiliza dos imágenes complementarias para presentar a la iglesia; las dos son necesarias:

– La iglesia es el *cuerpo que tiene a Cristo por cabeza* y recibe de él su influjo vital (véanse comentarios a Col 1, 18 y 1 Cor 12, 12). La ventaja de esta imagen está en que subraya la unidad entre la iglesia y Cristo.

– La iglesia es *la esposa de Cristo* (Ef 5, 23-25). La ventaja de esta imagen está en que muestra que sigue habiendo dos realidades distintas: la iglesia no es santa como Cristo, pero su amor se ve suscitado continuamente por el de su esposo.

---

rresponden, las preposiciones que se utilizan *(en, por, para...)*, los títulos que se le dan a Cristo: algunos proceden del Antiguo Testamento; ¿qué es lo que significan (para *Imagen*, véase *Para leer el AT*, 125)?

La primera estrofa presenta el lugar y el papel de Cristo en el universo: ¿cuáles son? La segunda, el lugar y el papel de Cristo en la humanidad reconciliada con Dios, en la iglesia: ¿cuáles son?

La *carta a los efesios* ofrece una síntesis armoniosa del pensamiento de Pablo. No tiene grandes dificultades. Leyéndola, encontraréis pasajes muy hermosos, entre ellos: el himno tan majestuoso sobre el proyecto de Dios de reunirlo todo en su Hijo (1, 3-14), la reconciliación de todos los seres en Jesucristo (2), la oración para alcanzar arraigarse en el amor de Cristo (3, 14-21), la organización de la iglesia (4, 1-16) (estudiamos este texto en la p. 47), el antiguo cántico citado en 5, 14, la iglesia esposa de Cristo y el matrimonio (5, 21-33).

## 5. Cartas pastorales: Timoteo. Tito

Escritas por Pablo, o por un discípulo suyo después de su muerte, estas cartas manifiestan su preo-

## CARTAS PASTORALES. LOS MINISTROS DE LA IGLESIA

Como el mismo nombre lo insinúa, las *cartas pastorales* (1-2 Tim, Tit) se ocupan preferentemente de la función de los *pastores*, es decir, de aquellos que mantienen la unidad y permanencia de la fe dentro de una iglesia que empieza a estructurarse. Tres son, desde esa perspectiva, los valores primordiales de estas cartas:

– *Ellas mantienen viva la herencia de Pablo.* Estamos hacia el 100 d. C. Parece que hay grupos eclesiales que se sienten molestos con la tradición de libertad de Pablo y quieren una iglesia más «legalista y jerarquizada», reiniciando así una especie de vuelta al judaísmo. Pues bien, en contra de ese riesgo, las cartas pastorales (lo mismo que Hechos) mantienen vivo el recuerdo, el testimonio y la palabra de Pablo dentro de la iglesia. Por eso las debemos recibir y aceptar con agradecimiento.

– *Las cartas pastorales defienden el carácter histórico y social, mundano y eclesial del evangelio.* Empezaba ya a extenderse el riesgo de un posible gnosticismo: parece que el mensaje de Jesús podía diluirse en una especie de experiencia de intimismo esotérico, en grupúsculos de sectas que se evaden de este mundo, buscando la presencia de Dios en claves de pura interioridad espiritual, de condenas de este mundo. Pues bien, en contra de ese riesgo, las cartas pastorales vuelven a ponernos sobre el fundamento de la historia de Jesús, dentro de una iglesia que mantiene su evangelio sobre el mundo.

– *En esta perspectiva resulta necesaria la función de los ministerios:* el camino de Jesús sólo ha podido mantenerse vivo y actuante sobre el mundo gracias a unos hombres y mujeres que pusieron toda su vida a su servicio. La iglesia necesita una organización, y para ello debe generar una estructura ministerial. Así lo ha visto la tradición paulina, en las pastorales (lo mismo que Hechos). La forma concreta de organización resulta secundaria y puede cambiar con el cambio de los tiempos: recordemos que 1 Tim 3, 1-8 manda que los ministros de la iglesia sean «padres de familia», bien casados, con experiencia en la organización de su propia casa; la iglesia latina posterior (actual) pide a sus ministros lo contrario (que no sean casados....). Cambiarán quizá las formas: los ministros podrán ser nuevamente casados o solteros, varones o mujeres, según las circunstancias de los tiempos. Pero su acción y su presencia son necesarias para que la iglesia mantenga y expanda sobre el mundo la palabra de Jesús, como han visto ya las pastorales.

cupación al final de su vida: mantener intacta la fe en Jesucristo recibida de los apóstoles. La iglesia aparece en ellas ya estructurada, con diferentes ministerios, sobre todo con el obispo y los diáconos. Además, nos permiten comulgar con las alabanzas de la antigua iglesia, gracias a los cánticos que citan: 1 Tim 2, 5-6; 3, 16; 6, 15-16; 2 Tim 2, 8-13...

## 6. Hebreos y cartas católicas

### SANTIAGO

Un sábado por la tarde, en una iglesia rural: un feligrés lee (admirablemente) la epístola, un pasaje de Santiago sobre la riqueza; el comentario era inútil: todos estábamos impresionados por la actualidad de sus palabras. «Tú crees –dice el autor de la carta (¿hacia el 60-80?). Está bien, pero tienes que demostrarlo. Señálame las obras que produce tu fe y ante todo tu respeto y tu amor a los pobres. Si no, tu fe no es verdadera...».

### HEBREOS

No es una carta, sino más bien un sermón que un discípulo de Pablo dirige hacia el año 70 a unos cristianos desorientados. Judíos, se han adherido con entusiasmo a Cristo y ahora sienten cierta añoranza por las hermosas ceremonias del culto judío.

Cristianos, han sufrido por su fe, y se les anuncian nuevas dificultades. El autor les sacude: «Sufrís demasiado en comparación con lo que creéis; se acabó la lactancia del catecismo para niños, y ahora tenéis que mascar el alimento sólido de vuestra fe. ¿Os sentís acobardados por la evolución actual, por las dificultades que surgen? Pongamos los ojos en el jefe de nuestra fe, en Cristo, nuestro sumo sacerdote».

Mezclando continuamente la doctrina y la exhortación, el autor medita en los Sal 2 y 110 y se apoya en la ceremonia tan conocida por sus oyentes del *yom kippur (día de las expiaciones)*, único día al año en que el sumo sacerdote podía penetrar en la parte más santa del templo en donde residía Dios; allí se presentaba con la sangre de las víctimas para obtener el perdón de los pecados.

Es una imagen; para poder entrar de verdad ante Dios, fue preciso que Cristo, sumo sacerdote, se presentase con su propia sangre, es decir, con su vida ofrecida. El sacerdote judío tenía que recomenzar todos los años; Cristo entró, una vez por todas, ante Dios, abriéndonos definitivamente la entrada. Ahora, con los ojos fijos en él, hemos de caminar hacia la tierra prometida, en la fe y la esperanza, sin desfallecer jamás.

Podrían leerse al menos estos pasajes: la humanidad de Cristo (5, 1-10); Jesús, único sacerdote (7, 20-28); la nueva alianza (9- 10); la marcha en la fe (11).

## 1 PEDRO

Es poco leída esta carta, escrita sin duda en Roma hacia el año 64; es una pena, porque, junto con algunas enseñanzas ya superadas, hay también otras muy en consonancia con la situación actual. Pedro se dirige a los *cristianos dispersos por el mundo (o en diáspora);* no forman un grupo nacional o racial, sino que son una *amplia fraternidad a través del ancho mundo* (cf. 5, 9), unidos en una misma fe y comportamiento social y moral, que rompe con los de sus contemporáneos.

La parte doctrinal (1, 1-2, 10) desarrolla algunos grandes temas de la Escritura, que permiten vivir esta situación: el *éxodo,* el *siervo doliente* de Isaías que se ofrece por la salvación de todos, la *piedra*

| CARTAS APOSTOLICAS | | |
|---|---|---|
| año | lugar | autor |
| 70 / 80 | Jerusalén | SANTIAGO |
| 70 / 80 | Roma | 1.ª PEDRO |
| 70 / 80 | Asia | JUDAS |
| 90 / 100 | Asia | 2.ª PEDRO |
| 95 / 98 | ¿Efeso? | 1.ª, 2.ª, 3.ª JUAN |

desechada por los constructores y que Dios ha convertido en piedra angular, imagen de Jesús rechazado por su pueblo y exaltado por Dios, sobre el cual los cristianos como piedras vivas van levantando un edificio espiritual.

La segunda parte de esta catequesis bautismal saca algunas consecuencias prácticas de lo dicho, resumidas en la necesidad de llevar una *buena conducta* entre los no creyentes (véase p. 71). Es magnífica la definición que da Pedro del testimonio (3, 15).

El nuevo pueblo de Dios nace como diáspora, llamado desde el seno de las naciones en donde vive sin pertenecer nunca a ellas. Pueblo en éxodo, su fin es proclamar con su alabanza y su conducta las grandes hazañas de aquel que lo llamó de las tinieblas a su luz admirable (2, 9).

## JUDAS

Hacia los años 80-90, esta carta, a veces desconcertante y que utiliza textos judíos contemporáneos, previene a los cristianos contra las falsas doctrinas.

## 2 PEDRO

Puesta bajo el patrocinio de Pedro, esta carta, escrita a comienzos del siglo II, invita a los cristianos a permanecer fieles a su vocación, a pesar de los falsos predicadores y aunque se retrase la venida de Cristo. Conviene leer por lo menos su interpretación de la transfiguración (1, 16-18) y su definición de la inspiración de las Escrituras (1, 20-21).

# 7. El Cristo de Pablo

*En las diversas etapas intentaremos presentaros* al Cristo de Pablo, de Marcos, de Lucas...

La cosa es arriesgada, ya que estas síntesis tan breves han de ser necesariamente subjetivas. Por lo menos, os harán comprender que el Nuevo Testamento no nos ofrece un retrato único de Cristo: su personalidad es demasiado rica para poder dibujarse de un solo trazo; cada uno la presiente a partir de lo que es y de lo que vive. Hoy, cada cristiano, cada comunidad, le ofrecen al mundo un rostro diferente de Cristo. Ojalá todos estos rostros nos permitan acercarnos un poco a aquel que es invisible.

En la vida de Pablo hay un *antes* y un *después:* el punto de división es Damasco. *Antes,* Pablo es fariseo y por causa de su fe está contra Jesús y persigue a sus discípulos. *Después,* se consagra por entero a aquel que «lo apresó» en su camino. Pedro, Juan, los primeros discípulos fueron descubriendo lentamente la personalidad de su maestro; sólo después de pascua y de pentecostés empezaron a vislumbrar que su amigo era Hijo de Dios. Se parecen a esos cristianos de hoy, bautizados al nacer, que han de descubrir desde dentro la fe que han recibido. Pablo se relaciona más bien con los convertidos que ven su vida trastornada de la noche a la mañana.

A diferencia de los evangelistas, Pablo no escribe una obra en la que exponga el estado final de su pensamiento; redacta unas cartas, a medida de las circunstancias, y es allí donde se observa la evolución de su descubrimiento de Cristo.

## • El maldito glorificado

El que creyó que era un maldito de Dios por haber sido condenado por las autoridades religiosas y la ley, se le presenta glorificado por Dios; allí está, como hemos visto, la fuente del pensamiento de Pablo. Pone esta aparición en el mismo plano que las manifestaciones del resucitado a sus discípulos;

por causa de ella, es tan apóstol como ellos (ved las diversas dedicatorias en que se declara *apóstol por vocación*, junto con 1 Cor 15, 9; 9, 1; Gál 1, 1...).

Pablo no conoció a Jesús durante su vida terrena; la primera vez que se encontró con él fue como resucitado glorioso, como Señor.

## • El Señor que viene

Pablo presenta su experiencia de Damasco como un *apocalipsis* (Gál 1, 16). La primera etapa de su vida de cristiano es la del entusiasmo asombroso del convertido impresionado por Cristo. Tomó tal conciencia de la vida de Cristo en él y de la novedad del mundo en que lo había introducido, que ya no tiene más que un deseo: que venga pronto ese día del Señor, la parusía, poniendo fin a la historia. Pablo comienza su ministerio viviendo y haciendo vivir a sus cristianos en la espera próxima del Señor que viene.

## • El crucificado que da la salvación

Pero la parusía se retrasa... Hay que continuar. Sobre todo, Pablo descubre mejor el pensamiento griego, su deseo de sabiduría humana (1 Cor 1-2). Le marcó sin duda su fracaso en Atenas (Hch 17). Acentúa cada vez más la teología de la cruz, que al principio había dejado un poco en la sombra: «Decidí ignorarlo todo excepto a Jesús el Mesías, y a éste, crucificado» (1 Cor 2, 2). Pablo toma conciencia más clara de los fallos de la ley; la justicia que viene de la ley y de todo lo que nosotros hacemos no existe; somos salvados por gracia, por la adhesión incondicional a Cristo por la fe y el bautismo. El *nuevo Adán* es el segundo primer hombre de un mundo nuevo.

Y a lo largo de sus cartas a los corintios, a los filipenses, a los gálatas, a los romanos, muestra lo que es en concreto la vida cotidiana con Cristo, *en Cristo,* lo que significa ser salvado por la cruz.

## • El señor del mundo y de la historia

Su reflexión a lo largo de los cuatro años de cárcel, la meditación de las Escrituras, de los textos sapienciales sobre todo, la crisis de Colosas llevan a Pablo a reconocer el verdadero lugar de Cristo en el universo. No es solamente el salvador de su comunidad; es el señor de la historia, la imagen del Dios invisible, primogénito de toda criatura, el creador del universo en el que Dios quiere reunirlo todo. Es señor para la gloria del Padre.

## 8. El obrar cristiano o la moral cristiana

La forma cristiana de vivir, eso que se llama la moral, no se presenta en el Nuevo Testamento bajo el signo de mandamientos y de prohibiciones. A través de las cartas y de los evangelios, se percibe una doctrina común: unidos a Cristo por la fe y el bautismo, nos convertimos en un ser nuevo; entonces es preciso vivir en consecuencia: *imitar al Padre* del que hemos sido hechos *hijos en el Hijo*, dejándose *guiar por el Espíritu*. Viviendo así la existencia cotidiana es como damos a Dios un *culto espiritual*.

• **Una catequesis bautismal**

Parece ser que el bautismo estuvo muy pronto acompañado de una catequesis, de instrucciones que desarrollaban sus consecuencias para la vida diaria. En efecto, encontramos un mismo esquema con los mismos temas en diferentes escritos y en un mismo contexto bautismal. He aquí un ejemplo.

→ Si tenéis tiempo, leed 1 Pe 2, 1-10. El autor presenta el bautismo como un nuevo nacimiento (v. 2); los recién nacidos, edificados sobre Cristo-piedra viva, se convierten en una comunidad; en adelante pueden ofrecer a Dios su culto espiritual (v. 5). El autor desarrolla entonces algunos aspectos de ese culto, que consiste en tener una buena conducta en medio de los paganos (v. 11): ante las autoridades (2, 13-17), de los siervos con los amos (2, 18-25), de los esposos entre sí (3, 1-7), de los hermanos en la comunidad (3, 8-12...).

Santiago resume esta misma enseñanza: nuevo nacimiento (1, 17-18) y consecuencias para la vida diaria (1, 26-27).

A los colosenses, Pablo les recuerda que el bautismo es muerte-vida con Cristo (2, 20; 3, 1), y

---

### CATEQUESIS BAUTISMAL EL HOMBRE NUEVO EN CRISTO

Dentro del contexto de la catequesis bautismal, con todo lo que implica de experiencia de *nuevo nacimiento* (en la línea de Jn 3, 1-21), resulta fundamental la palabra de Gál 3, 27-28, que debe interpretarse desde el fondo de Rom 6, 1-14; Gál 6, 15; 2 Cor 5, 17; Ef 4, 29:

– *El bautismo es experiencia de muerte:* el creyente ha muerto con Jesús; de esa forma ha superado la estructura antigua, dividida, de la tierra. Por eso, en el principio de toda la moral cristiana ha de encontrarse una experiencia de ruptura y finitud, de acabamiento y de fracaso: quien no muera a sí mismo, ése no puede ser cristiano (como sabe ya la tradición evangélica, desde Mt 16, 21-26 par).

– *El bautismo es nuevo nacimiento:* como expresa el mismo ritual del bautismo (desnudez, inmersión en el agua, nueva vestidura), el creyente ha tenido que dejar sus «hábitos» antiguos, los signos viejos del hombre «dividido» (en lucha entre varón-mujer, judío-griego, esclavo-libre), para revestirse de la nueva creatura que está fundada en Cristo. Por eso, la moral cristiana debe interpretarse como gracia: no es una expresión de lo que el hombre puede alcanzar por sí mismo; es una expresión de lo que Cristo hace en el hombre (como indica la teología paulina en su conjunto).

– *A partir de aquí debe entenderse el camino de la «unificación humana»,* en la línea de Gál 3, 28. El mismo Pablo ha desarrollado, a lo largo de su vida, la exigencia de unidad que debe haber entre judíos y griegos; pero no se ha preocupado de igual forma por la unión (solidaridad, justicia, unión) entre esclavos y libres, varones y mujeres. En esta perspectiva de reconciliación interhumana, de igualdad y comunión sexual y social (entre varón-mujer, esclavo-libre) ha de trazar su camino la moral cristiana.

continúa: vivid en consecuencia (3, 5); lo dice primero de forma general (3, 5-17) y lo repite luego para cada categoría de fieles (3, 18-4, 1).

A los efesios, el autor les recuerda el bautismo (Ef 5, 14) y luego pasa a la manera de vivir (5, 15), desarrollando los mismos temas (5, 21-6, 9).

→ Si disponéis de poco tiempo, podéis leer solamente 1 Pe 2, 1-5 y Rom 12, 1-2. En Rom 6, Pablo recordó su doctrina sobre el bautismo y luego en Rom 7-8 expone cómo el cristiano ha de vivir animado por el Espíritu. En Rom 12, desarrolla las consecuencias prácticas de todo esto: el verdadero culto que hay que ofrecer a Dios es la ofrenda de nuestras propias personas, la vida diaria vivida de cierta manera, con cierto espíritu; el resto del capítulo 12 traza las líneas generales del comportamiento cristiano auténtico.

### • Normas del obrar cristiano

Para un cristiano no hay ley. Debe solamente dejarse guiar por el Espíritu, vivir como alguien que está unido a Cristo imitando al Padre.

*El Espíritu, «ley» del cristiano.* Jeremías había anunciado que Dios renovaría su alianza poniendo la ley en el fondo del corazón de cada creyente (Jr 31, 31-34), y Ezequiel había dado su nombre a esa «ley»: el Espíritu (Ez 36, 26-27). Pablo recoge esta enseñanza y la desarrolla sobre todo en la carta a los gálatas: Cristo os ha librado, ¡dejaos conducir por el Espíritu! (véase Gál 5, especialmente 5, 1.13.18.22-25).

*Vida en Cristo.* La moral cristiana consiste en vivir la existencia según ese nuevo ser que uno es cuando la fe y el bautismo lo ha unido a Cristo. *Haceos lo que ya sois:* así podría resumirse el pensamiento que Pablo repite de muchas maneras. Se podría descubrir esta idea en muchos textos. Para simplificar, podemos limitarnos a 1 Cor.

Con sus corintios podría decirse que Pablo inventó la moral cristiana. Esos paganos se habían adherido a Cristo con entusiasmo. Pero no se pasa

de la noche a la mañana de cierto tipo de vida («vivir a lo corintio» evocaba algo así como el «barrio chino» para nosotros) a la vida en Cristo. Así, pues, Pablo va a buscar con ellos qué es lo que esa nueva vida tiene que cambiar en su comportamiento. Y no les dice: «Vosotros debéis... Está prohibido...», sino que les recuerda: «¿En qué os ha convertido vuestra fe? ¿Qué consecuencia tiene esto?». Su carta es entonces una serie de casos concretos.

→ Al leer los textos, ved cuál es el caso concreto que se plantea y fijaos en qué se apoya Pablo para fundamentar su moral.

– *Disputas de campanario* (1 Cor.1, 10-4, 21). Los corintios apelan a unos maestros que oponen para justificar sus rencillas (1, 11-12); ¿en qué se apoya Pablo para buscar la unidad? Ved 1, 13; 3, 16-17.

– *Un cristiano que cohabita con su suegra* (5). ¿En qué se apoya Pablo? Ved 5, 7-8.

– *Procesos en tribunales paganos entre cristianos* (6, 1-11). ¿En qué se apoya Pablo? Ved 6, 11.

– *Cristianos inmorales* (6, 12-20). ¿En qué se apoya Pablo para recordar el sentido cristiano del cuerpo? Ved 6, 15.19-20.

– *¿Está el cristiano condenado al ghetto?* (8-10). Tras el problema curioso de las carnes sacrificadas a los ídolos (o idolotitos) se oculta una cuestión de candente actualidad: ¿qué estatuto tiene el cristiano en el mundo? En aquella época, la mayor parte de las carnes inmoladas a los ídolos en el templo se vendían en el mercado; los cristianos corrían el peligro de comprarlas. Para estar seguro de no hacerlo, ¿habría que renunciar a la carne u organizar carnicerías cristianas? ¿Habrá que vivir en un ghetto, creando nuestras propias instituciones cristianas (sindicato, escuela...)? Para Pablo, el único principio es el amor (8, 1-3). *Todo lo que Dios ha creado es bueno con tal que lo tomemos en acción de gracias* (1 Tim 4, 4-5). Por tanto, hay libertad para comer de esas carnes, para utilizar las instituciones civiles. Pero por encima del derecho está el amor; si al obrar así, se corre el riesgo de escandalizar a alguien, más vale abstenerse (1 Cor 8, 9-13).

*Como el Padre.* Como la fe y el bautismo nos unen

## EL CUMPLIMIENTO DE LA LEY DEL AMOR

Las cartas de Pablo vinculan eso que pudiéramos llamar *parte teológica*, más centrada en el acontecimiento de Cristo, con una *parte más moral*, que se ocupa de la vida de los fieles. Un ejemplo bien claro de esta vinculación es el que hallamos en Rom, como muestran los capítulos finales que ahora condensamos. Conforme indica nuestro esquema, esa visión de Rom puede expandirse y completarse desde 1 Cor 12-14 (y desde 1 Pe 2). Esta es la parénesis (o parte más moralista) de la carta a los Romanos:

| | |
|---|---|
| 1. Introducción: el culto espiritual | 12, 1-2 |
| 2. Relaciones y tareas (carismas) en la comunidad | 12, 3-16 |
| 3. Relaciones fuera de la comunidad | 12, 17-21 |
| 4. Relaciones y deberes civiles | 13, 1-7 |

PODER - AUTORIDAD
(cf. 1 Pe 2, 13-15)

| | |
|---|---|
| 5. Síntesis: ley y amor (cf. 1 Cor 13, 1-13) | 13, 8-10 |
| 6. Motivación escatológica | 13, 11-14 |

COMUNION - COMUNIDAD
ENTRE «DIVERSOS»

| | | |
|---|---|---|
| Acogida = motivación | *fe* | 14, 1-13 |
| Construcción de la comunidad | *caridad* | 14, 14-23 |
| Acogida al estilo de Dios | | 15, 1-13 |
| | | profundización |
| CARISMAS Y AGAPE | | 12, 3-8, 9 |

| | | |
|---|---|---|
| PALABRA | { | 1. Profecía (cf. 1 Cor 12, 4-11.28-30) |
| | | 2. Diaconía |
| | | 3. Enseñanza |
| | | 4. Exhortación |
| SERVICIO | { | 5. Asistencia |
| | | 6. Presidencia |
| | | 7. Acogida |

a Jesús y el Espíritu hace de nosotros hijos de Dios (Rom 8, 15-16), la única regla es *ser santos como el Padre es santo*. Mateo, en el gran «catecismo» que pone en labios de Jesús –el sermón de la montaña–, insiste en ello.

→ Podríais leer el sermón de la montaña (Mt 5-7) subrayando todas las menciones del Padre. ¿Qué sentido le da esto a todas esas «leyes»?

Leed *la parábola del siervo que no perdonó* (Mt 18, 23-25). ¿Cómo debe portarse el discípulo para imitar al maestro (Dios)? Perdonar porque se siente uno mismo perdonado: tal es la actitud fundamental del cristiano.

## COMUNIDAD EN CRISIS

Las cartas de Pablo no son solamente un compendio de teología. Ellas ofrecen el testimonio de la vida y las dificultades de una determinada comunidad creyente. Por eso, en estos últimos años se está poniendo de relieve la necesidad de una «exégesis de tipo más social», que tenga en cuenta la estructura y problemas concretos de cada una de las iglesias. En esta línea puede interpretarse mejor 1 Cor.

*Metodología para una maduración cristiana*

| | |
|---|---|
| 1. La identidad cristiana de una comunidad | 1 Cor 1-4 |
| 2. La fe en Jesús resucitado y los conflictos / divisiones: FE - IDEOLOGIA - PAPEL DE LOS DIRIGENTES | |
| 3. Como realizar la opción cristiana en una nueva situación cultural: – vida sexual – tensión y conflictos | 1 Cor 5-6 |

*La comunidad de Corinto*

| | |
|---|---|
| | 1 Cor |
| | 2 Cor |
| 1. ORIGEN - FUNDACION | 1 Cor 13, 1-13 |
| | Hch 18, 1-17 |
| 2. COMPOSICION DE LA COMUNIDAD | 1 Cor 1, 26-29 |
| | 1 Cor 16, 13-18 |
| | Rom 16, 21-23 |
| 3. VERIFICACION DE LA COMUNIDAD | |
| – fe e ideología | 1 Cor 1, 10-31 |
| – fe y sabiduría | 1 Cor 2, 1-3, 4 |
| – fe, autoridad y funciones | 1 Cor 3, 5-4, 13 |
| – fe y opciones humanas | 1 Cor 5, 1-6, 20 |

### • Bajo la gracia

«Ya no estáis en régimen de ley, sino en régimen de gracia», repite Pablo (Rom 6, 14...). «¿No era tu deber tener también compasión de tu compañero como yo la tuve de ti?» (Mt 18, 33). Ese es el fundamento de la moral para los primeros cristianos.

No se trata de *hacer* algo, de merecer la salvación, sino de *recibirla* en la acción de gracias (véase p. 57: *Justificado por la fe*). Y como uno se siente amado gratuitamente, graciosamente, como se sabe perdonado, por eso siente la necesidad de amar a Dios y de amar a los demás, de perdonarles, para comunicarles lo que uno mismo ha recibido. No se practica la moral porque uno es cristiano, sino porque es hombre; no se hacen «obras» para obtener la salvación, sino porque la salvación se nos da gratuitamente. Lo que hacemos, nuestras «obras», no se parecen al ramo de flores que un niño ofrece a su mamá *para* obtener el permiso de ir a jugar con los amigos, sino al ramo de flores que le ofrece el día de la madre *porque* se siente amado y quiere expresarle su cariño. El aspecto cristiano de la moral no reside en primer lugar en lo que se hace, sino en el sentido que se le da a lo que se hace: la esposa que plancha la camisa de su marido no lo hace mejor ni peor que la planchadora profesional; la diferencia está en que para ella se trata de la camisa de su marido...

Admirado de ser tan amado, de haber sido perdonado gratuitamente, el cristiano, en Jesús, y animado por el Espíritu, siente ganas de ser como su Padre celestial y de transmitir a todos la alegría que recibe de él.

# 4

# Evangelio
# según san Marcos

Se le suele atribuir a Marcos el honor de haber inventado este nuevo género literario: *el evangelio*. Jesús proclamaba el evangelio, es decir, la buena nueva de que, gracias a él, llegaba el reino de Dios. Marcos escribe un libro para presentar la buena nueva relativa a Jesús. El anunciante, Jesús, se ha convertido en el anunciado: son ahora sus palabras y acciones las que se proclaman como buena nueva, como evangelio. Y el título que se le da a este género de libro, a partir del siglo II, es significativo: evangelio *según* Marcos, *según* Lucas... Jesús proclamaba un evangelio único; los evangelistas presentan la vida de Jesús tal como la percibieron, *según* lo que ellos descubrieron; dan su testimonio.

Es verdad que Marcos no lo inventó todo. Antes de él ya se habían redactado algunas colecciones de palabras y de hechos de Jesús, primero oralmente y luego por escrito. Había varios conjuntos: una colección de palabras (o *logia)*, un relato de la pasión desde el arresto hasta la sepultura, y seguramente otras secuencias (véase p. 16). Al ser el primero en escribir un libro que los agrupa, Marcos impone un cuadro geográfico y cronológico a la vida de Jesús, cuadro que recogerán luego Mateo y Lucas (pero no Juan). Es un cuadro práctico, pero como veremos es más de orden teológico que histórico: Marcos no pretende restituir los acontecimientos en su exactitud material, sino que ofrece cierta visión del mi-

nisterio de Jesús tal como lo vieron él y la comunidad de que era portavoz.

### • La comunidad de Marcos

Se admite comúnmente que el primer evangelio fue escrito en Roma, hacia el año 70, para recoger la predicación de Pedro. Ya hacia el 110, el obispo Papías escribía: « He aquí lo que el presbítero acostumbraba decir: 'Marcos, que había sido intérprete de Pedro, escribió exactamente, aunque no en orden, todo lo que recordaba de las palabras o acciones del Señor'. Porque él no había escuchado ni seguido al Señor, pero más tarde, como he dicho, siguió a Pedro. Este daba sus instrucciones según las necesidades, pero sin hacer una composición ordenada de los oráculos del Señor».

Los datos que es posible destacar en su obra coinciden con esta tradición. Su comunidad está compuesta de *antiguos paganos:* Marcos se ve obligado a traducir las palabras arameas y a explicar ciertas costumbres judías. Se comprende la importancia que se daba a la evangelización de los paganos; no es casual que la confesión de fe más hermosa de este evangelio se encuentre en labios del centurión romano al pie de la cruz.

Esta comunidad se siente *amenazada por las per-*

secuciones. La fe que propone Marcos no es una fe tranquila; se enfrenta con contradicciones y supone no pocos riesgos. Esto corresponde con lo que sabemos de la iglesia de Roma bajo Nerón: Pedro fue martirizado en el año 64.

---

### MARCOS, EL PRIMER EVANGELIO

Sabemos ya que Pablo ha condensado la experiencia de la buena nueva de Jesús (el evangelio) en una perspectiva pascual, como señala 1 Cor 15, 11: «Esto es lo que todos predicamos». Pues bien, en un momento determinado, la iglesia ha sentido la necesidad de volver desde ese fondo de la pascua hacia el camino de la historia (de la vida y de la muerte de Jesús). En esa perspectiva ha interpretado y ha compuesto Marcos su evangelio, escribiendo eso que pudiéramos llamar la *historia humana* del resucitado.

Marcos no ha querido transmitir los rasgos de la vida de Jesús como elementos de la historia de este mundo, sino como momentos del mismo misterio pascual. Por eso ha proyectado el evangelio de la muerte y la resurrección (tema de Pablo) sobre el pasado de Jesús, mostrando de esa forma que ese mismo pasado es evangelio: es buena nueva de liberación para los hombres. En esta línea, el mismo libro de Marcos pertenece al «evangelio»: es un momento (un rasgo) de la buena nueva de Jesús que viene a proclamarse sobre el mundo.

En esta perspectiva, debemos afirmar que Marcos ha fijado el primero de los *evangelios escritos* de la iglesia. Significativamente, aquel compendio de palabras de Jesús que los técnicos conocen como «Q» (= Quelle) no se ha conservado dentro de la iglesia, porque no puede presentarse ya como evangelio (no es proclamación de la cruz y de la pascua). Marcos, sin embargo, es evangelio: ha sabido situarnos allí donde el mensaje de la pascua ilumina y transfigura la existencia humana de Jesús (su mensaje y sus milagros, su camino de pasión y su apertura hacia la iglesia) convirtiéndola en buena nueva o evangelio de liberación para los hombres.

---

Se trata pues de una comunidad *«dispersa en medio de las naciones»*, como escribe Pedro en su carta.

### • El autor

Se trata probablemente del joven Juan-Marcos del que hablan los Hechos (12, 12). Parte a misionar con su tío Bernabé y Pablo, pero los «abandona» cuando se embarcan para Asia Menor y prefiere volver a casa de su madre (Hch 13, 5.13). Pablo se negó a que lo acompañara en su segunda misión; fue aquella la ocasión de que Pablo se separara de Bernabé (Hch 15, 36s). Pero acabaron entendiéndose, ya que encontramos de nuevo a Marcos al lado de Pablo durante su cautividad en Roma (Col 4, 10), y Pedro señala en su carta que Marcos, su *hijo*, está con él en Roma (1 Pe 5, 13).

## 1. Lectura de conjunto

De los evangelios no conocemos muchas veces más que trozos sueltos. Por eso os invitamos a leerlos de seguido (para Marcos, os bastará con una hora). Sin duda os extrañará el interés que suscita.

*Si tenéis tiempo*, tomad a Marcos y leedlo, gratuitamente, por gusto. Al final, resumid vuestras impresiones: lo que os chocó, lo que os admiró, lo que descubristeis... Si os ha llamado la atención un aspecto (los títulos dados a Jesús, las miradas de Jesús...), podríais volver a vuestra lectura interesándoos por ese tema.

*Si no disponéis de mucho tiempo* y queréis hacer en seguida vuestra gira «turística», he aquí algunos jalones.

### • La geografía

Marcos le dio un cuadro muy sencillo a la vida de Jesús. Después del bautizo en el Jordán (1, 1-13), Jesús predica en Galilea (1, 14-9, 50), sube a Jerusalén (10), predica y muere en Jerusalén (11, 1-16, 8); el ángel de la resurrección anuncia la reagrupación en Galilea (16, 7).

Pero los evangelios no ofrecen una geografía objetiva y neutra; su geografía es ante todo teológica: cada lugar y cada desplazamiento tienen un significado teológico.

En Mc, Galilea se opone a Jerusalén.

La *Galilea de las naciones* o *de los paganos*, como se decía entonces, había conocido muchas invasiones, y la fe no era allí tan pura a los ojos de los responsables judíos; no podía salir de allí nada bueno, y menos aún un profeta (cf. Jn 1, 46; 7, 52). Pero Isaías (8, 23) había anunciado que un día Dios se manifestaría allí a los paganos; por tanto, era también símbolo de esperanza y de apertura. Fue allí donde Jesús vivió, predicó y donde las gentes lo acogieron con entusiasmo. Es una región abierta: de allí Jesús va a los paganos, a Tiro y a Sidón (7, 24.31).

*Jerusalén* aparece por el contrario como la ciudad cerrada sobre sí misma, refugio de la «gente decente», segura de su verdad y que no acepta la crítica. Desde el principio del ministerio de Jesús en Galilea, es de Jerusalén de donde parten los ataques más terribles (3, 22).

Tampoco el *lago de Tiberíades* es neutro: la orilla oeste es judía, la oriental es pagana. Sin cesar, y a pesar de la tempestad, Jesús arrastra a sus discípulos a la orilla pagana, preparándolos así para una misión que tardarán en comprender.

### • El misterio de Jesús

Desde las primeras palabras, Marcos pone al lector en la pista del secreto de Jesús: *Buena noticia de Jesús, Mesías, Hijo de Dios*. Al lado de su nombre, *Jesús*, que lo sitúa como hombre, aparecen dos títulos: *Mesías* (Cristo) e *Hijo de Dios*. Juan bautista dice que él es el precursor del Mesías, y el Padre lo proclama como Hijo (1, 1-13). Así, pues, el lector está ya al corriente, pero a partir de entonces le toca rehacer con los discípulos el lento descubrimiento del misterio de Jesús. Y esto se hace en dos etapas.

En la primera parte (1, 14-8, 26), Jesús proclama la llegada próxima del reino de Dios y ofrece sus signos: sus milagros. Pero se niega a decir quién es, prohibe a los demonios divulgarlos: hay un secreto, lo que se ha llamado «el secreto mesiánico». El único título que se da Jesús es el título misterioso de Hijo del hombre.

La segunda parte (8, 27-16, 8) empieza por la proclamación de Pedro: *¡Tú eres el Mesías!* Da la impresión de que Jesús respira: ya acabó la primera etapa, los discípulos han percibido ya una parte de su misterio. Pero al mismo tiempo empieza a preocuparse: también ellos corren el riesgo de equivocarse, de ver en él un Mesías liberador para establecer el reino de Israel por la fuerza de las armas. Le prohibe a Pedro que comunique su descubrimiento y señala en seguida a sus discípulos la segunda etapa: el Hijo del hombre ha de sufrir y ser crucificado.

En una serie de controversias en Jerusalén (11-13), Jesús aclara otro título, también peligroso: el de *hijo de David*. Y esto no hace sino acentuar la oposición de los responsables religiosos. Estamos en el corazón del drama. Esos responsables aguardaban al Mesías y normalmente habían de ser los más preparados para reconocerlo cuando apareciese. Pero se habían hecho de él una idea precisa, *su* idea. Pues bien, Jesús se presenta como Mesías, pero sin corresponder a *su* idea. La oposición entre estas dos concepciones se hace tan fuerte que es preciso que alguien muera: o morirán los responsables a la idea que se habían forjado, aceptando a aquel Mesías tan desconcertante, o se aferrarán a esa idea y tendrá que morir Jesús. En la dramática escena del juicio ante el sanedrín, como se sabe ya condenado y ya no hay peligro de que lo confundan con un Mesías temporal, Jesús se declara manifiestamente *Cristo*. Y es condenado a muerte...

Pero, al pie de la cruz, un pagano toma el relevo y reconoce finalmente en Jesús al *Hijo de Dios*. Jesús condenado por el sanedrín y el centurión ante el cadáver de un ajusticiado nos dicen por dónde hay que pasar para que la confesión de fe cristiana sea verdadera.

Y a través de este drama, Marcos sigue interrogándonos: Jesús es desconcertante. ¿Estáis dispuestos a morir a la idea que os habéis hecho de él para acogerlo tal como es...?

→ Podríais durante vuestra lectura subrayar con distintos colores los *títulos* que se le dan a Jesús, las *personas* que lo reconocen...

### • Un drama humano

Jesús no deja a nadie indiferente. Apenas se presenta, se forman grupos que lo interrogan, amigables o recelosos. Desde el comienzo, Jesús escoge a unos *discípulos*, especialmente a *los doce*, para que estén con él; he aquí pues a un primer grupo, aunque a veces la falta de comprensión ponga tensas las relaciones entre ellos. La *familia de Jesús* aparece poco, pero se muestra más bien hostil. *La gente* está presente por todas partes: Jesús la quiere, pone a sus discípulos a su servicio; pero la gente es poco constante. Los *adversarios* vienen de Jerusalén; aparecen desde el principio y no se dejan nunca convencer.

→ Podríais atribuir un color a cada grupo y ver cómo chocan, cómo coinciden..., cómo a veces cambian de campo.

En esta lectura se pueden distinguir seis etapas:

— 1, 14-3, 6: se sitúa cada uno de los grupos.

— 3, 7-6, 6: se consuma la ruptura de Jesús con sus adversarios y su familia. Sacados de entre la gente, los discípulos reciben instrucción aparte (parábolas y milagros).

— 6, 6-8, 26: se dibuja una tensión entre Jesús y sus discípulos; éstos no comprenden su misión ni lo que Jesús quiere de ellos. Jesús los envía a misionar, les muestra que su mesa está abierta para todos (multiplicación de los panes), los pone al servicio de la gente, los arrastra a la orilla pagana del lago. Ellos se muestran sordos y ciegos, tal como lo simbolizan los dos milagros.

— 8, 27-10, 52: los discípulos no comprenden cuál es el camino doloroso que les traza Jesús (véase 10, 32).

— 11, 1-13, 37: en Jerusalén, Jesús se enfrenta con sus adversarios (parábola de los viñadores); la historia de la higuera seca simboliza su situación.

— 14, 1-16, 8: Jesús prepara a sus discípulos para el drama, pero en vano. Muere solo. Pero el ángel de la resurrección los pone de nuevo en camino; sólo cuando lleguen a «Galilea», es decir, al confín del mundo y de la historia, en donde Jesús les precede, «verán» al resucitado. El final (16, 9-20) fue añadido

---

### ALGUNOS RASGOS DE MARCOS

El *estilo* de Marcos es popular; le gusta sustituir las conjunciones coordinativas por *y* o *y luego*; algunas frases son poco correctas, por ejemplo cuando escribe (literalmente): «El ciego, empezando a ver, decía: Veo a los hombres, es como si fueran árboles que veo caminando» (8, 24). Utiliza palabras que entonces se consideraban vulgares («tu *camilla*»). No se preocupa de las repeticiones...

Pero es un *narrador maravilloso*. Tiene pocos discursos. Sus relatos son siempre concretos, llenos de detalles vivos. Los verbos están a menudo en presente, lo cual da actualidad al relato, aunque a menudo mezcla los tiempos. A veces los *porque* apelan a una lógica que nos desconcierta (... *porque tenía 12 años*, al final del relato de la resurrección de la hija de Jairo: 5, 42).

Logra emocionar, no tanto apelando a los sentimientos, como narrando brutalmente los hechos; esto se ve sobre todo en el relato de la pasión.

Se le ha llamado «el evangelio antes de pascua»: nos hace descubrir a Jesús con los ojos de Pedro siguiendo a su maestro por los caminos de Palestina. Pero Marcos es también un profundo teólogo y relee la vida de Jesús a la luz de pascua.

---

posteriormente a este evangelio (ved las notas de vuestras Biblias).

## 2. Algunos textos de Marcos

Hemos hecho una lectura de conjunto de Marcos. Leeremos ahora algunos textos. No podéis estudiarlos todos; por tanto, escoged.

→ *TITULO*
*1, 1*

En una frase lapidaria, Marcos proclama la fe cristiana. Anuncia también las etapas por las que los discípulos tuvieron (o tienen) que pasar para llegar a ella. Este título, como el prólogo de Juan y los relatos de la infancia de Mateo y de Lucas, muestran la profundidad teológica a la que habían llegado los cristianos 40 años después de pascua.

*Así comenzó.* El ministerio de Jesús inaugura de nuevo en la historia una nueva creación (es la primera palabra del Génesis), un comienzo que abre todo el tiempo de nuestra historia. Una tarea que realizar.

*La buena nueva*, la alegre noticia, remite al anuncio del Segundo Isaías (véase *Para leer el AT*, 87). Comparad esta buena nueva de Marcos con la de Jesús (Mc 1, 14-15); salta a la vista la diferencia señalada en la p. 76: Jesús proclamaba la noticia de la venida del reino de Dios; Marcos proclama la noticia relativa a Jesús. El anunciante se ha convertido en el anunciado. La llegada del reino de Dios forma ahora cuerpo con la persona de Jesús.

*Jesús.* Este simple nombre evoca el aspecto humano del «carpintero, hijo de María, hermano de Santiago, José, Judas y Simón», del que también se conocen las hermanas (Mc 6, 3). Un hombre, pero también algo muy distinto...

*Mesías*, Cristo. Jesús es el Mesías anunciado por las Escrituras, ungido por Dios para investirlo de su misión de establecer su reino. Hemos visto cómo el Jesús de Marcos desconfía de este título y prohíbe que se lo atribuyan («secreto mesiánico»). Pedro lo proclama en Cesarea, pero Jesús le obliga al silencio y anuncia sus sufrimientos (9, 28-30). Sólo aprobará este título cuando lo condenen (14, 61-62).

*Hijo de Dios.* En tiempos de Jesús, este título equivalía prácticamente al de *hijo de David*. Después de pentecostés, irá tomando poco a poco el *sentido fuerte* que hoy le damos. El pagano al pie de la cruz se encarga de proclamarlo.

### → *BAUTISMO DE JESUS*
### *1, 9-11*

El *bautismo* está señalado con una palabra (Mt y Lc lo mencionan en un inciso y Jn ni siquiera habla de él). Lo esencial es la *teofanía* (o manifestación de Dios) en obras y en palabras.

*Los cielos abiertos.* Es un tema de los apocalipsis.

El cielo «se cerró» desde que cesaron los profetas; el Espíritu ya no baja a dirigir al pueblo; por tanto, la historia está clausurada. Se espera el final de los tiempos para que se vuelvan a abrir los cielos (véase el recuadro). Hablando de la *rasgadura* de los cielos, Mc ve sin duda aquí la respuesta a la llamada angustiosa de Is 63-64 (leed este texto, sobre todo Is 63, 10-13.19). ¿Cómo ilumina esto nuestra escena?

El simbolismo de la *paloma* es oscuro (ved los comentarios de vuestras Biblias). Os 11, 11 y 4 Esdras (escrito judío que figuró algún tiempo en la Biblia latina) comparan al *pueblo* con una paloma. Esto significaría que la venida del Espíritu sobre Jesús va a constituir el nuevo pueblo de Dios.

La *voz* recoge varios textos: *mi hijo* (Sal 2); *a quien quiero* (sacrificio de Isaac: Gn 22, 2.12.16; es la única vez que el Antiguo Testamento asocia a «hijo» el «a quien yo quiero»); *mi predilecto* (aparece en Is 62, 4; 42, 1, citado en Mt 12, 17): ¿qué sentido adquieren estas palabras del Padre bajo esta luz?

Parece tratarse de una experiencia reservada a Jesús: es su investidura como Mesías, y quizás un Mesías destinado al sacrificio como Isaac.

---

«Se abrirán los cielos y del templo de la gloria vendrá sobre el nuevo sacerdote la santificación, con una voz paterna como la de Abrahán a Isaac. La gloria del Altísimo bajará sobre él y el Espíritu de inteligencia y de santificación descansará sobre él» (*Test. Leví*, 18, 6-8).

«Entonces surgirá un hombre de mi posteridad, como un sol de justicia, caminando con los hijos de los hombres en mansedumbre y justicia. Y en él no se encontrará pecado. Y los cielos se abrirán sobre él para derramar el Espíritu. Y él derramará sobre vosotros el Espíritu de gracia, y en él os convertiréis en hijos en verdad» (*Test. Judá*, 24, 1-6).

El *Testamento de Leví* y el *de Judá* pertenecen a un grupo de apocalipsis conocidos con el nombre de *Testamentos de los doce patriarcas*. Son sin duda anteriores al cristianismo, pero fueron retocados por los cristianos.

- **Cinco controversias (2, 1-3, 6)**

Este conjunto de cinco discusiones entre Jesús y sus adversarios nos permite trabar conocimiento con el género literario «controversia» (véase p. 24). Estudiaremos dos de ellas.

## → *CURACION DE UN PARALITICO* 
### 2, 1-12

Fijaos en los actores: ¿qué es lo que hacen?; ¿qué dicen? Notad las oposiciones: *tumbado-sentado / en pie...*

Es curioso este relato: no es ésa la palabra que espera el paralítico (v. 5). Está formado por el «montaje» entre un relato de milagro y una controversia: intentad distinguirlos.

El *milagro* (3, 5a y 11-12). Señalad los diversos elementos (véase p. 24). De un hombre tumbado, inútil, Jesús hace un hombre en pie, responsable de sí mismo. ¿Cómo puede significar esto la llegada del reino de Dios? ¿Qué reacción tiene la gente? El verbo *levantarse*, en griego, es el mismo que *resucitar:* para un cristiano, poner a los demás en pie puede vivirse como una forma de hacer hoy verdad la resurrección de Jesús.

La *controversia* (5b-10). Los escribas están sentados, instalados en su posición (véase p. 78s). Están ya pensando en lo que gritarán durante el proceso: «¡Está blasfemando!» (cf. 14, 64). Para un judío, el giro «se te perdonan tus pecados» significa «Dios perdona tus pecados»; pero Jesús manifiesta por lo menos que el perdón de Dios está ligado a su propia acción. Se presenta como el Hijo del hombre de Dn 7, a quien Dios ha entregado todo poder y concretamente, según la tradición judía, el poder de juzgar.

*El montaje.* ¿Cómo se iluminan mutuamente estas dos curaciones, la del cuerpo y la del corazón? ¿Qué nos enseña esto sobre la salvación que trae Jesús? ¿No es ése el *mensaje* que proclama Jesús (v. 2)?

– *Llamada de Leví (2, 13-17)*

Marcos indica que Jesús enseñaba a las gentes.

Pero esta enseñanza, una vez más, se va a hacer sobre todo en hechos.

El punto de partida de la controversia es un *relato de vocación,* de los que encontramos varios en el evangelio. Este género de relato supone habitualmente tres elementos: la mirada de Jesús, la palabra «sígueme», la obediencia.

Leví es cobrador de impuestos; por ese título es considerado como pecador. Para festejar su llamada, organiza un festín: es el punto de partida de la controversia, ya que Jesús se sienta a la mesa con los pecadores...

– *El ayuno y el esposo (2, 18-22)*

Esta controversia se prolonga, como de ordinario, en dos pequeñas parábolas. Marcos presenta a Jesús como el esposo, el compañero divino de la alianza (véase *Para leer el AT,* 63 y 81). El ayuno cede su lugar al vino de bodas.

– *El dueño del sábado (2, 23-28)*

En esta controversia tan clásica, con apelación a la Escritura, Jesús sienta un principio revolucionario: el sábado, y tras él toda institución religiosa o humana, está al servicio del hombre...

## → *CURACION EN DIA DE SABADO* 
### 3, 1-6

¹ Entró de nuevo en la sinagoga,
   y había allí un hombre con su brazo atrofiado.

² Estaban al acecho para ver si lo curaba en sábado y acusarlo.

³ Jesús le dijo al del brazo atrofiado:
   – Levántate y ponte ahí en medio.

⁴ Y a ellos les preguntó:
   – ¿Qué está permitido en sábado:
   hacer el bien o hacer el mal;
   salvar una vida o matar?

   Se quedaron callados.

⁵ Echando en torno una mirada de ira
   y dolido de su ceguera,

le dijo al hombre:

– Extiende el brazo.

Lo extendió y su brazo quedó normal.

[6] Nada más salir de la sinagoga, los fariseos se pusieron a planear con los herodianos el modo de acabar con Jesús.

Fijaos en los actores: Jesús / adversarios; el enfermo no interviene más que como ejemplo. Notad las correspondencias indicadas por la disposición del texto. La sinagoga es el lugar de la ley; los responsables religiosos están allí como en su casa. Al principio, Jesús entra; al final, ellos salen.

Este enfrentamiento capital se refiere al sentido de la ley: los adversarios se cierran en su idea (la *ceguera* les será también reprochada a los discípulos: 6, 52; 8, 17). Para Jesús, lo absoluto no es la práctica de la ley, sino el hombre. ¿Quién vence en este enfrentamiento? Pero *el modo de acabar con Jesús* crea un suspense que sólo se resolverá en la pasión *(acusar:* véase 15, 3-4). Al *levantarlo* (= resucitarlo) Jesús, Dios manifiesta que él es el señor de la ley.

¿Qué sentido puede tener hoy este texto?

### → EL CIEGO DE JERICO
**10, 46-52**

¿Cuáles son los protagonistas, sus actos y palabras? Observad la transformación que se opera del principio al fin: *un ciego - sentado - a la vera - del camino - él ve - le sigue - sobre - el camino.* ¿Cuál es esta transformación (es el mismo «camino») y cómo se ha hecho?

Señalad los elementos habituales de un relato de milagro (ved p. 24); la petición de intervención (v. 47-50) es aquí muy larga; no hay reacción final. Este relato debió ser utilizado para algo distinto de un simple relato de milagro.

Ved el *contexto anterior* (10, 32-34): los discípulos caminan hacia Jerusalén: ¿qué camino?; ¿lo ven los discípulos? (10, 35-45); ¿no están ciegos Santiago y Juan? Notad la relación entre este relato y el siguiente (la misma pregunta en los v. 36 y 51).

Ved el *contexto posterior* (11, 1s): llegan a Jerusalén; Jesús es saludado como hijo de David (v. 10).

Pero ¿ve la gente claro en este título que será discutido en Mc 11-13?

¿Cuál creéis que es el sentido de este relato, en sí mismo y en el contexto del evangelio de Mc?

Se nota aquí un giro en el evangelio de Marcos. Jesús sabe adónde le lleva su camino hacia Jerusalén: se lo indica tres veces a sus discípulos (8, 31-33; 9, 30-32; 10, 32-34). Pero éstos se asustan; están ciegos. Es manifiesta la incomprensión de Santiago y de Juan: piensan en otro Mesías. El milagro es un esfuerzo de Jesús, según Marcos, para abrir los ojos de los discípulos. Bartimeo es el modelo del verdadero creyente: «ve», y no sólo con los ojos del cuerpo; sigue a Jesús por ese «camino» que es menos geográfico que teológico: la subida a la cruz. A su petición: «¡que vea!», Jesús no responde como en Lucas: «¡Ve!» (Lc 18, 42), sino: «¡Camina!». Su fe le permite seguir a Jesús.

Para ello hace lo que no tuvo ánimos para hacer el joven rico (10, 17-31): abandonarlo todo; él, a pesar de ser aún ciego (físicamente), *echó a un lado el manto,* lo único que tenía, dio un salto y se acercó a Jesús (v. 50).

Para la gente, Jesús no es más que *el nazareno* (v. 47); para el ciego, es el *hijo de David,* no como lo sueñan todavía Santiago y Juan, sino como se presentará el mismo Jesús: el Mesías que sufre.

### → EL SEPULCRO ABIERTO
**16, 1-8**

Es la conclusión del evangelio, ya que los v. 9-20 fueron añadidos posteriormente.

Poned en dos columnas las oposiciones que se indican o sugieren: tiempo: *sábado pasado* (tiempo religioso) / *primer día de la semana* (tiempo profano); *tinieblas / luz, amanecer...* lugar: *cerrado / abierto;* aquí (Jerusalén) / *Galilea...* acciones: *ungir el cadáver / oír mensaje...* actores: *cadáver, en la noche, extendido, desnudo / joven blanco, sentado, a la derecha, vestido...* ¿Qué os sugieren estas oposiciones? ¿Qué transformación se ha operado desde el principio hasta el fin? ¿Por quién se ha hecho?

Marcos acababa con este relato: por tanto, para creer en la resurrección de Jesús no es necesario haberlo «visto»: basta con creer a Dios que lo afirma.

Las mujeres vienen a ungir un cadáver y vuelven con un mensaje. Querían encerrar a Jesús en la muerte y anunciarán que está vivo. Jesús no es ya un cuerpo que se toca, sino una palabra que hay que proclamar. Una de las formas por las que sigue estando misteriosamente presente en la historia es la predicación. Ahora está sentado a la derecha de Dios, como sugiere la actitud del joven. Y sólo cuando los discípulos hayan llegado a Galilea (adonde los precede), o sea, al confín del mundo y al final de la historia (véase geografía, p. 77), lo «verán». Mateo nos dirá que la resurrección es el final de los tiempos: ¡todo se ha cumplido! Marcos insiste en otro aspecto: ¡todo está por hacer!

Si habéis puesto en columna las oposiciones, veréis que ha acabado todo lo que pertenece al mundo viejo (tinieblas, cadáver, sábado y tiempo judío, sepulcro cerrado sobre sus muertos...). Se ha entrado en un mundo nuevo: es el *comienzo* de una nueva creación (cf. Mc 1, 1).

---

**OTROS TEXTOS ESTUDIADOS**

| | | |
|---|---|---|
| Mc 1, 29-31 | Suegra de Pedro | 17 |
| 4, 35-41 | Tempestad calmada | 87 |
| 12, 1-11 | Viñadores homicidas | 123 |
| 14, 22-25 | Eucaristía | 139 |

---

## 3. La pasión según Marcos

Debió existir muy pronto un *relato de la pasión de Jesús*, desde el arresto a la sepultura. Lo recogen los cuatro evangelios, pero dándole cada uno su propia tonalidad.

Marcos se dirige a los no-creyentes o a los poco creyentes, para llevarlos a proclamar con el pagano al pie de la cruz: *¡Jesús es realmente el Hijo de Dios!*

Contando los hechos, sin agobiarles, casi intenta escandalizarles: la realización del proyecto de Dios resulta desconcertante para el hombre. La cruz es escandalosa. Allí es, sin embargo, donde se revela el Hijo de Dios.

Es impresionante el *silencio de Jesús* durante la pasión. Jesús sabe que los hombres no entienden su misterio, que corren el peligro de comprenderlo mal. Por eso durante su ministerio se negó a decir quién era. Ahora que está condenado, cuando no hay peligro de interpretar sus títulos como una voluntad de poder, acepta levantar un poco el velo. Desde su arresto, a pesar de que le urgen con preguntas, Jesús sólo abre tres veces la boca: ante el sumo sacerdote se declara *Mesías / Cristo* e *Hijo del hombre;* ante Pilato reconoce que es *rey de los judíos;* en la cruz recoge la queja del *siervo doliente* de Isaías, asumiendo todo el sufrimiento y la angustia del mundo: «Dios mío, ¿por qué me has abandonado?».

En Marcos explota la *soledad de Jesús* en toda su crudeza: avanza solo, abandonado de todos, negado por Pedro, hacia la noche de la cruz. Aceptando seguirle hasta allí es como el discípulo puede proclamarlo Hijo de Dios.

Con el *complot contra Jesús* (14, 1-2), el conflicto entre él y los sumos sacerdotes alcanza su cima: desde ahora, Jesús está condenado a muerte. El lo sabe. Durante la cena en casa de Simón (14, 3-9), una mujer derrama perfume sobre su cabeza: Jesús ve esto como la unción de su sepultura. Por tanto, entra en su pasión con toda lucidez.

El relato de su *cena de despedida* (14, 22-25) está enmarcado entre el anuncio de la traición de Judas (14, 17-21) y la negación de Pedro (14, 26-31). Jesús sabe lo que va a pasar; es él quien dirige su pasión (14, 10-16). En la cena ofrece su cuerpo y su sangre, en la desnudez total, sabiendo que no obtendrá de los hombres ni reconocimiento ni fidelidad... El relato de la institución, muy parecido al de Mt, recoge el texto litúrgico de las celebraciones de las iglesias palestinas.

En *Getsemaní,* Jesús angustiado se postra en tierra (14, 32-42). Plenamente hombre, teme la muerte. El nombre que dirige a Dios como una llamada: ¡Abba! ¡Padre! ilumina un instante esta trágica escena. Cuando lo detienen, todos lo abandonan (14,

## JESUS, CRUCIFICADO Y RESUCITADO

La narración pascual de Marcos es muy sobria: se limita a presentar la tumba vacía, con el mensaje del ángel a las mujeres, diciéndoles que vayan a Galilea, donde verán a Jesús (Mc 16, 1-8; los versos que siguen son muy posteriores). Pues bien, situado en esa perspectiva, todo el camino anterior del evangelio, por lo menos a partir de la confesión de Pedro (Mc 8, 26-30), ha de entenderse como preparación y anuncio de la pascua.

1. LOS ANUNCIOS DE RESURRECCION

    1.º = Mc 8, 31: «a los tres días, resucitará»
    2.º = Mc 9, 31                           (= SE LEVANTO DE NUEVO)
    3.º = Mc 10, 34

2. LA TRANSFIGURACION                     Mc 9, 2-8.9-10

    – Revelación de la gloria-identidad
      de Jesús, el HIJO

3. LOS ANUNCIOS DE RESURRECCION EN LA PASION

    – El recuerdo evangélico                  Mc 14, 9
    – El pastor que guía a la comunidad      Mc 14, 27-28
    – El Hijo del hombre glorificado          Mc 14, 62
    – El juicio de Dios sobre el mundo       Mc 15, 33
    – El templo abierto                    Mc 15, 38

---

43-52), hasta el joven que intenta seguirle, pero que luego huye desnudo. Esta palabra con que acaba el relato da el tono: Jesús se hunde desnudo en su pasión. Y el discípulo que, en el bautismo, bajaba desnudo a la piscina, sabe que es ése el camino por donde ha de seguirle.

En el *proceso judío* (14, 53-64), Jesús –la única vez en Mc– proclama que es *Mesías, Hijo del hombre* glorioso. Pero al parecer todo desmiente esta afirmación: los guardias se burlan (14, 65), Pedro lo niega (14, 66-72), Jesús calla.

En el *proceso romano* (15, 1-15), Jesús se reconoce *rey de los judíos*, pero los sumos sacerdotes exigen su muerte... Su rey es coronado de espinas (15, 16-20).

La *escena del calvario* (15, 21-41) recoge el tema de los dos procesos: se recuerda el título de *rey de los judíos* entre dos menciones de la crucifixión (v. 25-27), y los sacerdotes se burlan de su pretensión de ser *Mesías*. Pero, es al morir abandonado de todos, hasta aparentemente del Padre, asumiendo todo el sufrimiento humano como *siervo doliente*, cuando Jesús revela cómo es Cristo y rey. El pagano nos invita a reconocerlo como *Hijo de Dios*. Y poniendo a su relato el ritmo de las horas de la plegaria cristiana (tercia, sexta, nona: v. 25.33.34), Marcos nos invita a celebrarlo en la fe.

El *relato de la sepultura* es apacible (15, 42-47): se rinden a Jesús los últimos honores. Y la noche del sepulcro se hace noche de espera.

## 4. El Jesús de Marcos

### • Un hombre

El Jesús de cada día, hombre como nosotros, es el que nos presenta Marcos. Tenemos la impresión de ir descubriéndolo día tras día con los ojos de Pedro. Pedro estuvo dos años viviendo con él por los caminos de Palestina, lo acogió en su casa de Cafarnaún, lo vio comer y dormir, hablar y rezar. Lo vio encolerizado en la sinagoga o en el templo, enfadado con los leprosos o con sus discípulos, compadecido de la gente, extrañado de que no creyeran en él los de Nazaret. Vivió su vida azarosa de predicador itinerante, que a veces no le dejaba tiempo ni para comer; lo vio, agotado, dormir en medio de la tempestad...

Pedro se sintió impresionado por la mirada de Jesús, mirada de cólera, de interrogación, de amor; intrigado por su misterio, como la primera noche que Jesús pasó en su casa, en donde lo vio levantarse antes del amanecer para ir a orar en un lugar desierto (1, 35).

Marcos no vacila en recoger ciertos rasgos que debían extrañar a sus lectores, habituados a reconocer en Jesús al Hijo de Dios: Jesús no lo sabe todo, ignora de qué hablan los discípulos y tiene que preguntárselo (9, 16.33), ignora el día del final de los tiempos (14, 33), se asusta ante la muerte (14, 33) y muere desesperado (15, 34). Es tan desconcertante que hasta sus parientes desconfían de él: «no está en sus cabales» (3, 21).

### • Un «hombre-con» - Un hombre solo

El Jesús de Marcos es ante todo Jesús-con-sus-discípulos. Su primer acto es llamarlos y escoger luego a *doce para estar con él*. Los adversarios intentan deshacer su equipo atacando a Jesús ante los discípulos y a los discípulos ante Jesús (2, 18- 28). Jesús prepara a sus discípulos para su ministerio futuro poniéndolos al servicio de la gente (6, 31s) y arrastrándolos hacia los paganos...

La soledad de Jesús aparece así más dramática. Se ve solo, porque no logra hacer comprender su misterio a unos compañeros que están «obcecados» (6, 52; 8, 17), que dudan, que lo abandonan y niegan en el momento de ser arrestado...

### • Jesús enseña

Inmediatamente después de su bautismo, Jesús predica que está cerca el reino de Dios. Para Marcos, Jesús es el que enseña a la gente (unas 20 veces). Cuando ve a las turbas siguiéndolo al desierto, sin tener de comer, Jesús se apiada de ellas... y se pone a enseñarles, adivinando que es ésa su peor hambre (6, 34).

Pero resulta paradójico que el evangelio de Marcos recoja pocos discursos. Quizás es que intenta decirnos que Jesús enseña ante todo con su manera de vivir y de obrar. Los milagros ocupan proporcionalmente en Marcos mucho más sitio: demuestra, en actos, que el reino de Dios está ahí, que Jesús es *más fuerte* que el mal (3, 27).

### • El Mesías crucificado

Jesús se niega a que lo proclamen Mesías. Impone el silencio a los que lo han descubierto, demonios o enfermos curados: es lo que se ha llamado el «secreto mesiánico». Muchos esperaban que el Mesías restablecería el reinado terreno de Israel. Jesús no quiere que se engañen de Mesías: él lo es, pero no en este sentido. Sólo se da este título cuando no es posible el error, cuando está condenado a morir: por el sufrimiento y la muerte es como establecerá un reinado espiritual. Y se esfuerza en llevar a sus discípulos por ese camino (8, 34-38).

### • El Hijo del hombre

Es éste el título más frecuente (14 veces). Quizás le gustaba a Jesús porque ocultaba su misterio al mismo tiempo que lo revelaba. En efecto, esta expresión en sí misma significa sólo «hombre»; pero cuando se hace referencia a la visión de Dn 7 (véase *Para leer el AT*, 122), toma el sentido fuerte de *ser celestial* a quien Dios entrega el juicio sobre los hombres.

### • El Hijo de Dios

Es un título raro, pero aparece como la cumbre de la fe a la que Marcos quiere llevar a sus lectores. Lo dice en la introducción (1, 1) y lo proclama el centurión al pie de la cruz (15, 39), haciendo eco a la voz del Padre en el bautismo y en la transfiguración.

## 5. Los milagros y el reino de Dios

«Se ha cumplido el plazo, ya llega el reinado de Dios. Enmendaos y creed la buena noticia» (Mc 1, 15). Este grito de Jesús inmediatamente después de su bautismo da el tono a su predicación: con ocasión de su ministerio, llega el reino de Dios.

### • El reino de Dios

En una época en que la monarquía era el sistema político universal, era natural que Israel utilizase la imagen del «rey» para evocar el poder de su Dios. Para él, Dios es el único rey; el rey terreno es sólo su lugarteniente. Esta fe se desarrollará tras la experiencia del fracaso de la monarquía terrena. Durante el destierro en Babilonia, Isaías anuncia que por fin Dios se manifestará como rey (véase *Para leer el AT*, 87).

El *mesianismo*, a lo largo de los siglos, fue enriqueciendo esta espera. Se pensaba que Dios establecería su reino por medio de su *Mesías*. Este tomaba de ordinario la figura de *hijo de David, pastor* de Israel (2 Sm 7; Ez 34; Zac 9-14; Sal 2; véase *Para leer el AT*, 54, 87, 113, 136). Los apocalipsis, con la figura del *Hijo del hombre* de Dn 7, aportan un nuevo elemento: ese reino es universal y para el final de los tiempos.

Al rey, y por tanto al Dios-Rey, se le atribuían dos funciones principales:

— Debe asegurar la *libertad de su pueblo:* es un caudillo que aplasta a los enemigos. En tiempos de Cristo, esto alimentará la esperanza de algunos grupos judíos; al establecer su reino, Dios liberará a Israel de la ocupación romana (cf. Lc 24, 21). Es significativo que Jesús no recoja nunca este aspecto.

— El verdadero rey ha de hacer reinar la *justicia dentro del pueblo:* es ante todo el rey de los pobres, de los oprimidos, de los que no tienen voz. Y el Segundo Isaías proclama este evangelio, esta buena nueva: «¡Dios va a reinar! ¡Felices los pobres, los enfermos, los oprimidos, porque en adelante se acabó su desgracia!». Y es también esa buena nueva la que predica Jesús. Lo hace con sus *actos* y sus *palabras*, sobre todo con las «bienaventuranzas». Aquí nos fijaremos en sus actos: los milagros.

### • Jesús proclama el reino de Dios

Podríais empezar viendo la *buena nueva* (Lc 3, 18) que proclamaba Juan bautista (Mc 1, 2-8; Mt 3, 1-12; Lc 3, 1-18) y cómo los evangelistas resumen la predicación de Jesús (Mc 1, 14- 15; Mt 4, 17; Lc 4, 16-21).

→ *LA CUESTION DE JUAN BAUTISTA*

Juan anunciaba que el Mesías establecería el reino de Dios, purificaría a su pueblo, destruiría a los pecadores. Creyó reconocerlo en Jesús. Pero Jesús acogía a los pecadores, se negaba a juzgar, lo dejaba pudrirse en la cárcel, abocado a una muerte segura... Se comprende la duda de Juan y su pregunta. Leed 7, 18-23 (= Mt 11, 2-6).

— ¿Qué hace Jesús antes de contestar (v. 21)? Ved también Lc 7, 11-17, inmediatamente antes de este relato.

— ¿A qué oráculos proféticos se refiere Jesús en su respuesta? Ved las notas y referencias en vuestras Biblias.

— ¿Qué significado da esto a los *milagros* de Jesús y a sus *bienaventuranzas:* «Dichosos los pobres...»?

Es importante sobre todo comprender así los milagros. Para nosotros, son sobre todo hechos extraordinarios, y preguntamos por lo que ocurrió, por lo que es histórico. Para Jesús y sus contemporáneos, los milagros son *signos:* dicen algo, hablan de alguien. Es esencial este nuevo planteamiento. Pongamos un ejemplo: un profesor de botánica presenta una flor a una alumna; la pregunta es evidentemente: *¿Qué es esto?* Un chico presenta esa misma flor a una chica; aquí lo que importa es *el significado* de ese hecho. En un caso interesa la realidad de la cosa, en otro su mensaje. Se trata de algo importante, sobre lo que hemos de volver.

*Si tenéis tiempo*, podríais ver también en los

# → *UN RELATO DE MILAGRO: LA TEMPESTAD CALMADA*

| Mt 8, 18-27 | Mc 4, 35-41 | Lc 8, 22-25 |
|---|---|---|
| [18] Viendo Jesús a mucha gente a su alrededor, mandó irse al otro lado. | [35] Y les dice aquel día, llegado el atardecer: «Pasemos al otro lado». | [22] Ahora bien, sucedió uno de los días que él montó en una nave, con sus discípulos, y les dijo: «Pasemos al otro lado del lago». Y zarparon. |
| [19] Y, llegándose un escriba, le dijo: «Maestro, te seguiré adondequiera que fueres». [20] Y le dice Jesús: «Las zorras tienen guaridas y las aves del cielo nidos, mas el Hijo del hombre no tiene donde reclinar la cabeza». | | (Lc 9, 57-58) |
| [21] Otro de los discípulos le dijo: «Señor, permíteme primero ir y sepultar a mi padre». [22] Jesús le dice: «Sígueme, y deja que los muertos sepulten a sus muertos». | | (Lc 9, 59-60) |
| [23] Y, montando él en la nave, le siguieron sus discípulos. | [36] Y, dejando a la gente, le tomaron, como estaba, en la nave, y otras naves estaban con él. | |
| [24] Y he aquí que un gran seísmo se hizo en el mar, de modo que la nave era cubierta por las olas. | [37] Y se hace una gran tempestad de viento, y las olas se echaban en la nave de modo que la nave ya se llenaba. | [23] Navegando ellos, se durmió. Y bajó una tempestad de viento al lago, y se anegaban y peligraban. |
| Y él dormía. [25] Y, llegándose, le despertaron diciendo: «Señor, sálva(nos), que nos perdemos». [26] Y les dice: «¿Por qué estáis acobardados, (hombres) de poca fe?». Entonces, levantándose, conminó a los vientos y al mar, y se hizo una gran bonanza. | [38] Y él estaba en la popa, sobre el cabezal, durmiendo. Y le despiertan y le dicen: «Maestro, ¿no te importa que nos perdamos?». [39] Y, despertándose, conminó al viento y dijo al mar: «Calla, enmudece». Y se calmó el viento, y se hizo una gran bonanza. [40] Y les dijo: «¿Por qué tenéis miedo? ¿Cómo no tenéis fe?». [41] Y temieron con gran temor, y se decían unos a otros: «¿Quién es éste que hasta el viento y el mar le obedece(n)?». | [24] Ahora bien, llegándose, le despertaron diciendo: «Maestro, maestro, nos perdemos». El, despertándose, conminó al viento y al oleaje del agua, y cesaron, y se hizo una gran bonanza. [25] Les dijo: «¿Dónde (está) vuestra fe?». Atemorizados, se admiraron diciéndose unos a otros: «¿Quién es éste, que hasta a los vientos ordena y al agua?». |
| [27] Los hombres se admiraron diciendo: «¿Qué clase (de hombre) es éste, que hasta los vientos y el mar le obedecen?». | | (P. Benoit, *Sinopsis de los cuatro evangelios*, 70-71) |

evangelios la expresión *reino de Dios*, o ver de qué hablan las *parábolas*, leyendo Mt 13.

Vamos a estudiar un relato de milagro, el de la tempestad calmada. Así veréis cómo está construido este género de relato y lo que significa.

Leed atentamente estos textos comparándolos entre sí: subrayad las palabras con colores distintos (véase p. 17).

Ved lo que cada uno tiene de más o de menos, el desplazamiento del v. 40 en Mc, las palabras distintas...

Los relatos suelen situarse dentro de un «molde» prefabricado: buscad los cinco puntos señalados en la p. 24. ¿Entra en este «molde» el v. 40 de Mc?

Leed cada relato por separado. Para situarlos en su contexto, ved la «sinopsis» de la p. 18.

*Marcos.* ¿Encontráis los rasgos señalados en la p. 79? ¿Por qué Jesús *conmina* a la tempestad como si fuera un demonio? La palabra *miedo* que se utiliza aquí sólo aparece 4 veces en el NT: Jn 14, 27 (verbo), 2 Tim 1, 7 (nombre), Ap 21, 8 (adjetivo): ¿de qué clase de miedo se trata? ¿Hacia qué orilla del lago van? (véase geografía, p. 77). ¿Qué episodio sigue a éste en los tres evangelios? ¿Explica todo esto el miedo de los discípulos, la ira del demonio?

¿Por qué cuenta Mc este milagro? ¿Cuál es su sentido con el v. 40? ¿Y sin el v. 40?

*Lucas.* ¿Qué es lo que le interesa, la barca o los discípulos? (véase el final del v. 23). ¿Qué episodio pone inmediatamente antes? *Preceptor o maestro-poderoso* es la palabra propia de Lc (5, 5; 8, 45; 9, 33.49; 17, 13); ¿cuál es su sentido?

*Mateo.* ¿Cómo orientan el sentido los versículos que él añade *(seguir: v. 19.21-23; discípulos: v. 21)*? ¿Qué le interesa más (cf. final del v. 24)? La palabra *seísmo* se utiliza una vez en los evangelios como signo del final de los tiempos (Mc 13, 8; Mt 24, 7; Lc 21, 22); Mt la utiliza además (como nombre o como verbo) en 21, 10; 27, 51-54; 28, 2.4: ¿qué sentido da esto al relato (véase p. 95)? *¡Señor, salva!* es una invocación litúrgica. Mt ha puesto en el centro del relato el v. 28: el reproche se dirige a los discípulos que ya creen, pero no lo suficiente. *Los hombres* (v. 27) designan habitualmente en Mt a los no creyen-tes (4, 19; 5, 13; 10, 17; 10, 32...). A partir de estas observaciones, ¿qué sentido le dais a este relato?

## • Significación del milagro

Hemos dicho que el milagro es un *signo*. Pero ¿para quién? Pongamos un ejemplo vulgar: a la orilla de la carretera veo una señal triangular con una «X»; si no sé nada del código de circulación, preguntaré: «¿Qué es eso?»; si lo conozco, esa señal me dirá: «Cuidado, hay un cruce». Del mismo modo, la reacción del no creyente y del creyente será distinta ante el acontecimiento; y el relato que se haga de él no será el mismo en un caso y en otro.

Para el *no-creyente*, el hecho extraordinario es una *cuestión*: ¿Quién es entonces este hombre capaz de...?

Para el *creyente* –y sólo para él–, ese suceso es un *milagro*, es decir, un mensaje, un hecho en donde descubre una palabra que Dios le dirige.

Parece ser que, en la comunidad primitiva, antes de la redacción de los evangelios, el relato de la tempestad se utilizó de las dos maneras.

Tomemos el relato de *Marcos.* Si se lee sin el v. 40, tenemos un texto que encuadra perfectamente en el «molde» *relato de milagro.* Se dirige a los discípulos antes de pascua, que no han descubierto todavía el misterio de Jesús, y puede entonces presentarse a los no-creyentes, llevándolos a que se planteen la cuestión de la identidad de Jesús: «¿Quién es éste que...?».

Con el v. 40, este relato pasa a ser una *catequesis* para los creyentes; ellos saben quién es Jesús; entonces, ¿por qué tienen miedo?; ¿en dónde está su fe?...

Esta utilización catequética puede llevar al desarrollo de una verdadera enseñanza. Así, *Mateo* se dirige a los discípulos, a personas que *siguen* a Jesús en *la barca* (no hay más que una). Esta barca, amenazada por el *seísmo* –la exacerbación de las potencias malignas del fin de los tiempos–, corre el peligro de hundirse. Los discípulos, en medio de esta *barca-iglesia*, rezan: *¡Señor, sálvanos!* Jesús les reprocha su *miedo*, ese miedo apostólico de bogar mar adentro, hacia los paganos, y su *poca fe:* ya tienen fe, pero no bastante. Y son ahora los *hombres*, los no-creyentes de toda la historia, los que se plantean la cuestión, preguntándose cómo puede mantenerse esa barca-iglesia en medio de las asechanzas del mal.

Saquemos ahora algunas conclusiones.

El milagro es *un signo*. Lo que interesa a los contemporáneos de Jesús no es el hecho en sí –son «buena gente» en aquella época y admiten sin dificultad la posibilidad del milagro–, sino su *significado*: ¿qué quiere decir esto?; ¿*en nombre de quién* haces esto?; ¿en nombre del jefe de los demonios, como pretenden los adversarios (Mt 12, 24)? «Si yo echo los demonios con el Espíritu de Dios, *señal que el reinado de Dios os ha dado alcance*», responde Jesús (Mt 12, 28).

Así, pues, la cuestión importante no es que busquemos «lo que pasó» (podemos hacerlo, pero es algo secundario; y si no lo encontramos, la cosa no es grave), sino que busquemos más bien el sentido.

Los evangelistas han desarrollado a menudo este significado en beneficio de los creyentes: eso es lo que hay que descubrir ante todo.

---

### MARCOS, EL EVANGELIO DE LOS MILAGROS

Dentro de la iglesia existía quizá el riesgo de estrechar y reducir el evangelio, convirtiéndolo en un tipo de mensaje moralista o de palabra desgajada del camino de liberación que ha recorrido y promovido el Cristo. Pues bien, en contra de esa posible reducción se ha levantado Marcos, escribiendo un evangelio que se encuentra paradójicamente centrado en estos dos motivos: los milagros de Jesús y el misterio de su muerte.

A través de los milagros, el Jesús de Marcos viene a presentarse como portador de libertad para los hombres. Así aparece como el vencedor final sobre los demonios, como el hombre que libera a todos los que se hallan oprimidos en la tierra. En esa perspectiva, los milagros son signos de esperanza escatológica: el tiempo de la libertad final ha comenzado a despuntar sobre la tierra; está vencido el diablo, se halla abierto el hombre hacia la gracia.

Pero, al mismo tiempo, ese Jesús de los milagros viene a presentarse en Marcos como el «Mesías de la muerte»: es Hijo de Dios porque entrega su vida, es Mesías porque muere. Eso significa que el milagro principal, el único milagro verdadero, acaba siendo el camino pascual de Jesucristo: su muerte como malhechor en el calvario; la experiencia y esperanza misionera de su resurrección.

---

### • El hombre de hoy y el milagro

Nos molestan los milagros. En otros tiempos creyeron por ellos; hoy creemos a pesar de ellos. Pero quizás es que nos hemos hecho una idea falsa de los milagros. Recordemos algunos puntos.

*El milagro es un signo*. El poste indicador al lado de la carretera tiene una realidad (hierro, cemento), una forma (redondo, triangular); poco importa que las formas cambien; lo esencial es el mensaje que nos dan: anunciar una curva, un cruce. Del mismo modo, el milagro tiene una realidad histórica: un hecho que se sale de lo ordinario para llamar la atención. Pero lo esencial es su mensaje, lo que anuncia. ¿Qué es lo que dice?

*El milagro sólo es signo para el creyente*. Un regalo entre amigos es «regalo» porque ya son amigos; el objeto que nos da por la calle un desconocido no es un signo, sino una cuestión. Para reconocer en un hecho concreto un «milagro», hay que tener ya fe. La Oficina médica de Lourdes, compuesta por médicos creyentes y no creyentes, se limita a declarar: Esta curación es inexplicable para la ciencia. El creyente podrá entonces, si quiere, ver en ella un «milagro». Y para eso es preciso que el suceso ocurra en cierto contexto, en relación con otros hechos, con ciertas palabras. Lourdes es sobre todo un lugar de oración, y es en ese contexto donde las curaciones pueden tener sentido. Los milagros de Jesús van ligados siempre a su enseñanza.

# LA CATEQUESIS DE LOS MILAGROS

Ciertamente, los milagros nos sitúan en el mismo centro de la historia de Jesús: ante su gesto de amor hacia los pobres, los enfermos, los endemoniados y perdidos de la tierra; por eso los presenta Mc como parte central de su evangelio. Pero, al mismo tiempo, esos milagros vienen a narrarse (o proclamarse) ahora en un nivel de *catequesis pascual:* por ellos entendemos lo que es Cristo el viviente dentro de la iglesia; por ellos descubrimos mejor nuestro sentido como redimidos. Frente a una posible teología académica que pudiera hallarse centrada en un mejor conocimiento teórico del Cristo, los milagros de Marcos nos presentan una teología vital, de liberación y cambio humano, en el camino que conduce al reino.

«Signos del reino de Dios»
*(signos anticipadores de la resurrección)*

| | | |
|---|---|---|
| 1) ambivalencia de los signos | | Mc 8, 11-13; 13, 21-23 |
| 2) el signo del pan | | Mc 6, 30-44 (8, 1-9) |
| *en un lugar* | JESUS - DISCIPULOS | *Moisés* |
| *desierto* | GENTE (de 50-100 personas: cf. Ex 18, 21) | *Elías* |
| | | *Eliseo* (2 Re 4, 42-44) |
| —— *5 panes para 5.000 personas* | | |
| —— *12 cestas de sobras* | | |
| 3) catequesis sobre el pan | | |
| – revelación en la noche | | Mc 6, 45-52 |
| – curación de un sordomudo | | Mc 7, 31-37 |
| – curación de un ciego | | Mc 8, 22.26 (10, 46-52) |
| – diálogo sobre el «pan» | | Mc 8, 14-21 |
| 4) los milagros: signos de la resurrección | | |
| Creación - Milagros | | Resurreción de Jesús |
| límite = mal | | final |

| | |
|---|---|
| *El «pan de los hijos»* | Mc 7, 1-8, 9.10 |
| 1) comer el pan y la PUREZA DE CORAZON | 7, 1-23 |
| – discusión con los fariseos | 7, 1-13 |
| – diálogo - instrucción | 7, 14-23 |
| (gente - discípulos) | |
| 2) la curación de la hija de la mujer «PAGANA» | 7, 24-30 |
| 3) el signo del pan | |
| para LOS QUE VIENEN DE LEJOS | 8, 1-9.10 |
| —— *7 panes para 4.000 personas* | cf. 8, 18 |
| —— *7 espuertas de sobras* | |

PRIMER NUCLEO DE CRISTIANOS HELENISTAS     Hch 6, 1-6

*Para el no creyente, el milagro es una cuestión,* nunca una «prueba». Si yo no sé nada del código de la circulación, veo un objeto extraño al lado de la carretera que me llama la atención, y quiero saber de qué se trata; pero de nada me sirve examinarlo; he de preguntarle a alguien que lo conoce. Es él quien me da su significación y yo la acepto.

Del mismo modo, un hecho inexplicable puede plantearle a un no creyente la cuestión: ¿Qué es esto? El creyente puede entonces darle su explicación, su interpretación: es un signo de mi Dios. El no creyente aceptará esta interpretación y creerá, o la rechazará y buscará otra explicación. El milagro no es una «prueba»; uno no se convierte por causa del milagro –éste abre tan sólo un interrogante–, sino por causa del sentido transmitido por los creyentes.

*El milagro es un signo relativo a una época.* Ciertos hechos pueden ser «extraordinarios» en una época y no en otra. La Oficina médica de Lourdes declara: Esta curación es *actualmente* inexplicable para la ciencia. Podrá quizás explicarse algún día. Poco importa. Si el milagro era una prueba, sería poco honrado por parte de Dios aprovecharse de nuestra ignorancia para «atraparnos», como un misionero que demostrase la existencia de Dios poniendo en marcha un magnetofón. Si es un signo, poco importa el soporte; el compromiso se refiere a una doctrina y no a un prodigio. Ciertos milagros de Jesús quizás pudieran explicarse hoy.

Pero es una pista falsa empeñarse en reconstruir «lo que pasó». Pongamos un ejemplo: Un negro animista me dice: «Los dioses están enfadados; es-tán escupiendo fuego por la montaña»; me da entonces su interpretación de creyente. Pero, ¿cuál es el hecho? Si no sé nada del país, sabré por lo menos que ha habido algo, pero soy incapaz de saber si se trata de una erupción volcánica, de un incendio forestal o de un huracán. En tiempos de Jesús, el «milagro» era corriente entre los judíos, y los grandes santuarios milagrosos griegos, como Pérgamo y Epidauro, con sus exvotos y hospitales, eran tan importantes como Lourdes. Jesús no habría sido un hombre religioso de su tiempo si no hubiera hecho milagros.

Lo esencial no es sin duda verificar la historia de tal milagro, sino ver lo que puede ser «milagro» para nuestros contemporáneos.

Y lo «extraordinario» se ha desplazado. Quizás no pertenezca tanto al terreno material –la ciencia nos ha enseñado que se puede (¿se podrá?) explicar todo– como al terreno espiritual; podrá ser, por ejemplo, un gesto de perdón. En un mundo duro, violento, de lucha por la vida, el gesto gratuito –sobre todo el del perdón– resulta extraordinario y puede llevar al no creyente a plantearse la cuestión: ¿Por qué haces esto?

Los relatos de milagro de la Biblia deberían ayudarnos a preguntarnos, no ya «¿qué es lo que pasó?», sino ¿cómo puedo yo hoy ser «milagro», signo que plantea cuestiones a las personas con las que vivo?

Entre esposos todo se convierte en signo de amor. El manejo de la Biblia debe llevar al creyente a descubrir que el mundo entero es «milagro», signo del cariño de Dios.

# 5

# Evangelio según san Mateo

Cuando uno pasa de Marcos a Mateo, le da la impresión de que cambia de paisaje, como cuando se pasa por un desfiladero y se encuentra uno con un valle distinto. Con Marcos, teníamos a veces la ilusión de que descubríamos a Jesús con los ojos de Pedro; con Mateo, no sabemos nunca si estamos a la orilla del lago de Tiberíades en el año 30, o en una iglesia cristiana de los años 80 que celebra su liturgia. Mejor dicho, Mt nos sitúa en los dos sitios al mismo tiempo; deliberadamente pone sobre el Jesús de la historia el «papel transparente» del Señor que vive en su iglesia (véase p. 22). Así, el rostro de Jesús de Nazaret se nos revela a través de los rasgos gloriosos del resucitado celebrado por la iglesia.

## • El «evangelio eclesial»

Así es como se ha llamado a veces a este evangelio que, más que los otros, ha marcado al cristianismo occidental. Es el único que pronuncia la palabra *iglesia* (16, 18; 18, 17); se muestra preocupado de su organización, de la vida fraterna, de la catequesis (que él presenta concretamente en cinco grandes discursos bien construidos).

Nos hace vivir en el seno de una iglesia que celebra litúrgicamente a su Señor: sobre los discípulos de Jesús pone el «papel transparente» de los cristianos

que adoran al resucitado, cantando: ¡Señor, sálvanos! en medio de la tempestad... Una iglesia con peligro de desinflarse y con *poca fe* (8, 26).

## • La iglesia de Mateo

La situación de las comunidades en que predica Mateo ha influido ampliamente en su testimonio. Al leer el texto, resaltan tres aspectos principales:

– Esas comunidades parecen estar compuestas especialmente por *cristianos procedentes del judaísmo*. Conocen bien las Escrituras: se han señalado más de 130 pasajes en los que Mt se refiere al Antiguo Testamento. La ley sigue siendo para ellos la regla de vida: «*No he venido a derogar la ley, sino a darle cumplimiento*, a llevarla a su término, a su perfección», declara Jesús (5, 17). Se muestran muy al corriente de la forma como los rabinos interpretan las Escrituras. Y algunas de sus cuestiones (sobre el ayuno, la limosna, el divorcio...) son típicamente judías. No es una casualidad que Jesús sea presentado como el nuevo Moisés.

– Esas comunidades están *en conflicto con el judaísmo oficial*, tal como renacía en Yamnia (véase p. 37). Los cristianos ya han sido expulsados de *sus* sinagogas, como escribe Mt. Y los ataques tan duros de Jesús contra los fariseos (Mt 23) no son tanto los del Jesús del año 30 como los del resucitado que vive en su comunidad de los años 80.

– Esas comunidades se *abren a los paganos*. Por convicción cristiana, reflexionando en el impulso misionero de los primeros años de la iglesia, esos judíos que se han hecho cristianos vuelven a descubrir, en las palabras de Jesús, su voluntad de enviar a sus discípulos al mundo entero.

## • El autor

Una tradición del siglo II, imposible de verificar, declara que Mateo, el aduanero de Cafarnaún convertido en uno de «los doce» (9, 9), escribió *en arameo* ciertas palabras de Jesús.

El autor del evangelio actual, desconocido, se inspiró quizás en aquel escrito. Mateo escribe, *en griego*, hacia los años 80-90, en medio de las comunidades de Siria-Palestina, quizás en Antioquía.

# 1. Lectura de conjunto

Sería conveniente empezar, lo mismo que para Marcos (p. 77), leyendo de seguido el evangelio de Mateo. He aquí algunos puntos que destacar en una «visita turística».

## • La geografía de Mateo

Mt sigue el esquema de Mc, pero no insiste como él en la oposición Galilea / Jerusalén. Galilea es la región importante; reviste dos aspectos.

Durante el ministerio de Jesús, aparece como un *territorio judío,* cuyas fronteras no pasa nunca Jesús; si se dirige hacia Tiro y Sidón, Mt indica que la cananea *salió* de ese territorio para ir a Jesús (15, 21). Jesús predica sólo a los judíos y prohibe a sus discípulos ir a los paganos y samaritanos (10, 5-6).

Después de la resurrección, Galilea se convierte, como anunciaba Isaías (Mt 4, 14-16), en la *tierra de apertura al mundo.* Allí –y no en Jerusalén– es donde Jesús se manifiesta a los discípulos y los envía a predicar al mundo entero (28, 16- 20).

---

### EL MAS JUDIO DE LOS EVANGELIOS

– *Se refiere constantemente a las Escrituras:* más de 130 veces, de las que 43 son citas explícitas; 11 van introducidas por la fórmula: *Esto ocurrió para dar cumplimiento a lo que el Señor dice por el profeta...* Como verdadero rabino, reúne a veces sutilmente varios pasajes para forjar la cita que le conviene: por ejemplo Zac 11, 12 y Jr 18, 2 para explicar la muerte de Judas (27, 9); o Zac 9, 9 e Is 62, 11 para dar un sentido mesiánico a la entrada de Jesús en Jerusalén (21, 1-19).

– *Su forma de expresarse* es judía. Habla del reino *de los cielos* más que del reino de Dios, porque los judíos no pronuncian el nombre divino. Le gustan las *repeticiones* y sobre todo las *inclusiones* (se repite la misma expresión al comienzo y al final de un desarrollo: 5, 3.10; 6, 25.34...). Utiliza el *paralelismo* (16, 25; 7, 24-27...). Se complace en las *agrupaciones numéricas,* simbólicas o simplemente mnemotécnicas: 7 peticiones del Padrenuestro, 7 parábolas, 7 panes y 7 cestos, etc.; 3 tentaciones, 3 buenas obras (6, 1s), 3 diezmos (23, 23)...

---

## • El reino de Dios y la iglesia

Jesús inaugura el reino de Dios (véase p. 86). La iglesia no se identifica con él, pero es el lugar privilegiado donde el reino se manifiesta en el mundo. *El reino de Dios y el esbozo de su realización en el mundo:* éste es el tema central de Mt.

¿Cómo lo desarrolla? Hay algunos elementos característicos que nos permitirán verlo.

Los *relatos de la infancia* (1-2) son de hecho el prólogo teológico a todo el conjunto.

Hay una misma fórmula de conclusión (7, 28; 11, 1; 13, 53; 19, 1; 26, 1) para señalar los *cinco grandes discursos* construidos por Mt. Así, el relato queda dividido en *seis conjuntos narrativos:* relatos de hechos y de palabras de Jesús. ¿Qué vínculo hay entre esos conjuntos y los discursos? Una inclusión (repetición de la misma frase al comienzo y al fin: 4, 23 y 9, 35) lo indica en el caso de la primera agrupación: mediante un discurso, Jesús enuncia un tema que luego realiza en actos. Cabe pensar que esta sucesión vale también para los otros grupos.

*Dos pasajes*, al principio (3-4) y en medio del evangelio (16, 13-17, 27), se asemejan y desempeñan una *función de transición*. Hay una misma fórmula, que sólo se encuentra aquí, para introducir dos frases sucesivas del ministerio de Jesús: «Desde entonces empezó Jesús a proclamar...» (4, 17), o «desde entonces empezó Jesús a manifestar» (16, 21). En los dos casos se proclama un título de Jesús: Hijo (la voz celestial) o Mesías (Pedro); también en ambos casos Jesús es tentado por Satanás o por Pedro calificado como «Satanás».

A partir de estas observaciones, podemos imaginar que Mt desarrolla de este modo su tema reino-iglesia:

Primero, Jesús proclama a *todos* la llegada del reino que él inaugura con sus actos. Prepara a sus discípulos para que continúen su obra enviándolos a misionar. De hecho, es él el que parte a predicar. Sus discípulos no estarán realmente dispuestos para su misión hasta después de pascua.

Jesús se consagra entonces a la formación de *sus discípulos*. Pedro proclama a Jesús Mesías, pero también lo tienta. Jesús le da una regla de vida a su iglesia. Luego anuncia la llegada del reino, lo inaugura con su muerte-resurrección y envía a sus discípulos a predicarlo por todo el mundo.

### PROLOGO: EL MISTERIO DE JESUS (1-2)

*Primera parte:* Jesús proclama el reino de Dios y prepara la iglesia (3-16).

*Episodio-eje:* El Padre proclama a su Hijo, tentado por Satanás (3-4).

1. *¡Ha llegado el reino de Dios!* (5-9):

   Jesús lo manifiesta:
   – con sus palabras: el sermón (5-7);
   – con sus obras: diez milagros (8-9).

2. *Jesús envía a sus discípulos a predicar, y parte él mismo a predicar el reino* (10-12):
   – discurso de envío a misionar (10);
   – Jesús parte en misión (11-12).

3. *La opción decisiva ante la predicación del reino* (13, 1-16, 12):

– discurso en siete parábolas (13, 1-52);
– hacia la confesión de Pedro (13, 53-16, 12).

*Segunda parte:* La comunidad en el reino de Dios (17- 28).

*Episodio-eje:* La comunidad confiesa y tienta a su Señor (16, 13-17, 27).

4. *El reino de Dios pasa del pueblo judío a la iglesia* (18-23):
   – discurso sobre la vida en comunidad (18);
   – de Galilea a Jerusalén (19, 23).

5. *Inauguración del reino de Dios en el misterio pascual* (24-28):
   – anuncio de la venida definitiva del reino en Jesús (24-25);
   – la muerte-exaltación de Jesús inaugura el reino (26-28);
   – la iglesia va a predicar por el mundo.

### • El final de los tiempos

Marcos terminaba su evangelio diciendo: Todo está aún por hacer; sólo se verá al resucitado al final de los tiempos. Mateo declara: Con Jesús ya está todo hecho; ha llegado el final de los tiempos; la victoria se ha alcanzado; no queda más que ocupar el terreno. Fijémonos en un detalle significativo.

En su discurso apocalíptico, Jesús daba un signo del final de los tiempos: habrá *seísmos* (Mc 13, 8; Lc 21, 11; Mt 24, 7). No se trata de un fenómeno histórico (un terremoto), sino de una imagen simbólica.

Mt es el único que utiliza esta palabra o el verbo correspondiente en otras 6 ocasiones. Tras el *seísmo* de la cruz, los muertos resucitan (27, 51) y, a la vista de aquel *seísmo* (27, 54), los paganos reconocen a Jesús como el Hijo de Dios. Por la mañana de pascua, hay otro *seísmo* y los enemigos, *seismizados*, quedan como muertos (28, 2.4). Por tanto, la muerte-glorificación de Jesús es la señal del fin de los tiempos.

*La ciudad queda seismizada* cuando Jesús entra en Jerusalén, imagen de su entrada gloriosa en el cielo (21, 20).

Así, uno de los signos que se dan para reconocer la llegada del final de los tiempos se realiza con la pasión-resurrección. Por consiguiente, el reino de Dios es inaugurado definitivamente por este acontecimiento. Pero la iglesia, frágil barquilla sacudida

Mateo es *un profesor*. Agrupa las palabras de Jesús en cinco grandes discursos, sin duda para presentarlo como el nuevo Moisés. Insiste en la necesidad de *comprender* la palabra y no solamente de escucharla (13, 19-23). Abrevia los relatos de milagros, atendiendo sólo a los dos personajes: Jesús y el interesado; estos relatos no resultan tan pintorescos, pero ganan en enseñanza.

Es *un escriba* forjado en los métodos judíos de interpretar las Escrituras, que *sabe sacar de su arcón cosas nuevas y antiguas* (13, 52).

En Jesús de Nazaret, su fe le hace ver al *Señor glorificado*. Desde el comienzo y luego con frecuencia, lo proclama *Hijo de Dios* y deja vislumbrar su majestad y su autoridad.

Todo el evangelio se desarrolla en un *marco litúrgico*: los discípulos que adoran al Señor en la comunidad se notan a través de los discípulos que siguen a Jesús por los caminos de Palestina.

Centrado en el reino de Dios y en su esbozo en la iglesia, se le ha llamado el *evangelio eclesial,* que ha marcado profundamente al cristianismo occidental.

---

por el *seísmo* (8, 29; véase p. 117), tiene que vivir esta crisis a lo largo de toda su historia.

## 2. Algunos textos de Mateo

### → *TENTACIONES DE JESUS*
*4, 1-11*

Detengámonos en un aspecto: cómo la vida de Jesús y la nuestra toman un sentido gracias a las Escrituras.

Es probable que Jesús comenzara su ministerio con un «retiro» y que fuera tentado allí (cf. Mc 1, 12-13). Pero la tentación duró toda su vida por obra de sus adversarios, de Pedro... (por ejemplo Mt 16,

El evangelio de Mt se estructura a través de un ritmo narrativo en tres momentos, siguiendo un esquema histórico y teológico que hallamos implícito en Mc. La novedad está en que ahora esos momentos aparecen claramente destacados en el mismo texto:

– La primera parte de Mt se titula «Libro del surgimiento de Jesús, el Cristo, hijo de David, hijo de Abrahán» (Mt 1, 1). Esta parte se extiende de 1, 1 a 4, 16 y ofrece aquello que pudiéramos llamar la «presentación de los personajes»: habla del surgimiento de Jesús desde el Israel (Mt 1), para el conjunto de la humanidad (Mt 2), situándolo a la luz de la esperanza del bautista (Mt 3) y en lucha contra el diablo (Mt 4, 1-11).

– La segunda parte empieza así: «Desde entonces comenzó Jesús a proclamar el kerigma diciendo: convertíos, pues se acerca el reino de los cielos» (4, 17). De esa forma se anuncia del todo el tema que sigue (de 4, 17 a 16, 20): el kerigma de Jesús está formado por palabras (Mt 5-7) y por obras o milagros (Mt 8-9), en camino que se abre a través de los discípulos (Mt 10); éste es un kerigma que se centra en el sermón del reino (Mt 13) y, de esa forma, nos sitúa ante el primer rechazo de Israel y ante el seguimiento de los discípulos que, a través de Pedro, acaban confesando a Jesús como Cristo (Mt 16, 13-19).

– La tercera parte se titula así: «Desde entonces comenzó Jesús a mostrar a sus discípulos que era necesario que se dirigiera hacia Jerusalén, para sufrir mucho de parte de los ancianos, sacerdotes y escribas; para morir y resucitar al tercer día» (Mt 16, 21). Se inicia así la parte final del evangelio (de 16, 21 a 28, 20): el camino precedente del mensaje del reino se convierte en gesto de entrega y confesión pascual; el mismo Jesús viene a presentarse como la verdad y contenido de su reino, a través de su muerte y de su pascua.

---

23; 27, 42; Jn 6, 15). Los cristianos buscaron cuál podía ser *el sentido* de esas tentaciones. Una tradición, recogida por Mt y Lc, intenta expresarlo.

Leed el texto de Mt. ¿En qué os hacen pensar el *desierto*, los *cuarenta días*, la *tentación?* Ved cómo se construye cada una de las tentaciones:

– El diablo pone a Jesús en una situación parecida a la del pueblo en el desierto (v. 4 = Ex 16, 14; v. 7 = Ex 17, 1-7; v. 10 = Ex 23, 20-30; 34, 11-14). Jesús repite así el itinerario de su pueblo. Este falló en su objetivo, la entrada en la tierra prometida, porque había vivido mal esas tentaciones.

– Jesús responde con una cita del Deuteronomio (véase *Para leer el AT*, 77 y 146). Así, pues, vive esas tentaciones como *debería haberlo hecho* el pueblo para lograr su objetivo. La historia de su pueblo, repetida por Jesús, se logra en él: ya es posible la entrada en la tierra prometida. Y Jesús proclama: «Ya llega el reinado de Dios» (4, 17).

Las tentaciones de Jesús son ciertamente *las suyas*, pero al mismo tiempo son *las de su pueblo*, asumidas por él. (Al poner aquí la genealogía de Jesús hasta Adán, Lc afirma sin duda que Jesús asume las tentaciones de toda la humanidad).

Pablo recoge esas mismas tentaciones del pueblo (1 Cor 10, 1- 11) para mostrar que son también *las nuestras:* «Esto sucedió como tipo para nosotros» (v. 6.11). *Tipo,* es decir, no ya como un modelo, sino como una *maqueta* o *patrón* (de un traje, por ejemplo). La maqueta representa de antemano el objeto que hay que construir; es ya ese objeto. Las tentaciones del pueblo son las nuestras «en maqueta»; y son las que vivió Jesús. Más que imitar a Jesús (lo cual puede ser simple «moralismo»), lo que hemos de hacer es vivir nuestra existencia (y nuestras tentaciones) *en él,* porque él las asumió y logró salir adelante.

→ **SERMON DE LA MONTAÑA**
**5-7**

Leemos ahora a Mt; más tarde compararemos su texto con el de Lc (p. 102). Si queréis, podéis estudiar ya ahora las bienaventuranzas (p. 104).

Empezad leyendo con atención este sermón sirviéndoos del esquema adjunto.

*¿Quién habla a quién? ¿Quién?:* Jesús, desde luego; pero, ¿cómo se le presenta?; ¿de qué «montaña» se trata?; ¿de qué personaje del Antiguo Testamento ocupa el sitio? *¿A quién?:* Jesús enseña a *la gente* y a *los discípulos;* no se trata de una primera proclamación para convertir (kerigma), sino de una especie de catecismo para los que ya han descubierto la «perla preciosa» y están dispuestos a darlo todo por poseerla. La presencia de los discípulos demuestra que esto es posible; algunos han hecho ya esta opción para seguir a Jesús.

Notad los *refranes* y las expresiones que se repiten: «Os han enseñado...» - «Tu Padre que ve en lo secreto»... Subrayad la palabra *Padre:* aparece 21 veces en Mt, 2 en Mc, 5 en Lc, 3 en Jn; en el sermón de la montaña figura 16 veces: ¿en qué parte?; ¿qué sentido da esto a la enseñanza de Jesús?

Observad los pasajes de *vosotros* (o *cualquiera que*) y los de *tú.* Los primeros dan reglas generales válidas para todos y en todas partes; los segundos son ejemplos de aplicación: han de ayudar a cada uno a inventar su propia forma de practicar la ley general, en función de su situación (el mismo Jesús no respetó materialmente el precepto de Mt 5, 8; ved Jn 18, 23). Intentad en cada uno de los pasajes descubrir la ley general, ved los ejemplos de aplicación y buscad algunos ejemplos para hoy.

Podríais buscar cómo *cumple* Jesús la ley de Moisés: no la destruye, sino que, en la línea de los profetas, la lleva hasta lo absoluto. La *interioriza:* no se trata de actitudes exteriores, sino de amor. La *personaliza:* se trata de vivir bajo la mirada del Padre, y esto es ahora posible porque Jesús es el Hijo y nos invita a entrar en esta relación filial que él mantiene con el Padre.

→ **RECONOCER Y SEGUIR A JESUS**
**16, 13-28**

Estos tres episodios señalan un giro en el evangelio de Mt (ver p. 94).

Comparad la respuesta de Pedro en Mt 16, 16; Mc 8, 29; Lc 9, 20; Jn 6, 69. ¿Cuál pudo ser entonces la respuesta de Pedro? ¿Cómo la señala Mt poniendo sobre ella el «papel transparente» de la fe cristiana? La importancia de Pedro en la primera comunidad es reconocida por todos los cristianos. ¿Fue transmitida su función a unos sucesores? Aquí las tradiciones cristianas no están de acuerdo entre sí.

# EL SERMON DE LA MONTAÑA

| | Lc | Mt | Mc |
|---|---|---|---|
| EXORDIO (5, 3-16) | | | |
| 5, 3-12   Bienaventuranzas. La buena nueva (primitivamente 3, 6 y | **6, 20-26** *(24-26)* | | |
| 11-12). | 14, 34-35 | | 9, 50 |
| *5, 13-16: los cristianos, sal y luz del mundo.* | 8, 16; 11-33 | | 4, 21 |

## I. LA JUSTICIA NUEVA, SUPERIOR A LA ANTIGUA (5, 17-48)
o qué significa, en el comportamiento de cada día, haber realizado la experiencia de la buena nueva.

El principio:

| | Lc | Mt | Mc |
|---|---|---|---|
| 5, 17   no abolir la ley y los profetas, sino cumplirlos. | 21, 32-33; 16, 17 | | |
| *5, 18-19: el que viole un solo mandamiento...* | | 24, 34-35 | 13, 30-31 |
| Cinco aplicaciones concretas: «Se os ha dicho..., yo os digo» (5, 21-48). | | | |
| 5, 21-24   «No matarás» - No enfadarse con el hermano. | 12, 57-59 | | 11,25 |
| *5, 25-26: Apresúrate a reconciliarte con el enemigo.* | | | |
| 5, 27-28   «No adulterar» - Ni desear a una mujer en el corazón. | | | |
| *5, 29-30: si tu ojo es ocasión de escándalo, arráncatelo.* | | 18, 9.8 | 9, 47.43 |
| *5, 31-32: el que repudia a su mujer...* | 16.18 | 19, 7-9 | 10, 4-12 |
| 5, 33-37   «No cometerás perjurio» - No jurar. | | | |
| 5, 38-42   «Ojo por ojo...» - Tender la otra mejilla. | **6, 29-30** | | |
| 5, 43-48   «Amarás al prójimo y odiarás al enemigo» - Amad a los enemigos. | **6, 27-28.32-36** | | |

## II. CARACTER INTERIOR DE LA JUSTICIA NUEVA (6, 1-8)
o con qué espíritu cumplir las buenas obras tradicionales cuando uno es hijo del Padre.

El principio:

| | Lc | Mt | Mc |
|---|---|---|---|
| 6, 1   hacer las buenas obras sólo en atención al Padre. | | | |
| Las tres buenas obras tradicionales: | | | |
| 6, 2-4   limosna en secreto. «Tu Padre que ve en lo secreto...». | | | |
| 6, 5-6   rezar en secreto. «Tu Padre que ve en lo secreto...». | 11, 2-4 | | |
| *6, 7-15: el «Padrenuestro».* | | | |
| 6, 16-18   ayunar en secreto. «Tu Padre que ve en lo secreto...». | | | |
| *6, 19-21.22-23: el verdadero tesoro. El ojo, lámpara del cuerpo.* | 12, 33s; 11, 34s | | |
| *6, 24-34: escoger entre Dios y el dinero. Confianza en el Padre.* | 16, 13; 12, 22-31 | | |

## III. TRES MONICIONES (7, 1-27)
o quién es el discípulo y cómo serlo.

| | Lc | Mt | Mc |
|---|---|---|---|
| | *(38a)* | 15, 14; | |
| 7, 1-5   No juzgar. La paja y la viga. | **6, 37-42** | | 4, 24 |
| *7, 6: no profanar las cosas santas.* | *(39.40)* | 10, 24 | |
| *7, 7-11: eficacia de la oración.* | 11, 9-13 | | |
| *7, 12: la «regla de oro»: no hacer a los demás...* | **6, 31** | | |
| *7, 13-14: la puerta estrecha que lleva a la vida.* | 13, 23-24 | | |
| 7, 15-20   Falsos profetas: se les reconoce por sus frutos. | **6, 43-45** *(45)* | 12, 33-35 | |
| 7, 21   Verdaderos discípulos: No decir: «Señor, Señor», | | | |
| sino hacer la voluntad del Padre. | **6, 46** | | |
| *7, 22-23: no basta siquiera echar los demonios en su nombre.* | 13, 26-27 | | |
| 7, 24-27   Construir la casa sobre piedra. | **6, 47-49** | | |
| EFECTO SOBRE LAS GENTES (7, 28-29) | | | |
| «Enseña como un hombre con autoridad». | 7, 1; 4, 32 | | 4, 22 |

N. B. *(Las añadiduras hechas por Mateo están en cursiva; las referencias al discurso de* **Lc 6, 20-40** *van en negrita).*

→ **LA REGLA DE LA COMUNIDAD**
**18**

Jesús da dos conjuntos de reglas que ilustra con dos parábolas (18, 10-14.23-35). ¿Qué reglas (qué «derecho canónico») deja Jesús a su iglesia?

El v. 18, 20 es muy fuerte. Un rabino, muerto el año 135, declaraba: «Cuando dos están sentados hablando de la ley, la *Shekinah* (la santa presencia de Dios) reside en medio de ellos». Mt pone entonces a Jesús en el sitio de la ley y de Dios.

---

### LAS OBRAS DEL MESIAS

En un pasaje redaccional, donde condensa los diversos elementos del evangelio, Mateo nos dice que Jesús proclamaba el kerigma del reino, enseñaba en las sinagogas como maestro y curaba a los enfermos (cf. 5, 23; 9, 35). En esa perspectiva de las curaciones se sitúan las «obras del mesías» (cf. 11, 2), que ahora presentamos brevemente, a partir de Mt 8-9:

| | | |
|---|---|---|
| 1. LA SALVACION PARA LOS EXCLUIDOS | | cf. Mt 4, 23; 9, 35; 11, 2-5 |
| | | 8, 1-15 |
| = leproso | 8, 1-4 | comentario teológico |
| = pagano | 8, 5-13 | JESUS = SIERVO DEL SEÑOR |
| = mujer | 8, 14-15 | 8, 16-17 |
| SALVA EN EL MOMENTO DE SOLIDARIZARSE CON EL EXCLUIDO: «HAGASE SEGUN TU FE» | | |

---

| | |
|---|---|
| 2. CONDICION PARA EL SEGUIMIENTO | 8, 18-34 |
| Jesús, el Mesías | |
|     Señor rechazado | |
| LIBRA DE LAS RELACIONES ABSORBENTES: «NO TEMAIS» | |

---

| | |
|---|---|
| 3. MESIAS MISERICORDIOSO-SALVADOR DE LOS PECADORES-CREYENTES | 9, 1-34 |
| – tiene el poder de perdonar | 9, 1-8 |
| – acoge a los pecadores (MISERICORDIA = «TIEMPO NUEVO») | 9, 9.10-13 |
| – cura (LA FE QUE CURA) | 9, 18-25 |
| – resucita | |
| – devuelve la vista (LA FE QUE ABRE LOS OJOS) | 9, 26-31 |

---

*conclusiones:* Tempestad calmada = parábola para una iglesia en crisis (¿por qué tenéis miedo, gente de poca fe?)
Milagros (signos) hoy: signos salvíficos para el creyente.
Fe = confianza (acoger a Cristo como enviado definitivo de Dios)
    = adhesión (seguirle, compartir los riesgos y el destino de Cristo)
    = apertura al futuro (al «más aún», a lo que está «más allá del signo»)

Como los de Lc, estos relatos no son folklore, sino teología, lo mismo que Mc 1, 1 o el himno de Jn 1, 1-18. Un filme recoge a veces en la presentación los temas principales y anticipadamente sitúa al comienzo la última imagen de la película. También Mt coloca aquí a los principales actores del evangelio, nos dice quién es Jesús, nuevo Moisés, y cuál es su misión.

Leed con atención estos dos capítulos: a la luz de lo dicho en p. 93, intentad descubrir cómo Mt anticipa desde ahora la vida de Jesús.

Después de la genealogía, dos conjuntos que encajan entre sí forman una serie de cinco episodios, cada uno de los cuales contiene una cita de la Escritura:

1. Anuncio a José (1, 18-25). *Is 7, 14.*

a. *Los magos* (2, 1-12). *Miq 5, 1 + 2 Sm 5, 2.*

2. Huida a Egipto (2, 13-25). *Os 11, 1.*

b. *Matanza de los niños* (2, 16-18). *Jr 31, 15.*

3. Vuelta a Nazaret (2, 19-23). *Is 42, 6; 49, 6 (?).*

El primer conjunto, centrado en el ángel de *Dios* y *José*, utiliza el mismo esquema: situación - mensaje del ángel y misión - Escritura - ejecución de la misión. El segundo conjunto opone a los *dos reyes:* Herodes y Jesús.

*La genealogía* dice quién es Jesús: Cristo, hijo de David, comienzo de la nueva creación (comparad 1, 1 con Gn 5, 1).

*El anuncio a José* dice cómo Jesús es hijo de David a pesar de la concepción virginal. Siendo justo, José no quiere hacer pasar como suyo a ese hijo del milagro; pero Dios le pide que le dé su nombre, su estatuto social, haciéndolo entrar en su linaje.

*El episodio de los magos* es una meditación sobre la Escritura (un *midrás peser;* ver p. 25). Partiendo de los recuerdos del sanguinario Herodes, Mt construye un relato sobre Is 60 y 62 y sobre el astro de Nm 24, 17 (en el que se veía entonces al Mesías: cf. el recuadro), para señalar cómo Jesús sería rechazado por los responsables judíos y el poder civil, pero reconocido por los paganos.

*La huida a Egipto* muestra simbólicamente cómo en Jesús se logró el éxodo del pueblo: finalmente queda abierto el acceso al reino de Dios.

## 3. La pasión según Mateo

Mt escribe para *cristianos* que ya tienen fe y quieren profundizar en ella. Intenta desvelar el sentido de la muerte de Cristo.

Y escribe para cristianos de *origen judío:* señala

---

**NUMEROS 24, 17**

| *en el texto hebreo* | *en el targum palestino* |
|---|---|
| Un astro | Cuando el rey poderoso |
| salido de Jacob | de la casa de Jacob |
| se convierte en jefe, | reine |
| un cetro surgirá | y cuando el Mesías, |
| | el cetro |
| salido de Israel | poderoso de Israel, |
| | sea ungido... |

El astro de Mt es ciertamente real: es el Mesías, Jesús, que acaba de surgir, y a su luz empiezan a caminar los paganos representados por los magos.

---

**OTROS TEXTOS ESTUDIADOS**

cómo Dios mantiene en Jesús la promesa que había hecho a su pueblo, cómo Jesús cumple las Escrituras. Ese pueblo judío, por medio de sus jefes, rechaza a Jesús, y la promesa pasa ahora a un nuevo pueblo, la iglesia. Pero ésta ha de permanecer vigilante: también ella puede negarse a seguir a Jesús.

Al presentar los acontecimientos, Mt quiere ante todo hacer que se descubra el *poder* y la *autoridad* de Jesús.

Jesús es *Hijo de Dios;* sabe lo que le va a suceder, lo acepta, y los acontecimientos se producen incluso porque él los prevé.

Jesús es el *Señor* establecido sobre el mundo entero. El Padre le ha dado su mismo poder y él podría utilizarlo para evitar la muerte. Pero ésta señala el final de los tiempos e inaugura la llegada del mundo nuevo, del reino de Dios en el que tenemos que vivir nosotros ahora.

★

El *relato del complot* (26, 1-5) quiere responder a un posible doble escándalo. ¿Cómo pudo ser condenado el Hijo de Dios? Poniendo el relato en labios de Jesús, Mt señala que es él quien dirige los acontecimientos, y los jefes, sus ejecutores *(entonces:* v. 3). ¿Cómo pudieron condenarle los jefes religiosos encargados de reconocerlo? Porque son los malvados que, según el Sal 2, *conspiran* contra el Mesías *(Para leer el AT,* 137). Así, pues, se sabe ya desde ahora que ese Mesías será entronizado como señor sobre todo el mundo. Y Jesús vive la unción en casa de Simón (26, 6-13) como la celebración de su sepultura.

El *relato de la cena de despedida* de Jesús (26, 26-29) está enmarcado por el anuncio de la traición de Judas y la negación de Pedro; Jesús sabe entonces perfectamente en qué manos pone su cuerpo y su sangre. Pero así cumple las Escrituras (v. 31).

Hasta entonces, Jesús ha celebrado su pasión con la majestad del que oficia en el altar. El *relato de la agonía* lo muestra plenamente hombre; en tres

ocasiones, Mt añade la expresión *con ellos, conmigo* (v. 36.38.40). Como todo el que sufre, Jesús siente la necesidad de la presencia de sus amigos. Pero incluso esto se le niega: están dormidos... Es en el rezo del Padrenuestro para aceptar la voluntad del Padre donde encuentra toda su fuerza. Cuando lo *arrestan* (26, 47-56), da una nueva lección, negándose a emplear el poder que le ha dado el Padre.

En el *proceso judío* (26, 57-68), Jesús proclama que, *en adelante, desde ahora* (v. 64), sería introducido por el Padre en el poder de Hijo del hombre exaltado, de Mesías entronizado. Los relatos de la negación de Pedro (26, 69-75) y de la *muerte de Judas* (27, 3-10) nos recuerdan trágicamente que todos podemos negarnos a reconocer a ese Señor humillado. Sobre todo, Mt muestra que se cumple el oráculo de Zacarías: el pueblo entonces rechazaba a *Dios* y para burlarse de él le pagaba el salario ridículo de un esclavo *(Para leer el AT,* 113). Así, en Jesús es vendido el mismo Dios.

En la escena del *proceso romano* (21, 11-26), Mt añade la intervención de la mujer de Pilato: hasta los romanos reconocen que Jesús es justo. Pilato se lava las manos y el pueblo asume la responsabilidad de esa muerte: ¡«Que su sangre caiga sobre nosotros!»... En adelante, cualquier hombre, tanto judío como pagano, tendrá que entrar en la alianza sellada por la sangre de Jesús, si quiere ser salvado.

La *muerte de Jesús* (27, 32-54) señala, para Mt, el fin del mundo viejo y la inauguración del mundo nuevo. Así realiza las Escrituras que Mt cita abundantemente.

Jesús muere abandonado aparentemente de todos, hasta de Dios. Pero su muerte es resurrección: el *seísmo* es una imagen del fin de los tiempos; desde ese momento, los santos resucitan y entran en la Jerusalén celestial, mientras que los paganos reconocen que Jesús es Hijo de Dios.

Los sumos sacerdotes sellan el *sepulcro* y le ponen guardias (27, 55-61): así será mayor la fuerza del resucitado. Ellos mismos llevarán el anuncio de la resurrección. Aparentemente todo se ha acabado. Mt nos indica que todo comienza ahora y que, en la noche del sepulcro, germina el alba de la resurrección.

# 4. El Jesús de Mateo

## • El Señor vivo en su comunidad

Con Mc descubríamos sobre todo al hombre Jesús; Mt nos sitúa más bien ante *el Señor glorificado, celebrado en su comunidad.* Los discípulos *se postran* en adoración ante el resucitado (28, 17), como los magos (2, 2.11), el leproso, el centurión, los discípulos en la tempestad, siendo así que sólo hay que postrarse ante Dios (4, 10).

Es que Jesús, por su resurrección, es realmente *Dios con nosotros.* Este nombre de Emmanu-El, anunciado en su nacimiento (1, 23), sólo se le dará el día de pascua; es incluso la última palabra del evangelio: *Yo soy* (equivalente a *Dios* en el Antiguo Testamento) *con vosotros* (28, 20).

Jesús es *el Hijo predilecto de Dios.* Mc utilizaba poco este título y nos hacía ver cómo a los discípulos les había costado reconocerlo como tal. En Mt, Jesús se presenta de este modo a sí mismo (11, 27; 26, 63-64), y los discípulos lo proclaman en varias ocasiones (por ejemplo, 14, 33; 16, 16).

Por eso, el Jesús de Mt es solemne, hierático. Mt omite la emoción o la ignorancia de Jesús (comparad Mt 13, 58 con Mc 6, 5) y acentúa su poder (4, 23; 8, 24; 15, 30...). Sin embargo, ese mismo Señor se revela una vez muy humano cuando busca un poco de afecto entre sus amigos durante la agonía.

Jesús es *el salvador de su comunidad.* Los milagros lo revelan como el siervo doliente de Isaías *cargado con nuestras enfermedades* (8, 17). Esquematizando los relatos de milagros, borrando los rasgos humanos de Jesús, presentando a la suegra de Pedro (8, 15) o a los discípulos en la tempestad (8, 25) con los rasgos de los cristianos de su época, Mt muestra que el Señor prosigue su acción de salvación en el hoy de su comunidad.

Jesús es *el maestro de su comunidad.* Moisés había dado la ley al pueblo; Jesús es el nuevo Moisés que, en la montaña de las bienaventuranzas y en la de pascua, da la ley nueva, que consiste en ser *perfecto como el Padre.* Reduciendo la ley antigua a su pureza original, quiere *misericordia y no sacrificios* (9, 13; 12, 7) y deja igualmente a su iglesia como regla la misericordia y el perdón (18, 21-35). Quiere a sus discípulos inteligentes en su fe, para que *comprendan,* tal como se lo pide varias veces (por ejemplo, 13, 19.23.51; 15, 10).

Jesús es *el modelo de su comunidad.* «Nos toca a nosotros cumplir todo lo que Dios quiera», le dice a Juan (3, 15) y, en un texto propio de Mt, presenta su vida como el único camino para llegar al conocimiento del Padre (11, 27-30).

---

### LOS TRES RASGOS DEL CRISTO

Mt ha interpretado a Jesús desde el fondo del AT, actualizando para ello sus tres rasgos principales de ley, alianza y promesas. En esos tres niveles, Jesús viene a presentarse como el «Mesías de Israel», el cumplimiento de aquello que estaba ya anunciado en el AT:

– *Jesús es el auténtico maestro de la ley,* conforme a la palabra del sermón de la montaña (Mt 5-7). De esa forma viene a situarse en el lugar en el que estaba antes Moisés, en la montaña de la revelación de Dios, como transmisor de la enseñanza salvadora de ese Dios para los hombres. Quizá pudiéramos decir: la verdadera ley es Cristo.

– *Dando un paso más, en ámbito eclesial, Jesús viene a definirse como Emmanuel, Dios con nosotros.* Así le ha presentado el ángel de la anunciación (1, 23); así ha venido a mostrarse el mismo Jesús el día de la pascua (28, 20). Por eso, allí donde los fieles se encuentran reunidos en su nombre, «allí se encuentra Jesús en medio de ellos» (18, 20), como presencia definitiva y salvadora de Dios sobre la tierra.

– *Finalmente, Jesús viene a desvelarse como el juez escatológico,* es decir, como hijo del hombre que padece en los pobres de la tierra y como rey o señor definitivo que realiza el juicio de Dios sobre la historia (Mt 25, 31-46). Viene a cumplir así en su persona (sanciona con su misma vida) aquello que ha proclamado en el sermón de la montaña.

### • El Mesías de Israel

Para Mt, Jesús es el Mesías esperado por Israel y anunciado por las Escrituras. Como buen rabino, Mt las cita con habilidad para mostrar cómo las cumplió Jesús. Atribuye frecuentemente a Jesús los títulos oficiales como *Mesías (Cristo), hijo de David, rey de Israel.* Su reconocimiento o su repulsa es lo que va a decidir de la pertenencia al verdadero Israel: los magos paganos lo adoran, mientras que Jerusalén lo rechaza; los sacerdotes y los escribas lo condenan, mientras que el centurión romano y sus hombres lo proclaman Hijo de Dios. Por eso, el reino será arrebatado a los primeros para ser entregado a otros distintos (parábola de los viñadores: 21, 41). El Mesías de Israel se convierte en el Mesías de todos.

### • El Hijo del hombre

En la línea de los apocalipsis (véase Dn 7), se esperaba la venida, al final de los tiempos, del Hijo del hombre para llevar a cabo el juicio. Para Mt, Jesús es ese Hijo del hombre; lo declara solemnemente ante el sanedrín y anuncia que *en adelante* lo verán así (26, 64). Pascua es realmente la parusía del Hijo del hombre, que *viene* sobre las nubes (26, 64) hacia sus discípulos postrados (28, 18), *habiendo recibido todo poder* (28, 18; cf. Dn 7, 14). Mt es el único que habla de esta *parusía* o llegada (24, 3.27.37.39) del Hijo del hombre. Para él, se trata en realidad del momento en que el reino de Dios se instala en la historia. Esto se lleva a cabo en la resurrección; por eso, esta parusía tiene lugar cada vez que se encuentra al Hijo del hombre misteriosamente presente en los pequeños, con los que se identifica (25, 31-46).

### • Jesús envía a su comunidad

Entronizado como Hijo del hombre, juez soberano, Señor del mundo entero, Jesús ha obtenido la victoria final. Ahora queda por «ocupar el terreno»: envía a sus discípulos a establecer su victoria por todo el mundo. Los había preparado para esta misión (10), pero entonces fue él quien salió a predicar. El verdadero envío se hace el día de pascua (28, 18-20).

## 5. La catequesis. Los discursos

Después de que los oyentes habían escuchado la predicación (kerigma) y se habían hecho discípulos de Jesucristo por la fe y el bautismo, había que perfeccionar su instrucción. «Eran constantes en escuchar la enseñanza de los apóstoles», escribe Lc (Hch 2, 42).

Al estudiar la moral cristiana (p. 71s), descubrimos esa catequesis a través de las cartas: aquí lo haremos a través de los *discursos de Jesús* en los evangelios.

Está claro que Jesús predicó. ¿Tuvo grandes discursos, tal como los presentan a veces los evangelios? Es posible. En todo caso, esos discursos son en su mayoría fruto del trabajo de las comunidades, que recogieron las frases de Jesús para hacer con ellas una especie de catequesis.

El caso más claro es el del *sermón de la montaña* de Mt, al que corresponde el *sermón del llano* de Lc. Estudiamos ya el texto de Mt (p. 97); ahora compararemos los dos textos.

### • Lugar e importancia

En *Mt*, este sermón es el discurso-programa de Jesús, el primero que pronuncia; tiene 107 versículos. En *Lc*, sólo tiene 30 versículos, mientras que el discurso-programa era el de la sinagoga de Nazaret (Lc 4, 16-30). En *Mc*, falta este sermón.

### • Hacia un texto anterior

Sin pretender remontarse a las palabras mismas de Jesús, puede intentarse ver si Mt y Lc se inspiran en un texto en el que buscaron su fuente y estudiar cómo lo modificaron o enriquecieron.

Repasad el cuadro de la p. 97. Fijándoos en las referencias de la columna «Lc», veréis que todo el discurso de Lc 6, 20-40 se encuentra, a veces en un orden distinto, en el de Mt, excepto 6, 24-26 y otros cuatro versículos: 38a. 39.40.45.

Tras un estudio minucioso, J. Dupont ha llegado a esta hipótesis: Mt reproduce su fuente, pero añadiendo algunas enseñanzas *(en cursiva* en el cuadro). Lc reproduce la misma fuente que ya antes había aumentado con 4 versículos, pero él la poda dejando para otro lugar ciertas enseñanzas.

---

### LOS MISTERIOS DEL REINO

Mc y Lc no se han ocupado de organizar en un esquema de conjunto las parábolas de Jesús. Esto es, en cambio, lo que ha hecho Mt 13, componiendo, a partir de las parábolas, aquello que se puede presentar como discurso central de su evangelio. Conforme a los principios de una estructuración quiástica del evangelio, el discurso primero y final (Mt 5-7 y 23-25) se corresponden entre sí: al sermón de la montaña le responde el juicio escatológico. También se corresponden los discursos intermedios: la misión eclesial (Mt 10) empalma con la ley de vida de la misma iglesia (Mt 18). Queda en el centro, como testimonio fundante de Jesús, el sermón de las parábolas que ahora ofrecemos en esquema.

1. ESTRUCTURA LITERARIA - TEMATICA

| | |
|---|---|
| a) introducción — ambientación | |
| destinatarios (la gente) | 13, 1-2 |
| b) A LA GENTE junto al mar | 13, 3-35 |
| – *el sembrador* | 13, 3-9 |
| explicación A — a los discípulos — ISRAEL, TERRENO BALDIO | 13, 10-17 |
| B — IGLESIA = NUEVO ISRAEL | 13, 18-23 |
| – *grano y cizaña en el campo* | 13, 24-30 |
| LA CONVIVENCIA DEL BIEN Y DEL MAL ACOMODARSE A LA «PACIENCIA» DEL PADRE | |
| – *el grano de mostaza* | 13, 31-32 |
| – *la levadura* | |
| RESPUESTA A LA OBJECION «SOMOS POCOS» «ESTAMOS EN MINORIA» comentario teologico | (13, 24 35) |
| c) A LOS DISCIPULOS, en casa | |
| – *explicación de la parábola de la cizaña* | 13, 37-40 |
| – *el tesoro escondido* — ARRIESGARLO TODO POR | 13, 44 |
| – *la perla preciosa* — CONSEGUIR EL OBJETIVO | 13, 45 |
| – *la red en el mar* | 13, 47 |
| conclusión redaccional: COSAS NUEVAS Y COSAS VIEJAS. TRADICION Y NOVEDAD | 13, 52 |

2. MENSAJE: REINO DE LOS CIELOS - IGLESIA

El reino de Dios no se identifica con la iglesia, pero tampoco se identifica sólo con la historia humana: «el reino de Dios es el señorío de Dios que va más allá del mundo».

---

Sea lo que fuere, este primer estado del discurso era ya una construcción de la comunidad que recogía frases aisladas de Jesús; algunas eran quizás un resumen de sus predicaciones; otras, el esquema de una larga enseñanza que se hacía con preguntas y respuestas. Al reunir todo ello, los discípulos querían ofrecer una presentación de conjunto del cristianismo (una especie de «catecismo») en comparación con la del judaísmo, tal como lo hacían quizás los fariseos de Yamnia (véase p. 37).

### • El sermón de Mateo

Mt recoge fielmente esta catequesis. Acentúa sus consecuencias prácticas y pone ejemplos de aplicación posible.

→ A la luz del estudio hecho en p. 96, intentad descubrir las líneas generales de este «catecismo» sobre la conducta del buen discípulo.

### • El discurso de Lucas

Este discurso es mucho más breve y mantiene el carácter de «evangelio», de proclamación de una buena nueva (bienaventuranzas, cf. p. 105). Al oírlo, se palpa la exigencia de vivir de otra manera; Lc centra su catequesis en este amor.

→ Comparad Lc 6, 36 y Mt 5, 48: ¿qué diferencias hay?; ¿qué sentido da esto a la vida cristiana?

Comparad Lc 6, 33-35 y Mt 5, 47: ¿qué diferencias hay? Lucas es el único (con 1 Pe) que utiliza la palabra *hacer bien* o *buena conducta* (1 Pe 2, 14.15.20; 3, 6.17; 4, 19; véase p. 71-72). ¿Qué visión de la vida cristiana nos da Lc?

Comparad la repetición de Lc 6, 32.33.34 y Mt 5, 46: ¿qué diferencias hay? La palabra traducida por *generosidad* o *gracia* es traducida a veces por *gratitud* (que puede evocar la idea de contrapartida, aunque no sea salarial). Como contrapartida de nuestro amor, lo que se recibe no es una recompensa, sino una gracia.

A la luz de estas observaciones, repasad este discurso. Intentad descubrir las líneas generales de esta catequesis sobre la conducta de aquel que se sabe amado graciosamente por Dios.

→ **LAS BIENAVENTURANZAS**

El sermón de la montaña de Mt y el discurso en el llano de Lc se abren con la proclamación de las bienaventuranzas. El mensaje de Jesús es esencialmente así un *anuncio de dicha*. ¿Para quién? ¿Cómo?

Por desgracia, hay que reconocer que, por un trágico contrasentido, las bienaventuranzas se han utilizado a menudo como un opio para calmar el sufrimiento o la rebeldía de los pobres; es como si dijeran: «Vosotros, los pobres, sois dichosos, porque Dios os ama; entonces... ¡seguid siendo pobres! Aceptad vuestro destino, y ya veréis cómo en el cielo seréis felices». Pues bien, vamos a ver cómo Jesús proclama exactamente lo contrario: «Vosotros, los pobres, sois dichosos, porque en adelante ya no lo seréis; porque llega el reino de Dios».

Empezad comparando estas bienaventuranzas: ¿cuáles son comunes a Mt-Lc?; ¿a quién se dirigen *(ellos-vosotros)?*; ¿de qué pobreza se trata en Lc?; ¿y en Mt? Distinguid las dos series de bienaventuranzas: las ocho primeras de Mt (el mismo estilo, la misma expresión –*reino de Dios*– al comienzo y al fin) y la novena (cambio de estilo, de destinatarios).

– *Las bienaventuranzas antes de Mt-Lc.* Sin duda Jesús proclamó varias bienaventuranzas en momentos distintos. La comunidad hizo con ellas una primera agrupación, de la que un especialista, J. Dupont, propone una probable reconstrucción (véase p. 102). ¿Qué sentido podían tener en aquel momento? (sólo estudiaremos la primera serie).

Para descubrirlo, hay que situarlas en la predicación de Jesús sobre el *reino de Dios*. Repasad lo que dijimos en la p. 86. Comparad las bienaventuranzas comunes a Mt-Lc con la respuesta de Jesús a los enviados de Juan bautista. En su respuesta, Jesús cita a los profetas; por tanto, tiene conciencia de que con sus actos está realizando lo que ellos anunciaron. Repasad aquellos textos: Is 49, 9; 52, 7; 60, 6; 61, 1; 35, 5-6. Durante el destierro o poco después, los profetas anuncian que Dios va a reinar, que finalmente se va a manifestar como ese buen rey que él es. ¿Qué signos da de ello? ¿No son esos los signos que hace Jesús? De este modo, Jesús afirma que, por medio de él, llega el reino de Dios y que por tanto, desde entonces, ya no habrá pobres; por eso dice que son dichosos.

| Mt 5, 3-12 | Lc 6, 20b-23 | Lc 6, 24-26 |
|---|---|---|
| 3. Dichosos los que eligen ser pobres, porque ésos tienen a Dios por rey. | 20b. Dichosos vosotros, los pobres, porque tenéis a Dios por rey. | 24. Pero, ¡ay de vosotros, los ricos, porque ya tenéis vuestro consuelo! |
| 4. Dichosos los que sufren, porque ésos van a recibir el consuelo. | | |
| 5. Dichosos los no violentos, porque ésos van a heredar la tierra. | | |
| 6. Dichosos los que tienen hambre y sed de justicia, porque ésos van a ser saciados. | 21. Dichosos los que ahora pasáis hambre, porque os van a saciar. Dichosos los que ahora lloráis, porque vais a reír. | 25. ¡Ay de vosotros, los que ahora estáis saciados, porque vais a pasar hambre! ¡Ay de los que ahora reís, porque vais a lamentaros y a llorar! |
| 7. Dichosos los que prestan ayuda, porque ésos van a recibir ayuda. | | |
| 8. Dichosos los limpios de corazón, porque ésos van a ver a Dios. | | |
| 9. Dichosos los que trabajan por la paz, porque a ésos los va a llamar Dios hijos suyos | | |
| 10. Dichosos los que viven perseguidos por su fidelidad, porque ésos tienen a Dios por rey. | | |
| 11. Dichosos vosotros cuando os insulten, os persigan y os calumnien de cualquier modo por causa mía. | 22. Dichosos vosotros cuando os odien los hombres y os expulsen y os insulten y propalen mala fama de vosotros por causa de este hombre. | 26. ¡Ay si todo el mundo os halaga! |
| 12. Estad alegres y contentos, que Dios os va a dar una gran recompensa, porque lo mismo persiguieron a los profetas que os han precedido. | 23. Alegraos ese día y saltad de gozo, mirad que os va a dar Dios una gran recompensa; porque así es como los padres de éstos trataban a los profetas. | Porque así es como los padres de éstos trataban a los falsos profetas. |

*Se puede probablemente reconstruir así el texto anterior, según J. Dupont:*

Dichosos los pobres, porque tienen a Dios por rey.
Dichosos los que sufren, porque serán consolados.
Dichosos los que tienen hambre (y sed), porque serán saciados.
Dichosos seréis cuando os odien y os expulsen, cuando os insulten y calumnien por causa
    de este hombre; estad alegres y contentos, que Dios os va a dar una gran recompensa,
    porque lo mismo persiguieron a los profetas que os precedieron.

*Una objeción.* Si es éste el sentido de lo que proclamaba Jesús, hay que reconocer que se engañó..., porque sigue habiendo pobres, sigue habiendo injusticias... Plantear esta cuestión es constatar que, desgraciadamente, nosotros los cristianos no hemos realizado nuestra tarea. En efecto, se esperaba a un Mesías que estableciese, él sólo, el reino de Dios. Jesús vino como Mesías, pero no hizo más que inaugurar ese reino, confiando a sus discípulos la tarea de realizarlo. Los primeros cristianos lo comprendieron muy bien: Lucas nos dice que «ponían sus bienes en común y que no había pobres entre ellos» (cf. Hch 4, 34). No se pueden proclamar las bienaventuranzas sin hacer todo lo posible para que desaparezca la pobreza en todas sus formas, la enfermedad, la injusticia.

Así, pues, en su sentido primero, las bienaventuranzas son *teológicas*: hablan de *Dios*, del *Dios de los pobres* que viene a establecer, por medio de su Mesías y de sus discípulos, su reino de justicia y de amor. Pero en los evangelios se han hecho *cristológicas*: Mt y Lc, de distintas maneras, insisten en aquel por quien llega ese reino: *Cristo*.

— *Las bienaventuranzas según Lc.* ¿A quién van dirigidas las bienaventuranzas? El *vosotros* interpela a los discípulos. A esos cristianos que son pobres Jesús les declara que su situación de pobreza es normal: es el resultado de la fidelidad con que le siguen. Pero, a su muerte, Dios restablecerá la situación.

— *Las bienaventuranzas según Mt.* Mt no se dirige a los cristianos, sino a cualquier hombre. Lo que pasa es que ha espiritualizado las bienaventuranzas, para convertirlas en disposiciones del corazón. A esos hombres que, como los primeros discípulos de los que hablan los Hechos, se esfuerzan en conseguir que no haya pobres, Jesús les pregunta: ¿con qué corazón estáis actuando? Pablo lo comprendió muy bien, cuando exclamaba: «Ya puedo dar en limosnas todo lo que tengo..., que, si no tengo amor, no soy nada» (1 Cor 13, 3). Hay que luchar para que no haya pobres, pero hay que hacerlo con un corazón de pobre. Sólo quien tenga estas disposiciones del corazón podrá ayudar a los pobres sin aplastarlos con su piedad. Estas disposiciones del corazón tienen su fuente en Jesús, *sencillo y humilde* de corazón (Mt 11, 29). Cuando uno se sabe colmado gratui-

tamente, sólo entonces puede mostrar al pobre esa buena nueva de ayudarle a salir de su pobreza.

- **La buena nueva del reino de Dios**

La buena nueva, el evangelio que proclamaba Jesús, era esencialmente: ¡Está cerca el reino o reinado de Dios! Con sus actos (los milagros, pero también su actitud concreta con los pobres, los humildes, los marginados) y con sus palabras (esos discursos que tienen en las bienaventuranzas su corazón), Jesús manifiesta que ese reino se acerca. El es ante todo el *anunciador* y el *inaugurador* de ese reino.

Pues bien, vemos que en la comunidad y en los evangelios se proclama otra buena nueva, la buena nueva relativa a Jesús. El anunciador se ha convertido en el *anunciado*. Hay un cambio de interés, pero el sentido sigue siendo el mismo. «Los muertos resucitan»: era uno de los signos esplendorosos de la llegada del reino. Proclamar que Jesús ha resucitado es afirmar que, *en él*, el reino ha llegado. Ese hombre, transfigurado por el Espíritu, es el símbolo del hombre que ha entrado en el reino.

Pero, bajo esa luz, los discípulos comprenden mejor que es también *por él* como llega ese reino. Proclamar a Jesús resucitado es otra manera, más clara todavía, de anunciar que el reino de Dios está aquí.

- **Las bienaventuranzas: un programa político**

Si Jesús se limitó a inaugurar el reino, se comprende que las bienaventuranzas y todas las enseñanzas que las desarrollan sigan siendo para todo cristiano un programa de acción en su vida concreta política, social, económica, familiar...

Nos recuerdan que el móvil de nuestra acción no puede ser más que el *servicio* a los demás y sobre todo a los pobres para que dejen de serlo, y no el servicio a las riquezas o al poder.

Le permiten además al cristiano dar un sentido más profundo a su trabajo humano: un médico que lucha contra la enfermedad, un obrero que con los productos que fabrica hace la vida más humana, un profesor que ayuda a los jóvenes a ser ellos mismos, todo el que trabaje para que los demás a su alrededor vivan como hombres auténticos y felices, todos ésos tienen pleno derecho a pensar que están realizando, modesta pero eficazmente, el reino de Dios.

• **¿Por qué exige tanto Jesús?**

Al leer las bienaventuranzas, el sermón de la montaña, los discursos de Jesús, nos impresiona la exigencia tan terrible que manifiesta: hay que darlo todo y en seguida. ¿Cómo es esto posible?

Se habrá observado la insistencia de Mt en hablar del *Padre* celestial. Hay que ser perfectos como él. Esta insistencia lo cambia todo. La moral, el obrar cristiano, no es un código de leyes que aplicar; es una exigencia de amor. Cuando uno se sabe amado con ese amor, no puede menos que anhelar parecerse a quien le ama. Por tanto, se trata de una exigencia infinita, a la medida del amor de Dios. Pero cuando se trata de una exigencia de amor, todo resulta posible.

Lo que Jesús propone no es una renuncia, sino *la dicha:* «¡Dichosos...!». Las parábolas del tesoro y de la perla (Mt 13, 44-46) lo dicen claramente: Jesús se dirige a personas que ya han realizado la experiencia del amor, que ya han descubierto lo maravilloso que es este reino y que por tanto están dispuestas a darlo todo por adquirirlo. La ley evangélica puede ser absoluta porque nos invita a ser más, a la felicidad.

Y el *testimonio de los que ya han hecho esa opción* es esencial. Cuando Jesús predica en la montaña, está rodeado de sus discípulos (Mt 5, 1): quienes escuchan esta llamada de Jesús constatan que es posible responder a ella, puesto que ya algunos han hecho esa opción. Y no es una casualidad que las bienaventuranzas terminen con dos comparaciones: «Vosotros sois la sal de la tierra..., vosotros sois la luz del mundo...» (Mt 5, 13-16). Nunca se ha dado una definición más hermosa de la iglesia. La iglesia no es un perol en donde dan vueltas todos los que se han salvado («fuera de la iglesia no hay salvación»); es una señal, una luz plantada en la montaña, para iluminar el camino de todos los que «andan en tinieblas» (Is 60), una luz que no procede de ella misma, sino que remite a la fuente de donde ella brota: el Padre celestial.

# 6

# La obra de Lucas:
# evangelio y Hechos

La originalidad de Lucas consiste en haber escrito una obra en dos tomos: el *evangelio* y los *Hechos de los apóstoles*. Por tanto, hay que leerlos los dos juntos. Ya hemos recorrido los Hechos desde fuera, utilizándolos como «guía turística»; aquí los recogemos, junto con el evangelio, para descubrir el plan de la obra de Lucas.

Podríamos decir, repitiendo la comparación de la p. 22, que Lucas –como los demás evangelistas– puso sobre la vida de Jesús el «papel transparente» de la vida de la iglesia, pero que quiso con los Hechos presentarnos aparte ese «papel transparente».

## • Un historiador creyente

Modestamente, Lucas no escribió un evangelio, sino un *relato de los sucesos* para que el discípulo pueda asegurar su fe: nos lo dice en un prólogo que podría firmar un historiador de su época (1, 1-4).

Pero el historiador Lucas es un creyente; lo que cuenta para él es una buena nueva que desea compartir. Continuamente interpela a su lector: «No puedes leer esto sin sentirte aludido; debes escoger en favor o en contra; y hoy mismo...». Por tanto, su relato no tiene nunca el tono frío de la descripción, sino que se parece más bien a una exhortación; el

discípulo está en el corazón de sus preocupaciones; a él es a quien se dirige, urgiéndole a entrar en ese mundo maravilloso que ha descubierto.

## • La comunidad de Lucas

No sabemos para qué comunidad concreta escribe Lucas, pero nos imaginamos fácilmente cuál es el tipo de iglesia en que se formó su mensaje: las comunidades nacidas en territorio pagano, griego, como las de Antioquía o Filipos. De la lectura de su obra se pueden deducir algunos rasgos de esa comunidad.

Esos cristianos son antiguos paganos. Lucas, que es también griego, se adapta a su mentalidad. Insiste en la realidad de la resurrección de Jesús (a los griegos les costaba trabajo admitirla), pero utiliza un vocabulario más adecuado para ellos: «Jesús está vivo». Por medio del título de *salvador*, explicita el de Cristo / Mesías, que era poco claro para sus lectores. Los emperadores eran llamados «señores». Lucas se cuida de decir que Jesús es *el único Señor*. Evita la palabra «transfiguración» *(metamorfosis en griego)*, porque se contaban muchas metamorfosis de los dioses...

Estos cristianos saben muy bien que han sido acogidos en la alianza de Dios con Israel, no por nacimiento, sino por gracia. Les gusta repasar las *Escrituras* para descubrir en ellas el designio amoroso de Dios.

Han tenido la *experiencia del Espíritu:* sus iglesias han nacido fuera del círculo de Jerusalén, suscitadas por la palabra de Dios y por el Espíritu. Saben que la fe en Jesús los ha hecho entrar en una tradición, la de los apóstoles, entre los que Lucas investiga cuidadosamente, pero intentan vivir dentro de ella en la libertad del Espíritu que les impulsa hacia sus hermanos paganos. A diferencia de las comunidades de Mateo, las de Lucas viven naturalmente el *universalismo.*

### • El autor

Tradicionalmente, desde el siglo II, se reconoce en Lucas al «médico querido» (Col 4, 14) que acompaña a Pablo de Tróade a Filipos, en donde reside sin duda entre los años 50 y 58. Vuelve a juntarse con Pablo en Mileto, siguiéndole a Cesarea y luego a Roma (según los pasajes de los Hechos escritos con «nosotros»). Natural quizás de Antioquía, es de ascendencia pagana (¿o helenista?). Es un hombre culto, que maneja con cierta elegancia la lengua griega que se hablaba entonces comúnmente (la «koiné»).

## 1. Lectura de conjunto

Lo mismo que para Mc y Mt, sería conveniente leer de seguido la obra de Lucas, como si se tratara de una novela. Esto os exigirá cierto tiempo, pero ya veréis cómo vale la pena.

He aquí algunos puntos para la lectura.

### • La geografía de Lucas

*Evangelio.* En el primer tomo, *Jerusalén* está en el centro. Comienza allí, expresamente en el templo (1, 5s), y acaba también en el templo (24, 52-53). La infancia de Jesús, Nazaret- Belén-Nazaret, tiene también su cima en la venida de Jesús a la casa de su Padre, el templo (2, 41s), y el resucitado sólo se manifiesta en Jerusalén (lo cual obliga a Lc a modificar el mensaje de los ángeles en el sepulcro: 24, 6).

Jesús empieza su predicación en Galilea, pero es para volver a Jerusalén: la parte central se organiza como una *subida a Jerusalén* (9, 51-19, 28). En la ciudad santa es donde ha de desarrollarse el misterio pascual, pues «no cabe que un profeta muera fuera de Jerusalén» (13, 33). En efecto, Jesús cumple los designios de Dios anunciados en las Escrituras, y la ciudad santa es el centro de los mismos. Pero Jerusalén rechaza a Jesús.

*Hechos de los apóstoles.* Por eso el segundo tomo muestra cómo la palabra, partiendo de Jerusalén, se extiende por Judea, Samaría y hasta los confines del mundo, del que Roma era entonces la capital.

### • Tres tiempos de la historia de la salvación

Los demás evangelistas contemplan dos tiempos en la historia de la salvación: el de la promesa y el de Jesús con su iglesia. Al escribir dos tomos, Lucas distingue mejor los tiempos: el de la *promesa*, el de *Jesús* y el de la *iglesia*.

*1. El tiempo de la promesa.* Es el tiempo del Antiguo Testamento. Para Lucas, sólo acaba con el *hoy* de la predicación en Nazaret (4, 21). Juan bautista está encargado de preparar al pueblo de la promesa para que acoja al profeta, pero él mismo pertenece aún al tiempo de la preparación (7, 28). Jesús también pertenece a él: está en medio del pueblo que acude a recibir el bautismo de Juan (3, 21). Jesús es ese pueblo que vuelve al desierto a repetir el éxodo que en otros tiempos había recorrido inútilmente (relato de las *tentaciones);* es incluso la humanidad entera, el nuevo Adán, que se sitúa finalmente en una relación verdadera con Dios *(genealogía* que se

remonta a Adán). En adelante, la entrada al reino queda abierta al pueblo de la promesa y a todos los hombres: el *hoy* de Dios puede resonar en nuestros oídos asombrados (4, 21).

Lc se refiere a menudo a las Escrituras, pero de manera distinta de Mt. No intenta citar textos concretos: la Escritura es para él como una capa de agua subterránea que da vida y sentido a los acontecimientos. Y Jesús bebe continuamente de ella antes de abrir el espíritu de sus discípulos a la inteligencia de las Escrituras el día de pascua (24, 25). Esto explica los numerosos «es menester» que dice Jesús: no se trata para él de obedecer ciegamente a un programa preparado de antemano, sino más bien de inventar su vida situándola en continuidad con los designios de Dios (véase p. 155).

*2. El tiempo de Jesús: el evangelio.* Lucas utiliza materiales recibidos de la tradición: el *evangelio de Mc* (o una primera redacción de este escrito) y la *fuente de los logia* que tiene en común con Mt (véase p. 16). Pero los ordena con habilidad, uniendo a ello tradiciones que le son propias, para presentarnos el plan de Dios tal como él lo ve.

Dejando aparte los *relatos de la infancia*, sobre los que volveremos, y el *tiempo de la preparación*, el itinerario de Jesús comprende tres etapas:

– *En Galilea, Jesús anuncia su misterio pascual* (4, 14-9, 50). La predicación en Nazaret es su discurso-programa. Uniendo dos visitas, la primera en que es bien acogido y otra mucho más tarde en que es rechazado, Lucas presenta la manera como será acogida esta predicación. En esta parte sigue de cerca a Mc, excepto en el discurso del llano (véase p. 104) y en el conjunto 7, 1-8, 2, donde presenta a Jesús como el nuevo Elías, el profeta amigo de los pecadores.

– *Jesús sube a Jerusalén hacia su misterio pascual* (9, 51-19, 28). Es la parte más original de Lc: la «subida a Jerusalén» del siervo de Isaías.

– *En Jerusalén, Jesús cumple el misterio pascual* (19, 29-24, 53). El día de pascua, Jesús se aparece vivo a sus discípulos y sube al cielo.

*3. El tiempo de la iglesia: los Hechos.* Lucas utiliza diversos materiales, algunos de ellos muy antiguos, que amalgama o redacta de nuevo: los temas de la predicación de Pedro, de Pablo, de Esteban (véase p. 42) - los «archivos» de las comunidades de Jerusalén y de Antioquía - recuerdos sobre la actividad de Pedro y Pablo - su propio «diario de viaje», cuando acompañaba a Pablo (los pasajes de los Hechos en «nosotros»; por ejemplo Hch 16, 10).

El plan del libro es presentado claramente por Jesús: los discípulos han de ser testigos en Jerusalén, en Judea, en Samaría y hasta el confín del mundo (1, 8). Sus actores principales son Pedro, luego los helenistas y finalmente Pablo, pero sobre todo el Espíritu y la palabra de Dios.

Puede esquematizarse así el plan del libro:

1. *Desde los orígenes al concilio de Jerusalén* (1, 1-15, 35).

– La comunidad de Jerusalén (1, 1-5, 42).

– Apertura de la iglesia a los paganos (6, 1-15, 35).

Se presenta sucesivamente la actividad misionera de los helenistas (6, 1-9, 31), de Pedro (9, 32-11, 18 y 12, 1-23), de la iglesia de Antioquía (11, 19-14, 28).

Esto concluye con el «concilio» de Jerusalén (15, 1-11), seguido luego por una reunión celebrada por Santiago (15, 12- 35).

2. *De Jerusalén a Roma: Pablo* (15, 36-28, 31).

En el curso de sus viajes misioneros, Pablo funda comunidades en Asia Menor y en Europa. Conducido preso a Roma, predica allí con seguridad el evangelio.

• **Prólogo teológico (Lc 1-2)**

Lo que llamamos «relatos de la infancia» es de hecho un prólogo teológico al conjunto de la obra: evangelio y Hechos. Lo mismo que Mt 1-2 (véase p. 99), se trata de una especie de presentación del filme en donde Lucas enuncia de antemano todos sus grandes temas. Puede ser interesante destacar los principales, en el orden en que se van presentando.

Jerusalén y el templo; la oración (1, 5s).

Jesús, hijo de David, Hijo de Dios, acogido en la fe por María, la hija de Sión. El papel del Espíritu (1, 26-38).

El papel de las mujeres, la iglesia, la oración, el rebajamiento de los ricos y de los orgullosos y la exaltación de los pequeños (1, 39-56).

El nombre de Juan que significa «Dios da gracia», la visita de Dios a su pueblo (1, 57-80).

La buena nueva a los pobres (los pastores): ha llegado un salvador, Cristo y Señor. El hoy de Dios. La gloria que irradia de ese niño para todos. Y el resultado: la alegría para todos los hombres. Es lo esencial del objetivo que buscan los Hechos, evocado en este lugar: el mensaje de los misioneros por todo el mundo; el de Pedro, el de Pablo, el nuestro... (2, 1-21).

---

### ALGUNOS RASGOS DE LUCAS

Lc es el más «moderno» de los evangelistas. De su cultura griega, el autor ha conservado su amor a la claridad. Maneja con cierta elegancia la lengua griega común (o *koiné)* que se hablaba entonces. Pero es también capaz de imitar la lengua de la Biblia griega, abundantemente marcada por giros semíticos, por ejemplo en los relatos de la infancia.

Corta gustosamente su relato con pequeños *sumarios* (o *stops»),* para resumir los aspectos que desea resaltar o el progreso de la acción. Así, por ejemplo, tres sumarios presentan la actividad de la comunidad de Jerusalén (Hch 2, 42); el crecimiento de la palabra de Dios se menciona en Hch 6, 7; 12, 24; 13, 49; 19, 20; la expresión «subimos a Jerusalén» pone ritmo a la sección central del evangelio.

Como *buen historiador,* se preocupa de situar los sucesos en la historia (2, 1-3; 3, 1-2), pero por otra parte conoce mal Palestina, la forma de construir allí las casas o el clima, y se contenta a menudo con indicaciones cronológicas muy vagas: «Uno de aquellos días...». Es que su interior es sobre todo *teológico.*

Una simple lectura dejará impresionado al lector por la delicadeza con Jesús, con los pobres, con las mujeres, con los pecadores, de aquel a quien Dante llamaba «el evangelista del cariño de Dios».

---

Una vez más, el templo y el Espíritu Santo, la oración, la luz para los paganos. Jesús, signo discutido, ante el que es necesario optar (2, 22-39).

En la cumbre de esa infancia, el templo y la primera palabra de Jesús para nombrar al Padre. Primera subida a Jerusalén que evoca la última: desaparición durante tres días, la búsqueda de las mujeres, el Padre, el «era menester» «que yo estuviera en casa de mi Padre» - «que Cristo sufriera para entrar en su gloria».

## 2. Algunos textos de Lucas

→ *EL PROGRAMA DE JESUS*
*Lc 4, 14-44*

En Mt, el sermón de la montaña, seguido de los milagros, es el que constituye el discurso-programa de Jesús. En Lc, es su discurso en Nazaret.

Empezad leyendo atentamente este texto, señalando los *lugares* (Galilea, Judea, pero también la sinagoga, lugar de la religión judía, fuera de la ciudad)... y los *protagonistas*.

Observad las palabras clave: Espíritu - buena nueva - pobres - hoy - Elías - seguir su camino (o subir) - palabra...

Situad la cita de Isaías en su contexto histórico (ved *Para leer el AT*, 101): ¿Qué eco tienen en este contexto ciertas palabras como pobre, libertad...? ¿Dónde detiene Lc la cita de Isaías? ¿Por qué?

Observad la *inclusión* que delimita este conjunto *(Inclusión:* procedimiento que consiste en repetir las mismas cosas al comienzo y al final de un pasaje para señalar que se trata de un conjunto). *Enseñar* o *proclamar en las sinagogas* (v. 15.19.44); *todos / gente* (v. 15.42); *anunciar la buena nueva* (v. 18.43); *enviado* (v. 18.43). ¿Cómo los tres relatos de milagros con el verbo *amenazar* o *conminar* (v. 35.39.41) se convierten en la realización concreta de este programa? (ver p. 18).

Notad la incoherencia del relato: ¿Por qué ese cambio brusco de actitud en el v. 22? ¿Había realizado ya milagros Jesús en Cafarnaún según Lc (v. 23)? Ved el «montaje» presentado en la p. 18.

Después de este estudio, volved al conjunto del texto.

¿Quién es Jesús? Ved sus títulos (v. 18.34.41: nuevo Elías), la *autoridad* de su palabra (v. 23.36); *glorificado* (v. 15: en los demás lugares sólo se «glorifica» a Dios)...

¿Cuál es su misión? (v. 18-19). La *liberación* se concreta en tres milagros (véase Hch 10, 38). ¿A quién va destinada esa misión?; ¿a los judíos (su *patria, sinagoga)* o a los paganos (ejemplo de Elías y Eliseo)? ¿Cómo la acogerán los judíos?

¿Qué conciencia tiene Jesús de su misión? Fijaos en el verbo *alejarse* y *seguir su camino* (v. 30.42).

¿Qué relación veis con las bienaventuranzas?

→ *EL PROGRAMA DE LA IGLESIA*
*Hch 1, 12-2, 47*

El discurso de Pedro (ya estudiado en p. 42), incluido en el relato de pentecostés, forma el discurso-programa de la iglesia naciente. Atenderemos aquí a su conjunto.

Empezad señalando la *inclusión* que delimita a este conjunto: *ellos, todo el grupo de 120, constantes, la oración* (1, 14; 2, 42); *reunidos, unidos, juntos* (la misma expresión, rara en griego: 1, 15; 2, 44.47). Se pasa así de un «grupo de 120» a un grupo de 120 al que «se agregaron unos 3.000» (2, 41.47). El texto muestra lo que necesita la iglesia para predicar y crecer.

Notad las palabras que se repiten en Hch 2 (a veces traducidas por palabras distintas en nuestras Biblias): *lengua* (v. 3.4.11), *dialecto* (v. 6.8), *voz* (v. 6: traducido a veces por *ruido, rumor:* v. 14), *hablar* (v. 4.5.7.11.31).

Fijaos en los protagonistas. Ved sobre todo el papel de Dios, de Jesús, del Espíritu, de los discípulos.

Pentecostés se presenta como el cumplimiento del misterio de Cristo, signo de su exaltación, y como el comienzo del misterio de la iglesia. ¿Cómo lo expresaríais vosotros?

La fiesta judía de pentecostés celebraba entonces el *don de la ley en el Sinaí*. ¿Veis alguna relación

Los judíos meditaron en Ex 20, 18: «En el Sinaí, todo el pueblo percibía los truenos y relámpagos». El filósofo judío Filón, contemporáneo de Jesús, escribe: «Como Dios no tiene boca, decidió por un prodigio que se produjera en el aire un *ruido* invisible, un soplo articulado en *palabras* que, transformando el aire en fuego, *formara llamas*, e hizo resonar una voz tan grande que los más lejanos la oían lo mismo que los más próximos... Una voz resonaba de en medio del fuego que *bajaba del cielo* y se articulaba en el *dialecto* habitual de los oyentes» (*De Decalogo*, 9, 11). Y el rabino Yohanan (entre el 90 y el 130) declaraba que «la voz de Dios se dividió en 70 lenguas». Como para los judíos hay 70 naciones paganas en el mundo, era una forma de decir que «la ley se dirigió a todos los hombres».

entre este suceso tal como se contaba entonces (ved el recuadro adjunto) y el relato de Lucas? La fiesta judía era una fiesta de *la nueva alianza* (ved Jr 31, 31s; Ez 36, 26) y se leía en ella el Sal 68 (ved p. 46). El Espíritu es el don que hace Jesús resucitado a su iglesia.

La voz de Dios salía en otros tiempos del Sinaí; ahora sale de la *iglesia, voz de Dios en el mundo*.

- **La gloria del Hijo de Dios (Lc 9, 28-36)**

El relato de la transfiguración está también en Mt 17, 1-9 y en Mc 9, 2-10, así como en Jn 12, 28 y en 2 Pe 1, 16-18. Se trata de un texto importante que exigiría un estudio profundo. Aquí nos contentaremos con algunas indicaciones que podéis verificar en los textos.

*En la vida de Jesús*. El acontecimiento se sitúa a finales del ministerio de Jesús en Galilea; lo han abandonado las gentes que le seguían; los jefes judíos acentúan su presión. Jesús se da cuenta de que molesta a muchas personas; si continúa, corre el peligro de morir. Y lúcidamente lo acepta como un riesgo que forma parte de la fidelidad a su misión. *Sube a Jerusalén* sin hacerse ilusiones sobre la suerte que le aguarda y se lo anuncia a sus discípulos.

En este contexto, la transfiguración se presenta como una respuesta de Dios a la fidelidad de Jesús y a la angustia de los discípulos: en una experiencia espiritual, interior sin duda, a la que tuvieron acceso los tres discípulos, el Padre muestra a Jesús el término de su «subida»: más allá de la muerte, le espera la gloria prometida al final de los tiempos al Hijo del hombre (véase Dn 10).

En esos momentos de duda en que ya no sabemos lo que tenemos que hacer, nos volvemos a los instantes de luz en que se nos presentaba con claridad nuestra vocación y nuestra misión y nos mantenemos firmes en la fidelidad a esa luz. Del mismo modo, Jesús y los discípulos podrán sacar de esa experiencia luminosa la fuerza para entrar en la agonía y la pasión. No es una casualidad que las dos escenas, la transfiguración y la agonía, ofrezcan muchos puntos en común.

*Después de pascua*, los discípulos saben que la gloria de Dios inundó a Jesús desde su resurrección. Así, pues, en nuestros relatos, Jesús y sus discípulos suben hacia la muerte a la luz de la pascua, percibida de antemano. Es el aspecto que consideran sobre todo Mt y Mc.

*Lc* recoge este relato de manera más personal: Jesús sube a la montaña a *orar* (v. 28); y es *durante su oración* (v. 29), *a lo largo de toda la noche* (v. 32), cuando conoce esta experiencia. Bajando así a las fuentes de su ser, Jesús percibe la gloria que lo cubrió desde su nacimiento, y en el diálogo interior con los dos grandes místicos del Antiguo Testamento, Moisés y Elías, puede considerarse serenamente su *éxodo* (v. 31), es decir, su muerte y su exaltación.

Al hablar de los discípulos que entran en la nube (v. 34) y al insistir en la oración, Lc nos recuerda que podemos conocer también nosotros algo de esa experiencia: «En la oración podéis participar de la gloria del crucificado y vivir vuestra vida cotidiana a la luz de esa fe».

→ *EL SIERVO SUBE A JERUSALEN Lc 9, 51-62*

La parte central del evangelio (9, 51-19, 28) se organiza como una «subida a Jerusalén». La introducción indica el sentido que esta subida tiene para Jesús y lo que supone para los discípulos.

Jesús *emprende decidido el camino de Jerusalén;* literalmente: *endurece su rostro para subir.* Aludiendo así a Is 50, 7, Lc muestra cómo el siervo doliente camina con lucidez hacia su *rapto,* o sea, su muerte / exaltación (véase p. 153).

Es el *nuevo Elías* (v. 61 hace alusión a 1 Re 19, 19), entregado por completo a su misión, llevado por el Espíritu, pero no el Elías de cierta tradición judía que derramaba la cólera de Dios sobre sus enemigos (v. 55).

Jesús previene a sus discípulos: caminar tras él exige un don total, en donde la exigencia de la misión pasa por delante de todo (v. 57-62); Mt había puesto estos versículos al comienzo del relato de la tempestad (véase p. 87).

---

### JUICIO DE DIOS Y USO DE LOS BIENES SEGUN LUCAS

Sabemos que Jesús ofrece a los pobres su evangelio, como buena nueva de liberación. Pues bien, el problema empieza en el momento en que esa buena nueva ha de entenderse y proclamarse sobre el fondo de injusticia social en que los hombres viven. Sobre el fondo de la división y la injusticia humana, el mismo evangelio exige una inversión, un cambio radical: para que los hambrientos puedan saciarse de bienes, los ricos deben quedar vacíos (1, 52-53); si se dice bienaventurados a los pobres, debe añadirse: ¡ay de vosotros los ricos! (6, 24-25); si el pobre «Lázaro» se salva, ha de perderse el rico «epulón» que vive derrochando los bienes a su lado, sin mirarle ni ayudarle (16, 19-31). Desde esta perspectiva puede interpretarse mejor el esquema que ahora sigue.

– CLASES SOCIALES EN PALESTINA
    RICOS               latifundistas / comerciantes / altos funcionarios
    CLASE MEDIA    artesanos / pequeños comerciantes
    POBRES          esclavos / asalariados / jornaleros / enfermos

– CONDICION SOCIAL DE JESUS
    Lc 9, 58; 8, 1-3; 10, 38-42; 11, 37; 14, 1

– BIENAVENTURADOS LOS POBRES

|  | LUCAS | MATEO |
|---|---|---|
|  | 6, 20-23 | 5, 3-12 |
|  | 1. POBRES | – de espíritu |
| Is 58, 6s | 2. HAMBRIENTOS | – sed de justicia |
| Is 61, 1s | 3. AFLIGIDOS |  |
| Sal 147 | 4. PERSEGUIDOS | – por la justicia |
|  | 4 bienaventuranzas | – 4 = 8 bienaventuranzas |

– BIENES: { 
    JUICIO   = 16, 13 Mamona, de Amán
                 12, 13-21 FIARSE = CREER
    USO      = 16, 1-9; 11, 41; 12, 33-34; 14, 33: ¿puede salvarse un rico?
              18, 18-27; 19, 1-10: ¿formar parte de la comunidad?

## → DIEZ LEPROSOS
### Lc 17, 11-19

Podría leerse este texto intentando simplemente descubrir en él los grandes temas de Lc, sobre todo los que desarrolla en la «subida a Jerusalén».

El verbo *subir* aparece al comienzo y al fin (v. 11 y 19; cf. también 9, 51.53.57; 10, 1; 13, 22.33). ¿Qué significa esto sobre la forma como Jesús considera su vida y la del discípulo?

*Jesús, maestro, ten piedad de nosotros.* La fe de los diez leprosos es admirable. Interpelan a Jesús con su nombre, lo mismo que el ladrón en la cruz (23, 42), que obtendrá igualmente la salvación. *Maestro:* Lc es el único que llama a Jesús con este título para evocar su poder (5, 5; 8, 24; 9, 33.49). *Ten piedad* apela a lo más profundo que hay en Dios: su cariño, su misericordia.

¿Cómo se designa al leproso? Sucesivamente: uno de los diez, un samaritano (v. 16), un extraño (v. 18). Se adivina aquí el universalismo de Lc: los samaritanos (cf. Hch 8) y los paganos escuchan el mensaje mejor que los judíos.

*Jesús, Hijo de Dios:* el leproso se postra ante él dándole gracias (haciendo «eucaristía»); esto se hace sólo ante Dios habitualmente.

*La salvación* está ya abierta a todos, judíos y paganos, únicamente por la *fe en Jesús.*

### • El prólogo teológico (Lc 1-2)

Prólogo al conjunto de la obra (evangelio y Hechos), estos dos capítulos son muy ricos en contenido. Algunas sugerencias.

Buscad *el plan.* Poned en dos columnas el título de los episodios; obtendréis entonces un paralelo entre las dos infancias de Juan bautista y de Jesús, unidas por la visitación.

Estudiad las *plegarias: Magnificat, Benedictus, Nunc dimittis.* Leyendo las referencias de vuestras Biblias, ved cómo la oración cristiana se alimenta del Antiguo Testamento, al que da sentido.

Buscad los *grandes temas* que Lucas desarrollará en su obra (ved. p. 111).

Podéis estudiar ya ahora el relato de la *anunciación* (ved. p. 153).

## → NACIMIENTO DE JESUS
### Lc 2, 1-20

– *El acontecimiento* (v. 1-7). Despojado del folklore que le rodea, el hecho es maravilloso, como todo nacimiento, pero vulgar. Como no es posible dar a luz en la sala común, donde vive toda la familia, la madre se retira al único lugar donde los aldeanos encuentran tranquilidad y calor: el establo.

– *El aspecto invisible del suceso* (v. 8-20). Angeles y pastores se turnan para anunciarlo, mientras que la *gloria de Dios* ilumina el conjunto (v. 14.20).

*El ángel anuncia la buena nueva (evangeliza):* esta palabra (unas 15 veces en los Hechos) resume la acción de los misioneros cristianos (5, 42; 8, 4.20.25...). Comparad el v. 12 con Hch 2, 36; 5, 42; 11, 20; 13, 33-36; Flp 3, 20).

Los *pastores.* Utilizando la traducción literal que os ofrecemos, subrayad las palabras que se repiten, su sitio, lo que hacen los pastores, los dos grupos de oyentes (v. 18: *todos los que;* 19: *María*) y su actitud.

*Hublar:* este verbo, tan frecuente en Hch, designa la predicación de los misioneros cristianos. Los pastores no vienen a adorar, sino a echar un sermón.

*Dar a conocer.* Casi siempre este verbo expresa la revelación que Dios o Jesús hace a los discípulos y que a su vez éstos transmiten a todos, por ejemplo: Jn 15, 15; 1 Cor 15, 1; 2 Cor 8, 1; Ef 1, 9; 3, 3.5; 6, 19. Así, para designar a sus pastores, Lc tomó como modelo a los misioneros cristianos. Se convierten entonces en modelo de lo que todo cristiano tiene que hacer en el mundo.

Se forman *dos grupos de oyentes,* dos actitudes que luego encontrarán Jesús y sus discípulos. *Todos los que* oyen el mensaje de Jesús o de la iglesia en el curso de los siglos se *maravillan:* esta palabra designa en Lc una actitud de acogida que es sólo pasajera, sin raíces (4, 22; cf. 8, 13). *María,* por el contrario, representa a los que escuchan la palabra y la dejan madurar en su corazón.

Notad el cambio de sentido de la *palabra (rhema* en griego): los pastores oyen una *palabra pronunciada* (v. 7) y van a ver una *palabra sucedida:* un bebé (v. 15). La palabra se ha hecho carne.

¹⁵ Cuando los ángeles se alejaron de ellos hacia el cielo,
los pastores se hablaban entre sí:
«Pasemos entonces hasta Belén y veamos esta palabra
(rhema) que ha sucedido,
que el Señor nos ha dado a conocer».
¹⁶ Y fueron presurosos
y encontraron a María y a José
y al recién nacido acostado en el pesebre.
¹⁷ Habiéndolo visto, dieron a conocer
la palabra (rhema)
con la que les habían hablado de este niño.
¹⁸ Todos los que escuchaban quedaron maravillados
de lo que se les había hablado por los pastores.
¹⁹ María, por su parte, guardaba con cuidado
todas estas palabras (rhema),
meditándolas en su corazón.

## LUCAS, EVANGELISTA DE MARIA

La figura de la madre de Jesús ha cobrado importancia a lo largo de la tradición evangélica, como muestran Mt 1-2 y Jn 2, 1- 12; 19, 25-27. Pero ha sido Lucas quien ha recogido y elaborado más extensamente las tradiciones marianas de la iglesia, en una línea en la que pueden destacarse los siguientes elementos:

– *María, colaboradora de Dios.* Conforme a la visión israelita de la alianza, para actuar de una manera salvadora sobre el mundo Dios mismo «necesita» que los hombres le acepten y respondan. Pues bien, para que nazca humanamente «el Hijo eterno», Dios mismo ha esperado que María le responda; ella aparece así como aquella persona que ha dialogado con Dios en forma plena y le ha respondido con el «hágase» de su colaboración como persona (mujer) (cf. 1, 26-38).

– *María, la creyente:* ella es bienaventurada porque ha aceptado la palabra de Dios, porque «ha creído» (1, 45). Por eso su valor no está en el plano del «vientre y de los pechos» (11, 27), de la maternidad corporal, en el nivel de la generación del mundo (8, 19-21). María es importante dentro de la iglesia porque ella ha creído en la palabra de Dios y ha respondido con su propia palabra y con su vida de creyente y portadora de la bendición mesiánica en el centro de la historia (cf. 1, 42).

– *María es profetisa de la nueva humanidad:* en la línea de las viejas «madres» de Israel, que cantan la victoria de su pueblo sobre los poderes enemigos (1 Sm 2, 1-10; Ex 15, 20-21; Jue 5), María ha proclamado la gran obra salvadora de Dios entre los hombres. Ella es la primera y la más grande de todos los profetas cristianos cuando dice que Dios «ha derribado del trono a los potentados y ha elevado a los oprimidos; a los hambrientos los colmó de bienes y despidió vacíos a los ricos» (1, 46-55).

– *Finalmente, María es la primera de los fieles de la iglesia.* Ella ha recorrido todo el camino de Dios, siguiendo la palabra y la exigencia de su hijo Jesucristo. Por eso la encontramos, al final de su peregrinación creyente, entre los mismos fieles de la iglesia, al lado de los apóstoles, las mujeres y los otros parientes de Jesús que han aceptado la vida y gracia de su pascua (Hch 1, 13-14).

### 3. La pasión según Lucas

Para entrar en el relato de Lucas, no hay que leerlo, sino meditarlo, como hacían los discípulos en el camino de Emaús, cuando la palabra y la presencia de Jesús explicándoles las Escrituras hacían arder sus corazones. Por este camino doloroso, Jesús camina con nosotros, aunque nuestros ojos se vean aún impedidos para conocerlo.

Todo el relato está impregnado de *delicadeza* y de *cariño* para con su Señor Jesús. No se sintió capaz de referirnos ciertos detalles demasiado odiosos: no habla de la flagelación; Judas no abraza a Jesús, sino que solamente se le «acerca» para hacerlo...

Sin embargo, Lucas conoce la amplitud de la *lucha terrible* que se desarrolla entre Jesús y la fuerza del mal; la pasión es el combate último y decisivo. Jesús sale vencedor de él por su *paciencia*, palabra que no acaba de traducir todo el sentido del griego *hypo-moné*, que evoca la actitud del creyente que «aguanta» en la prueba porque está sostenido por Dios (véase Lc 8, 16).

Toda la pasión es *interiorizada*. El combate decisivo tiene lugar en Getsemaní: es en esa lucha interior –una agonía– donde corre la sangre de Jesús. Alentado por Dios, como en otros tiempos Elías (1 Re 19, 5s), Jesús sale vencedor y puede, ya tranquilo, abandonado en las manos del Padre, olvidarse de su propio sufrimiento para estar por completo a disposición de los demás: acoge a Judas con delicadeza, cura la oreja del sayón, conmueve el corazón de Pedro con su mirada (22, 61), anima a las mujeres que se duelen de su suerte, perdona a sus verdugos, promete el paraíso al ladrón... Jesús es el *mártir* que muestra una fuerza de alma y una bondad capaces de transformar incluso a sus verdugos y a quienes lo condenan: Pilato lo proclama *inocente* en tres ocasiones, así como las mujeres, el pueblo, el ladrón, el centurión...

Jesús puede *morir en paz*. El grito que lanza en la cruz no es ya el pavor del sufrimiento humano ante la muerte, sino la plegaria del atardecer de todos los judíos: «En tus manos pongo mi espíritu», pero precedida por la palabra que señala su intimidad inaudita con Dios: «Padre».

De esta manera, Lucas nos invita a entrar con Jesús en su pasión, a reconocer nuestra debilidad con Pedro y a sentir sobre nosotros la mirada de perdón del Señor, a llevar la cruz en su seguimiento como Simón de Cirene, a abandonarnos con él en las manos del Padre.

La *cena* (22, 14-38) es ante todo el *banquete de despedida* en el que Jesús expresa su confianza en Dios y da sus últimas consignas a sus discípulos. Es también el *gesto profético* por el que expresa el sentido de su muerte de mártir: la inauguración de la nueva alianza.

La *agonía*, seguida del *arresto* (22, 39-53), es el momento decisivo en el que Jesús vence sobre la fuerza del mal. Nuevo Elías reconfortado por Dios, se sumerge en la noche de la pasión, entregado por completo a la voluntad del Padre.

El *proceso judío* (22, 54-72) se abre con el relato de la negación de Pedro. Lucas nos dice entonces: «Si no puedes seguir la pasión como un santo, siempre podrás hacerlo como un pecador- agraciado. La mirada de Jesús puede siempre hacer que nazca en ti un corazón nuevo».

Lc desdobla la cuestión del sumo sacerdote. Así Jesús puede proclamar claramente que es el *Mesías* y que es el *Hijo de Dios*.

Durante el *proceso romano* (23, 1-25), Pilato declara en tres ocasiones que Jesús es *inocente*. El relato de la comparecencia ante Herodes nos señala sin duda que no es posible interesarse por Jesús sólo en plan de curiosidad.

En el *calvario* (23, 26-49), Jesús declara su inocencia a las mujeres que se lamentan por él, y las consuela. Le pide al Padre que perdone a sus verdugos. Abre el paraíso al ladrón que tiene la confianza suficiente para llamarlo con su nombre. Y muere, en paz, en las manos del Padre.

La *sepultura* (23, 50-57) es preparada con cariño por las mujeres. Pero con todos sus bálsamos se empeñan en mantenerlo en la muerte. No saben todavía que ya «rayaba el sábado» (v. 54), mejor dicho, que ya asomaba la luz de la resurrección.

La *pasión de los discípulos*. Habría que leer a continuación las diversas pasiones de los discípulos que Lucas construye según el mismo esquema: la *pasión de la iglesia* hace presente la de Cristo (Hch 4,

23-31); *Esteban* es condenado por los mismos motivos y muere perdonando, con los ojos fijos en el resucitado (Hch 6, 8-15, 54.60); *Pablo* «sube a Jerusalén», como en otros tiempos Jesús, para dar allí testimonio (Hch 20, 22s; 21, 11).

## 4. El Jesús de Lucas

Lucas no conoció personalmente a Jesús. Por tanto, el Jesús que descubrió no es en primer lugar el profeta itinerante de Galilea, sino el *Señor glorificado* que se manifestó a su maestro Pablo en el camino de Damasco, aquel cuyo rostro percibe en una comunidad como la de Filipos, en donde la fuerza de su amor es tan grande que permite a ilustres damas como Lidia y a los estibadores del puerto cercano vivir en la misma comunión, aquel cuyos rasgos encuentra en los recuerdos de los testigos a quienes interroga.

*El Señor Jesús.* Lucas es el único que llama a Jesús *el Señor,* cuando habla de él. La gloria pascual irradia en su vida terrena. Esa gloria lo rodea desde su nacimiento (2, 9.32). La transfiguración no es tanto una anticipación de la futura gloria pascual (como en Mt-Mc), como una manifestación de la que ya posee desde su concepción, al haber nacido del Espíritu (9, 32). La gloria que manifestará como Hijo del hombre es *la suya* (9, 26; comparad con Mt 16, 27 y Mc 8, 26). Todos le *glorifican* (4, 15), siendo así que sólo se glorifica a Dios.

Jesús es *rey* (quizás esto sea más claro para los lectores griegos); en seis ocasiones, Lc es el único en decirlo (1, 32-33; 19, 12s.28s; 22, 28s.67s; 23, 40s).

Lc sabe que Jesús asumió sus funciones de *Señor* y de *Cristo* por su resurrección (Hch 2, 36), pero esto es posible porque lo es en su ser mismo, como afirman los relatos de la infancia. El título de *Hijo de Dios* no es mero reconocimiento de su papel (equivalente al de hijo de David), sino afirmación de su naturaleza (1, 35; 22, 70).

*El Espíritu de Jesús.* Sólo en dos ocasiones aparece en el Nuevo Testamento esta expresión (Hch 16, 7; Flp 1, 16; Espíritu de Cristo en Rom 9, 2 y 1 Pe 1, 11). El Espíritu de Dios ha penetrado hasta tal punto en Jesús que puede llamarlo *su Espíritu.* Jesús cs

concebido por su poder (1, 35); el Espíritu se manifiesta en el bautismo (3, 22), conduce a Jesús al desierto (4, 1), lo penetra para hacerlo portador de la buena nueva (4, 14.18). En él salta de gozo Jesús (10, 21).

Por su glorificación, Jesús lo recibe del Padre para dárnoslo (Hch 2, 38), si se lo pedimos (Lc 11, 13; comparad con Mt 7, 11). Los Hechos de los apóstoles se presentan como «el evangelio del Espíritu» que anima a la comunidad de pentecostés lo mismo que animaba a Jesús y a los primeros testigos de su vida (Lc 1, 15.41.67; 2, 25-26).

Jesús es *el profeta* encargado de revelar a Dios (7, 16-39; 24, 19; Hch 3, 22-23); su muerte es la de un profeta (13, 33; Hch 7, 52). Lucas lo presenta a menudo como el nuevo *Elías* (ved *Para leer el AT,* 62).

El rostro de Dios que Jesús revela es ante todo el del *cariño del Padre a los hombres.* El pasaje principal en que Lc presenta a Jesús como profeta (7, 11-50) termina con el perdón de la pecadora. Ese amor «entrañable» del Padre (15, 20) lo siente también Jesús (7, 13) y debe sentirlo igualmente el discípulo (10, 33).

La venida de Jesús es la *visita de Dios.* Esa visita, que en los profetas era anuncio del juicio, es en Lc buena nueva de salvación, *año de gracia* (4, 19; cf. 1, 68.78; 7, 16; 19, 44). Con su actitud, Jesús hace visible ese amor del Padre: es el *amigo de publicanos y pecadores* (7, 34). Es el *salvador* que libera de Satanás que ocupa los corazones y del mal que atormenta los cuerpos. Jesús es el *amigo de los pecadores,* porque éstos necesitan de Dios lo mismo que el enfermo del médico (5, 31), pero sobre todo porque Dios necesita de ellos para mostrar su perdón (15). Siente una gran predilección por las *mujeres,* despreciadas entonces de ordinario (María, Isabel, Ana, María Magdalena, Marta y María, las mujeres que le acompañan...); algunas desempeñarán una función importante en la iglesia (Hch 1, 14; 12, 12; 16, 14; 21, 9...).

*El hombre ante Dios.* Señor y Cristo, Jesús es también plenamente hombre. Vive tan perfectamente lo que anuncia, que es el modelo del hombre realizado, transfigurado por el Espíritu, que vive en manos del Padre: su primera y su última palabra

## EXPERIENCIA PASCUAL DE JESUS (Lc 24)

El evangelio auténtico de Marcos termina con la promesa de una experiencia pascual (Mc 16, 1-8). Mateo sólo ha transmitido en el fondo una experiencia pascual, interpretada como fundamento de la iglesia (Mt 28, 16-20). Lucas, por el contrario, desarrolla y despliega con cierta extensión esa experiencia pascual y lo hace en forma catequética: la entiende e interpreta como proceso de encuentro con Jesús resucitado, en un camino de iluminación creyente. Así lo mostraremos a partir de Lc 24:

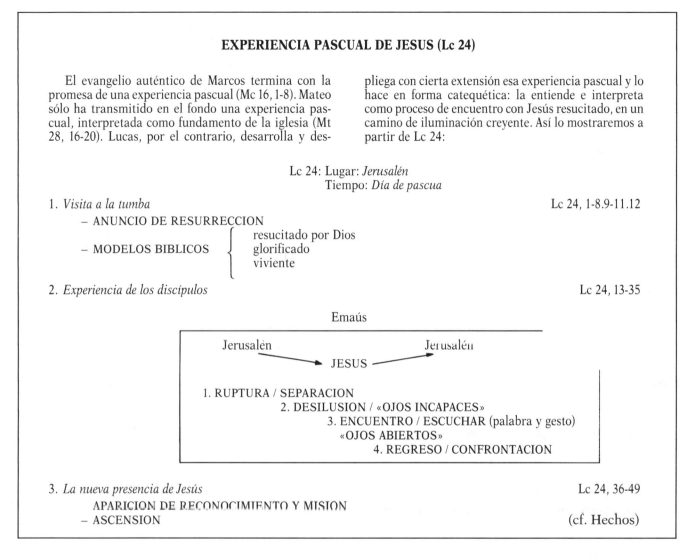

Lc 24: Lugar: *Jerusalén*
Tiempo: *Día de pascua*

1. *Visita a la tumba*                                                                 Lc 24, 1-8.9-11.12
   – ANUNCIO DE RESURRECCION

   – MODELOS BIBLICOS ⎰ resucitado por Dios
   ⎱ glorificado
   ⎱ viviente

2. *Experiencia de los discípulos*                                                    Lc 24, 13-35

Emaús

Jerusalén                              Jerusalén
             → JESUS →

1. RUPTURA / SEPARACION
2. DESILUSION / «OJOS INCAPACES»
3. ENCUENTRO / ESCUCHAR (palabra y gesto)
   «OJOS ABIERTOS»
4. REGRESO / CONFRONTACION

3. *La nueva presencia de Jesús*                                                      Lc 24, 36-49
   APARICION DE RECONOCIMIENTO Y MISION
   – ASCENSION                                                                        (cf. Hechos)

son para nombrar al Padre (2, 49; 23, 46). Vive sin cesar en su presencia y su *oración* lo manifiesta: en ella es donde recibe sus grandes revelaciones (bautismo, transfiguración); pasa las noches orando (5, 16; 6, 12; 9, 28) y sus discípulos quedan tan impresionados que quieren también ellos introducirse en el secreto de esa relación con Dios (el «Padrenuestro»: 11, 1).

*La persona misma de Jesús* está así en el centro del evangelio. Ante ella hay que *optar*. Porque ese ser lleno de cariño es también terriblemente exigente: hay que escoger por él, *hoy*, y únicamente porque es él. Esta fe total que obtiene la salvación es la fuente de la *alegría* que irradia el evangelio y que transfigura al discípulo.

# 5. Las parábolas

La *parábola* es esencialmente una *comparación desarrollada bajo la forma de historia*. No pretende ante todo enseñar, sino hacer pensar a los oyentes en su propio comportamiento, dar un juicio sobre sí mismos llevándolos a un cambio de conducta. Como somos malos jueces de nosotros mismos, la parábola nos hace juzgarnos casi sin que nos demos cuenta. Por ejemplo, David peca tomando a la mujer de su oficial Urías y procurando su muerte; el profeta Natán se encarga de hacerle tomar conciencia de su pecado. El asunto era delicado. Le cuenta entonces una historia verosímil (era necesario, para que David no desconfiase), la de un rico propietario que había robado la única oveja de un pobre. David exclama: «¡Ese hombre merece la muerte!»; de este modo, sin darse cuenta, daba un juicio sobre sí mismo. Natán pudo concluir: «Ese hombre eres tú» (2 Sm 12, 1- 15).

Así, pues, la parábola es una *comparación sencilla*. Los detalles históricos sólo figuran para hacerla verosímil. Por tanto, hay que intentar resumir una parábola en dos frases: *lo mismo que..., así también...* «Lo mismo que ese hombre pecó robando la oveja de un pobre, también tú, David...».

Hay que distinguir bien la parábola de otro género literario parecido: la *alegoría*. La alegoría es también una historia, pero que busca la enseñanza. Es una historia construida expresamente para hacer comprender algo; los detalles corresponden entonces a realidades concretas. Así, Jesús dirá: «Yo soy la vid, vosotros los sarmientos...».

Conviene distinguir con cuidado estos dos géneros y resistir a la tentación de interpretar las parábolas como si fueran alegorías, como se hace muchas veces. Así, la parábola del buen samaritano nos invita a un comportamiento: «Lo mismo que él se hizo prójimo del herido sin preocuparse de su religión ni de sus opiniones, también tú tienes que hacerte prójimo de cada uno de los hombres». Los Padres la convirtieron en una alegoría, muy bonita, pero muy lejos del texto: el herido es la humanidad, herida por el diablo; el samaritano es Jesús; la posada, la iglesia...

Pero no hay que negarle a Jesús la posibilidad de

integrar algunos rasgos alegóricos en una parábola. Ciertos rasgos que nos parecen anodinos evocaban espontáneamente para los judíos temas de la Escritura; así, debido a Is 5, la *viña* hace pensar en Israel...

- ### • Relectura de las parábolas

Jesús contó sus parábolas a los *judíos*. Ahora, en la comunidad, se dirige a los *cristianos*. Ese cambio de auditorio obliga a menudo a un cambio de sentido, expresado en una nueva conclusión.

A la luz pascual, se tiende a pasar del sentido *teológico* al sentido *cristológico*: las parábolas de Jesús hablan de *Dios* y de *su reino;* los discípulos se interesan por *Jesús*, que inaugura el reino.

También se tiende a veces a relacionar parábolas que se dijeron separadamente: el sentido de una repercute en la otra.

El contexto que les han dado los evangelistas modifica a veces su sentido. Esto vale también para los grandes conjuntos. Mc y Lc ponen el capítulo de las parábolas al comienzo de la predicación de Jesús en Galilea; son ante todo una manera sencilla de presentar el reino de Dios. Mt lo sitúa al final de esa predicación, en el momento en que la gente empieza a abandonar a Jesús; se presentan ante todo como la última advertencia que Jesús les lanza: Si rechazáis mi mensaje, vendrá la cosecha y la criba (ved el «montaje» de la p. 18).

→ ### *LOS OBREROS DE LA HORA 11.ª*
*Mt 20, 1-16*

Leed esta parábola, así como el contexto anterior (18, 27- 30).

Con ayuda de las reglas del recuadro adjunto, intentad descubrir las diversas conclusiones que se le han dado: ¿por qué y cómo ha sido releída?

Solamente después, leed lo que sigue.

★

Este texto es un buen ejemplo de relectura de

## ALGUNAS REGLAS PRACTICAS

Reducir la parábola a una composición sencilla *(lo mismo que..., así también...)*, procurando que corresponda debidamente al sentido de la historia.

Dejar de lado los detalles de la historia que no se recogen en la conclusión.

Desconfiar de las conclusiones aparentes que no corresponden al sentido histórico.

El auditorio: ¿a quiénes dirige Jesús la parábola?; ¿a quiénes los discípulos? El cambio de auditorio ¿ha producido un cambio en su significación?

El contexto de la parábola ¿cambia su sentido?

Destacar los posibles rasgos alegóricos: ¿han servido para una nueva interpretación?

¿De quién habla la parábola: de Dios?; ¿de Jesús?

una parábola. Recojamos las tres conclusiones sucesivas que nos ofrece Mt.

*Pues muchos son los llamados y pocos los escogidos* (v. 16b). Esta frase, con el *pues*, se presenta como una conclusión. Plantea entonces esta comparación: «Lo mismo que el amo llamó a muchos obreros y vinieron pocos, así también...». Pero eso no corresponde a la historia, pues vinieron todos. Por tanto, es una conclusión aparente. Por eso algunas traducciones (como la *Nueva Biblia Española*) omiten esta frase, que falta también en muchos manuscritos; debió sacarse de Mt 22, 14, en donde está más en su sitio.

*Así es como los últimos serán primeros y los primeros últimos* (v. 16a). ¿Corresponde debidamente a la historia esta conclusión? Los primeros protestan no porque se les pague *después* de los otros, sino porque les pagan *tanto* como a los otros. Por tanto, es también una conclusión aparente.

*¿Ves tú con malos ojos que yo sea generoso?* (v. 15). Sólo se interesa por los primeros y por los últimos; por tanto, las categorías intermedias están allí sólo para hacer verosímil la historia. Esta frase plantea

esta comparación: «Lo mismo que el amo no es injusto dando *tanto* a los últimos como a los primeros, pues mide el salario, no por el trabajo realizado, sino por su generosidad, tampoco Dios es injusto abriendo su reino a todos, incluso a los pecadores, porque no cuentan nuestros méritos, sino su bondad».

Intentemos ver a qué situaciones sucesivas corresponden estas diversas conclusiones.

*Jesús* se dirige a los *judíos* y más en concreto a la *élite* religiosa, a los *fariseos*, escandalizados de ver cómo acoge a los pecadores. A ellos les cuesta mucho practicar la ley y a algunos les parece injusto no tener una recompensa mayor, según sus méritos (ved la parábola rabínica en la p. 122). Jesús les responde: la recompensa no se mide por los méritos del hombre, sino por la generosidad de Dios.

*En la comunidad* es distinto el auditorio de la parábola: no se dirige a los judíos, sino a los *discípulos*. Se mantiene el primer sentido, válido siempre para los cristianos (basta con ver las reacciones que todavía hoy suscita: «En ese caso no vale la pena cansarse tanto para merecer el cielo»). Pero se construye una enseñanza a partir de un detalle del texto que se convierte en alegoría; por entonces, los paganos han entrado en la iglesia antes que los judíos, que en general la han rechazado. La historia se convierte en una advertencia para los judíos: si rechazáis el mensaje, los paganos entrarán en el reino antes que vosotros.

Añadiendo el v. 16b (sacado de 22, 14), se acentúa esta amenaza: «Vosotros habéis sido llamados a entrar en el reino –dice Jesús–, pero de hecho muy pocos aceptan».

*Mateo* sitúa la parábola después de la pregunta de Pedro (19, 27): así se presenta como una aclaración de la respuesta de Jesús: los doce han pasado por delante de los jefes judíos, a pesar de que también a éstos se les llamó.

Los *santos padres* y los *predicadores* hicieron de ella una alegoría, fijándose en detalles secundarios. Ireneo ve en ella la llamada que Dios dirigió a las cinco épocas de la humanidad (Adán, Noé, Abrahán, Moisés y Jesucristo). Para Orígenes y Gregorio, Dios nos llama continuamente, en las cinco edades de nuestra vida: nacimiento, infancia, adolescencia, edad madura y ancianidad. Todo esto es verdad, pero no tiene nada que ver con la parábola.

Vamos a estudiar ahora dos parábolas como ejemplo de lo que decíamos en la p. 120. Si tenéis una sinopsis, convendrá que la utilicéis.

### → LOS INVITADOS QUE SE EXCUSAN Y EL INVITADO SIN VESTIDO DE FIESTA: Mt 22, 1-14; Lc 14, 15-24

Si prescindimos de los detalles secundarios, la parábola común a Mt-Lc resulta sencilla. Los *fariseos* tienen conciencia de su derecho al reino en virtud de sus méritos practicando la ley; los pecadores no tienen derecho a ese reino; ¿por qué los acoge Jesús? Jesús reconoce que el banquete había sido preparado para los justos, pero como rechazan la llamada última y decisiva que les lanza, convendrá que esos «justos» no se extrañen de ver que otros ocupan su lugar.

Lc la convierte en una exhortación para los *cristianos*. Los v. 18-20 desarrollan las razones principales (sobre todo el afán de los negocios temporales) que impiden a los cristianos de su comunidad responder totalmente a la llamada de Dios. Ved el contexto: 14, 1-14. La relación entre los v. 21b y 12-14 es muy interesante: no cuentan los méritos de los recién invitados, sino ante todo la voluntad de Dios de que no fracase su proyecto.

Mt ha unido dos parábolas.

En el *banquete de bodas*, añade rasgos alegóricos que permiten leer allí la historia de Israel: se trata de un *rey* (como lo es Dios para Israel) que celebra unas *bodas* (símbolo de los tiempos mesiánicos). El envío de los criados y los malos tratos evocan la suerte de los *profetas;* el incendio de la ciudad recuerda la destrucción de Jerusalén en el año 70.

La parábola del invitado sin *vestido de fiesta,* tomada aisladamente, tiene un sentido: ligada a la anterior, parece poco coherente: ¿cómo reprochar a un mendigo a quien se ha obligado a entrar que esté mal vestido? Aquí se convierte en advertencia para los *cristianos:* Dios les ha hecho entrar en la iglesia sin mérito alguno de su parte; pero el hecho de entrar en el banquete no supone una seguridad automática. También ellos están sometidos al juicio de Dios; la iglesia es el tiempo en que buenos y malos (v. 10) están mezclados todavía esperando la criba final (véase la parábola de la cizaña: Mt 13, 24-30).

### → PARABOLA DE LOS VIÑADORES HOMICIDAS Mt 21, 33-44; Mc 12, 1-11; Lc 20, 9-18

Es importante esta parábola, que recogen los tres evangelistas sinópticos: expresa con más claridad que las otras la conciencia que tiene Jesús de sí mimo; dicha en Jerusalén, cuando el conflicto con los responsables judíos alcanza su mayor tensión, es la última advertencia que les hace Jesús.

Habría que estudiar de cerca, en una sinopsis, estos tres textos.

---

*El rabino Zeira, hacia el año 300, cuenta una parábola para explicar el escándalo de la muerte de un rabino en su juventud:*

¿En qué nos hace pensar la muerte del rabino Bun? En un rey que había contratado a muchos obreros. Uno de ellos mostraba más ardor en el trabajo que los demás. Al ver aquello, ¿qué hizo el rey? Se llevó a aquel obrero y se estuvo paseando largo rato con él. Al anochecer, los obreros fueron a recibir la paga y el rey pagó una jornada completa a aquel con quien había estado paseando. Viendo aquello, los demás obreros se quejaron y dijeron: «Nosotros hemos sudado trabajando todo el día; y ése que sólo ha trabajado dos horas recibe la misma paga que nosotros». El rey respondió: «Este en dos horas ha hecho más que todos vosotros en toda la jornada».

Del mismo modo, el rabino Bun sólo había estudiado la ley hasta los 28 años, pero la conocía mejor que un sabio o que un devoto que la hubiera estudiado hasta los 100 años.

---

El recuadro que ofrecemos permitirá ver cómo su sentido fue evolucionando desde Jesús hasta los evangelistas pasando por la comunidad. Sería un buen ejercicio escribir en tres columnas los finales de esta parábola: Mt 21, 42-45; Mc 12, 10-12; Lc 20, 16b-19.

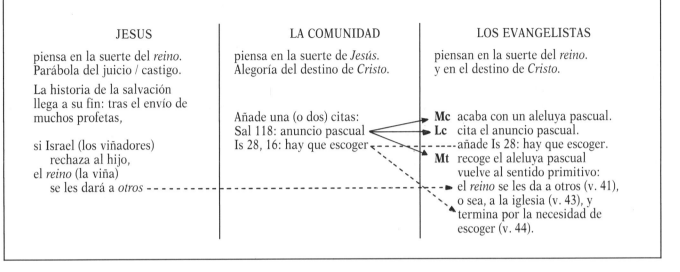

| JESUS | LA COMUNIDAD | LOS EVANGELISTAS |
|---|---|---|
| piensa en la suerte del *reino*. Parábola del juicio / castigo. | piensa en la suerte de *Jesús*. Alegoría del destino de *Cristo*. | piensan en la suerte del *reino*. y en el destino de *Cristo*. |
| La historia de la salvación llega a su fin: tras el envío de muchos profetas, | Añade una (o dos) citas: Sal 118: anuncio pascual Is 28, 16: hay que escoger | **Mc** acaba con un aleluya pascual. **Lc** cita el anuncio pascual. añade Is 28: hay que escoger. |
| si Israel (los viñadores) rechaza al hijo, el *reino* (la viña) se les dará a *otros* | | **Mt** recoge el aleluya pascual vuelve al sentido primitivo: el *reino* se les da a otros (v. 41), o sea, a la iglesia (v. 43), y termina por la necesidad de escoger (v. 44). |

*Parábolas del reino (Mt 13)*. La mayoría de las parábolas presentan el reino de Dios y el comportamiento que hay que tener ante su llegada inminente. Mt 13 reúne varias de estas parábolas. Podríais leerlas sirviéndoos del recuadro de la p. 124.

Jesús las dirige a la gente y explica algunas de ellas a los discípulos. Estas siete parábolas resumen muy bien los diversos aspectos del reino. Jesús proclama que su reino queda inaugurado por su predicación; luego se irá desarrollando, pero con la condición de que sus oyentes sean tierra buena *(el sembrador)*. A los que se extrañan del comienzo tan modesto de este reino, Jesús les responde: a pesar de todo y contra todas las dificultades, el germen de ese reino se convertirá en un gran árbol y hará fermentar toda la masa humana *(mostaza- levadura)*. El reino es tan maravilloso que, apenas lo descubre uno, está dispuesto a dejarlo todo para vivir de él *(tesoro- perla)*. Mientras va creciendo –el tiempo de la iglesia–, los buenos y los malos andan mezclados en él: es el tiempo de la espera y de la misericordia, pero, al final de los tiempos, Dios hará la distribución *(cizaña-red)*.

Esto nos permite distinguir tres realidades:

– *El reino de Dios* es una realidad del final de los tiempos en la que sólo participarán los justos. Pero está ya inaugurado desde ahora y actúa dentro del mundo.

– *El reino de Cristo o del Hijo del hombre* se desarrolla entre la resurrección y el final de los tiempos sobre el mundo entero. Los santos y los pecadores están mezclados en él. Al final, Cristo se lo entregará al Padre (1 Cor 15, 24).

– *La iglesia* no se identifica ni con el reino de Dios (que sólo se realizará al final de los tiempos), ni con el reino de Cristo (que se extiende sobre todos los hombres, creyentes y no creyentes). La iglesia es el lugar particular, en el reino de Cristo, en donde éste ejerce (debería ejercer) plenamente su acción. Desde este lugar particular es desde donde normalmente Cristo hace irradiar su poder y extiende su reino al mundo entero.

## • Finalidad de las parábolas

Si Jesús utiliza este lenguaje sencillo y tan conocido por sus oyentes, es para que lo comprendan, como es lógico. ¿Cómo puede entonces afirmar lo contrario (Mt 13, 13-15; Mc 4, 12; Lc 8, 10)? Hay que saber que para Jesús, como para Isaías a quien cita, se trata de una *interpretación: de hecho* no se entendió esta predicación, *de hecho* los oyentes no se convirtieron. Esta interpretación (¿de Jesús o de la comunidad?) es un intento por situar esa repulsa en el plan de Dios (ved *Para leer el AT*, 83: «Dios os va a castigar...», en donde se da una interpretación muy parecida).

## • Parábolas de comportamiento en Lc

Lc utiliza más que los otros las parábolas para señalar cuál ha de ser el comportamiento del discípulo. Debe desconfiar del dinero y de las preocupaciones materiales que pueden ahogar su vida espiritual (*Lázaro:* 16, 19-31; *el rico:* 12, 16- 21; *el banquete:* 14, 16-24). Debe rezar con insistencia *(el amigo importuno:* 11, 5-8; *la viuda y el juez:* 18, 1-8; *el fariseo y el publicano:* 18, 9-14). Debe sentirse prójimo de todos, sin preocuparse de su nacionalidad o religión *(el buen samaritano:* 10, 30-37). En una palabra, debe calcar su conducta en la del Padre que ama gratuitamente y se alegra de perdonar *(la oveja, la moneda perdida, el padre y sus dos hijos:* 15; *los dos deudores:* 7, 41-43...).

| | |
|---|---|
| SEMBRADOR | A la gente: *El reino de Dios está inaugurado; vendrá seguramente si se le acoge.*<br>A los discípulos: El porqué de las parábolas a la gente.<br>             Interpretación (¿por qué la comunidad?) de la parábola. |
| CIZAÑA | A la gente: *Los buenos y los malos están mezclados ahora, pero, al final de los tiempos, Dios hará la separación.*<br><br>MOSTAZA Y LEVADURA: *Pujanza del reino a pesar de sus aspectos humildes.*<br><br>A los discípulos: El porqué de las parábolas a la gente.<br>             Interpretación (por la comunidad) de la parábola de la cizaña.<br><br>TESORO Y PERLA: *El gozo de descubrir el reino permite dejarlo todo para vivir de él.* |
| RED | A la gente: *El mismo sentido que la parábola de la cizaña.*<br><br>A los discípulos: Jesús no tiene que interpretársela, pues la han comprendido. |

# 7

# La obra de Juan: evangelio y cartas

¡Curioso libro el evangelio de Juan! Sus palabras son muy sencillas, las de cada día; pero los especialistas no acaban de medir su profundidad. Los niños se sienten con él a gusto y los místicos lo tienen como libro de cabecera... Como los evangelios sinópticos, narra la vida de Jesús, pero es muy distinto de ellos...

## • El evangelio espiritual

Se le ha llamado el *evangelio espiritual*. En efecto, es el testimonio de un hombre y de una comunidad que, en el curso de largas meditaciones, ha ido progresando con la ayuda del *Espíritu* hacia la *verdad entera* (16, 13). Vamos a señalar algunas de las influencias que marcaron a esa comunidad. La única realmente esencial es la *presencia del resucitado experimentada en el culto*. La celebración de los sacramentos –bautismo y eucaristía– aflora a menudo en este evangelio. Allí es donde finalmente toman sentido las palabras y los gestos del Jesús terreno.

## • La comunidad de Juan

Se suele situar en Efeso. Sufrió numerosas influencias.

– *La filosofía griega*. Lo mismo que nosotros estamos marcados por pensadores que quizás no conocemos, pero cuyas ideas empapan el aire que respiramos, también los griegos «respiraban» el helenismo, aquella cultura que dependía de filósofos como Sócrates, Epicteto, los estoicos..., cuya síntesis con la fe judía intentaba hacer por entonces Filón en Alejandría. La comunidad de Jn vive en este ambiente, como indican ciertos temas o el hecho de designar a Jesús como el *logos*, la palabra.

– *El gnosticismo*. Esta corriente es difícil de definir, ya que puede revestir diversas formas. Su fondo común es que sus adeptos intentan adquirir la salvación por el conocimiento *(gnosis* en griego) reservado a unos cuantos iniciados. El evangelio de Tomás, descubierto en Egipto en 1946, nos da un ejemplo de ello. Jn tuvo que luchar contra estas tendencias gnósticas de su comunidad, y no es ciertamente casual que presente a Cristo ante todo como el que revela los secretos de Dios.

– *El judaísmo*. Jn depende ante todo de la fe judía. Ha asimilado los grandes temas de los profetas y de los sabios. El éxodo, el cordero pascual, el maná, el agua, la viña... le sirven para presentar a Cristo. Jesús es el pastor, la luz y, sobre todo, el «Yo soy» (equivalente de Yahvé), imágenes o títulos reservados a Dios.

Conocemos mejor a los esenios desde el descubrimiento de los manuscritos de Qumrán en 1947. Se observan puntos de contacto entre la doctrina de Jn y la suya: el Espíritu que conduce a la verdad, el dualismo u oposición entre dos realidades (luz / tinieblas, verdad / mentira). Pero esto manifiesta sobre todo que Jn y los esenios se alimentaron de los mismos textos del Antiguo Testamento.

## • El autor

Es probable que en su fuente esté la personalidad del apóstol Juan, pero su obra se fue formando en varias etapas hasta su redacción final hacia los años 95-100. Puede pensarse en una «escuela joánica», un grupo de discípulos que meditaban y profundizaban en las enseñanzas del apóstol.

# 1. Lectura de conjunto

Empezad leyendo de seguido el evangelio de Jn, con la ayuda eventual de algunas pistas.

## • La geografía de Juan

La geografía de los sinópticos es sencilla y sobre todo teológica. La de Jn es ante todo... geográfica. El autor conoce bien el país, y cuando está en desacuerdo con los otros en un punto histórico (la cronología de la pasión, por ejemplo), hoy se suele confiar más en él. La arqueología ha revelado la exactitud de ciertos detalles (como la existencia de la piscina de cinco pórticos, al norte del templo).

En los sinópticos, Jesús predicaba en Galilea y luego subía a Jerusalén para la pascua; su vida pública podía resumirse en unos meses. Para Jn, dura más de dos años: en efecto, Jesús sube a Jerusalén para tres pascuas: 2, 13; (¿5, 1?); 6, 4 y 11, 55. Jn habla de frecuentes viajes de Galilea a Judea, en donde Jesús tuvo que residir algún tiempo, concretamente en Jerusalén (1, 19- 51; 2, 13-3, 36; 5, 1-47; 7, 14-20, 31).

## • Algunos temas

Empecemos señalando algunos grandes temas que nos permitirán quizás encontrar ciertas claves de la composición del conjunto.

La palabra *hora* aparece a menudo, pero hay sobre todo nueve veces en que se nota un sentido especial en ella: Jesús o Jn declaran que esa hora no ha llegado todavía (2, 4; 7, 30; 8, 20). Al contrario, el día de ramos, Jesús se angustia porque ha llegado esa hora (12, 23.27). El capítulo 13 empieza solemnemente: «Sabía Jesús que había llegado para él la hora de pasar de este mundo al Padre...» (13, 1); el mismo Cristo se lo indica a sus discípulos (16, 32) y lo repite en su oración al Padre (17, 1).

Así, durante toda una parte del evangelio, Jesús camina hacia su hora, y ésta llega la tarde de la cena. Y esa hora es la de su subida al Padre. Esto nos orienta hacia otro tema.

*La oposición arriba / abajo.* Está el mundo de arriba, el de Dios, que es Espíritu, libertad, amor, luz; y el mundo de abajo, que es carne, esclavitud, odio y tinieblas.

Jesús pertenece, desde siempre, al mundo de arriba. Palabra de Dios, bajó a la tierra a revelarnos a Dios, a darnos el verdadero conocimiento *(gnosis)*. Su pascua es la hora de su subida al Padre.

Toda su vida está enmarcada para hacerse hombre (1, 1-18) - la oración sacerdotal de la palabra encarnada que sube al Padre (17). Pero si bajó él solo, en su exaltación arrastra consigo a todos los que creen en él (14, 3).

*Creer.* En su conclusión, Jn expresa claramente su objetivo: «Hemos escrito estas señales para que creáis que Jesús es el Mesías, el Hijo de Dios, y con esta fe tengáis vida gracias a él» (20, 30-31). Así, Jn quiere provocar la *fe;* ésta consiste en reconocer a Jesús como Mesías e Hijo de Dios. Esa fe, que es adhesión vital, es otro nombre del *amor.* Creer es tener la *vida* del Hijo; rechazarlo, es escoger la muerte.

*La vida, la muerte, el amor.* Estas tres palabras clave (u otras expresiones equivalentes) se encuentran repartidas en una proporción significativa: las tres cuartas partes de los empleos del tema *vida* están en Jn 1-6, los del tema *muerte* en 7- 12, y los del tema *amor* en 13-20.

Estos pocos elementos os permitirán trazar, si no un plan, al menos un camino.

### • Los signos y la hora

El evangelio se presenta dividido en dos grandes partes: *el libro de los signos* (1-12) - *la hora de Jesús* (13- 20).

Jn se sintió impresionado por esa hora de Jesús que presenta en su unidad: la muerte de Jesús es al mismo tiempo su exaltación: Cristo es *levantado* en la cruz como en un trono glorioso; desde allí derrama su Espíritu sobre el mundo. Es la manifestación del *amor*.

Pero este misterio es demasiado rico, ocurrió con demasiada rapidez. Jesús, según Jn, se da cuenta de que sus discípulos corren el peligro de pasar de largo por su sentido. Por eso, de antemano, durante dos años, desarrolla ese sentido por medio de *signos*, en forma de sacramento: sus milagros, pero también más en general sus obras (palabras y he-chos) que manifiestan la obra que el Padre le ha encomendado.

Esas obras provocan por parte de los testigos dos reacciones diferentes: unos *creen* y llegan así a la *vida;* y otros se niegan y escogen la *muerte*.

*a) El libro de los signos (1-12)*

### • *Los signos anuncian la vida que Dios da (1-6)*

Los discípulos dan su testimonio: la comunidad (1, 1-18), Juan bautista (1, 19-44), los primeros discípulos (1, 35-51).

Una serie de episodios anuncia el don de la vida: el signo de Caná manifiesta la gloria de Jesús (2, 1-12); expulsando a los vendedores del templo, Jesús da un signo: su cuerpo es el verdadero templo (2, 13-25); explica a Nicodemo que la fe es nacimiento (3, 1-21); Juan, amigo del esposo, da su testimonio postrero (3, 22-36).

Con la samaritana, Jesús parte del símbolo del agua / vida (4, 1-42).

Viene luego un conjunto sobre la palabra que da vida (4, 43-5, 47).

Se habla largo y tendido del pan de vida (6). El final de este texto prepara las dos secciones siguientes: algunos discípulos se niegan a creer y se unen a los adversarios con los que se enfrentará Jesús en la sección segunda; Pedro proclama la fe del grupo fiel (es el equivalente de la confesión de Cesarea en los sinópticos); ese grupo fiel se borrará ahora, dejando a Jesús solo ante sus adversarios; volverá a aparecer sobre todo en la última parte.

### • *Jesús y los que quieren su muerte (7-12)*

Jesús está solo ante sus adversarios. Juan hace ver todo el alcance de la lucha: ellos quieren su muerte; pero, al rechazarlo, ellos serán los que mueran.

Lo vemos así en el choque durante la fiesta de las chozas, cuando Jesús se declara luz y fuente del Espíritu (7, 1-8, 2). La curación del ciego de nacimiento indica la ruptura que se lleva a cabo (9).

Luego Jesús se define como pastor que da la vida por los suyos (10, 1-21) y como Hijo de Dios (10, 22-42), como resurrección y vida (Lázaro: 11, 1-45).

Los últimos episodios nos acercan a la hora final (11, 46-12, 50).

La comunidad puede entonces saber en qué está la fe verdadera (12, 37-50).

### b) La hora de Jesús (13-20)

Jn presenta la última cena de Jesús sobre todo como el *discurso de despedida*, en el que Cristo da sus últimas instrucciones a los discípulos: su amor fraterno será en adelante la forma como Jesús sigue presente en el mundo.

El proceso demuestra la dramática situación: condenan a muerte a Jesús, pero de hecho es él el que juzga al «mundo». Y su muerte se convierte en fuente de vida: de su costado abierto brota la fuente anunciada por Ez 47, 2 y Zac 13, 1, símbolo del bautismo y del Espíritu.

---

### ALGUNOS RASGOS DE JUAN

A Jn le gustan los *grandes conjuntos unificados:* nada de relatos rápidos de milagros como en los sinópticos, sino amplias narraciones de siete milagros escogidos (de ellos tiene cuatro propios), acompañadas frecuentemente de discursos, que se convierten así en ocasión de catequesis.

*El pensamiento progresa en espiral.* En cada conjunto se encuentra todo el pensamiento, pero cuando se vuelve de nuevo sobre ello, en el conjunto siguiente, es preciso seguir profundizando en el tema.

Jn parte gustosamente de *realidades concretas:* el agua, el pan, el nacimiento; pero muestra cómo esas realidades pueden hacernos subir a un plano superior. Esas realidades cotidianas son para él *simbólicas:* permiten evocar el mundo de Dios o, mejor dicho, crean un vínculo con él (tal es el sentido de la palabra *símbolo,* que quiere decir etimológicamente: *lo que une).*

---

## 2. Algunos textos de Juan

→ *OBJETIVO DE SU OBRA*

«Hemos escrito estas señales para que creáis que Jesús es el Mesías, el Hijo de Dios, y con esta fe tengáis vida gracias a él» (Jn 20, 31).

«Me he propuesto con esta carta que vosotros, los que creéis en el Hijo de Dios, estéis ciertos de que tenéis vida eterna» (1 Jn 5, 13).

Comparad estas dos conclusiones. Subrayad los temas comunes. ¿Cuál es el objetivo que se pretende en cada obra? Se ha llamado a la 1.ª carta de Juan *el libro de la experiencia cristiana:* ¿qué pensáis de ello?

→ *ALGUNOS CREYENTES*

En vez de tratar de un tema en abstracto (por ejemplo, la fe), Jn prefiere mostrar a un hombre o a una mujer que cree y que se convierte así en *tipo* o modelo del creyente. Sin entrar en demasiados detalles, podríais leer algunos textos para formar una serie de «retratos de creyentes».

— *La fe nace del testimonio (1, 35-51).*

Ved cómo cada uno es llevado de la mano por otro para ir a Cristo.

— *¿Saber o renacer? (3, 1-21).*

Nicodemo es un sabio, un rabino, que puede tratar de igual a igual con Jesús. ¿En qué consiste para él la fe?

— *Creer en el Mesías, salvador del mundo (4, 1-42).*

Al leer el encuentro con la samaritana, ved cómo parte Jesús de realidades concretas: el agua, la vida sentimental de aquella mujer. ¿Cómo la lleva a descubrir su misterio?

— *Creer en la palabra de Jesús (4, 43-54).*

Notad la progresión entre los dos verbos *creer:* en el v. 50, el centurión cree en la palabra de Jesús y marcha entonces a ver el milagro (que es aún del plano material); en el v. 53, constata el milagro y cree. Fijaos en esta sucesión: *ver* (con los ojos del

## JESUS SE REVELA A TRAVES DE ENCUENTROS

Juan ha escrito un evangelio que se encuentra teológicamente muy elaborado. Por eso, sus diversos personajes tienen un profundo valor simbólico: aparecen como representantes de las diversas tendencias (o tensiones) humanas, dentro o fuera de la iglesia. Por eso, el encuentro de Jesús con cada uno de esos personajes forma parte de la misma trama del evangelio y viene a presentarse como revelación cristológica en el comienzo mismo de la iglesia:

1. *Encuentro con los discípulos*                                               Jn 1, 35-51

    de la BUSQUEDA

    al DESCUBRIMIENTO             DE LA IDENTIDAD DE JESUS

        – el Maestro de Nazaret

        – el Mesías

        – el Hijo de Dios

        – el Hijo del hombre

    La vida de los discípulos

2. *Encuentro con Nicodemo*                                          Jn 3, 1-21

    – el camino del INTELECTUAL «criticado»

    – renacer de lo ALTO: de la CURIOSIDAD

                a la FE

3. *Encuentro con la samaritana*                                  Jn 4, 1-42

    – el camino de la MUJER y de los MARGINADOS               cf. Jn 8, 1-11

    – el don de la persona: «*Yo soy*»

---

cuerpo) y *creer - creer para ver* (con los ojos del corazón). Lo encontramos frecuentemente en Jn.

– *Los verdaderos ciegos (9, 1-41).*

Se ponen en contraste a un ciego que ve lo esencial y a unos videntes que son ciegos ante lo esencial. Intentad descubrir las etapas por donde Jesús conduce progresivamente al ciego a descubrirlo.

– *Ver para creer (20, 1-20).*

Fijaos en el camino de la fe del «otro discípulo»: «Al ver aquello, creyó, porque hasta entonces no habían entendido lo que dice la Escritura...». Esto quiere decir que cuando el resucitado les (nos) haya abierto la inteligencia de las Escrituras, no será necesario ver para creer. La Escritura bastará para hacernos conocer quién es Jesús.

– *Creer para ver (20, 24-49).*

Se presenta a Tomás como tipo de hombre que duda. ¿A qué fe quiere conducirnos Jesús? (ved la respuesta de Pedro en 6, 69).

### • El signo de los panes (6, 1-71)

Este conjunto, uno de los más largos de Jn, es importante. Situado al final de la predicación de Jesús en Galilea, resume lo esencial de su ministerio. El c. 5 mostraba la incredulidad de los judíos de Jerusalén; el c. 6, la de las gentes de Galilea. Si prescindimos del pequeño grupo de los doce (y uno de ellos le traicionará: v. 71), todo Israel se niega a creer.

El *milagro de los panes* (6, 1-15) es paralelo a los otros cinco relatos que encontramos en los sinópticos. Como ellos, Jn ve en el gesto de Jesús *dando gracias* y *repartiendo los panes* una anticipación de la cena. Pero lo convierte sobre todo en el *banquete mesiánico:* es el banquete que ofrece el Mesías y que se esperaba para el fin de los tiempos; Jn acentúa la iniciativa de Jesús (es él quien lo hace todo, el que distribuye) y la gente lo reconoce como el profeta, intentando hacerlo rey.

El *paseo sobre las aguas* (6, 16-21) insiste en la persona de Jesús. Es un paseo triunfal del «Yo soy» (Dios) en toda su gloria. Manifestando la fuerza divina de Jesús, el relato quiere preparar a los discípulos a aceptar el mensaje sobre el pan de vida.

Después de su nuevo encuentro con la gente y del diálogo sobre las obras (6, 22-29), Jesús habla del pan de vida.

→ **EL PAN DE VIDA**
   *6, 30-59*

• Subrayad las palabras que se repiten y su lugar en el texto (las Biblias traducen por *comer* dos verbos distintos; en los v. 54.56.57.58b se habla de *mascar,* que es más realista). Ved si hay ciertas expresiones que forman una inclusión.

Notad las objeciones a los v. 30.40-41.52: Jn renuncia así expresamente a la discusión.

Habréis observado que las palabras importantes del texto aparecen todas ellas en la cita del v. 31. Este discurso es quizás una homilía (Jesús predica de hecho en la sinagoga: v. 59), construida según las reglas de la predicación judía: se parte de una *cita de la Escritura,* sacada generalmente del Pentateuco, y se recogen cada una de sus palabras para *actualizarlas,* para mostrar cómo se aplican a los oyentes. Habitualmente aparece durante el comentario una *segunda cita sacada de los profetas* (el v. 45 parafrasea aquí a Is 54, 13). Se utiliza de buena

gana el contraste: «No ya..., sino..., porque...», como en los v. 32-33 y 46-47.

Después de la cita del v. 31 y el contraste del v. 32, hay una inclusión para delimitar el primer conjunto: v. 35 y 48. A partir del v. 49, que recoge el 31a, viene un segundo conjunto. El v. 58 sirve de conclusión a todo.

– ¿De qué pan habla Jesús en 35-48? Notad la frecuencia del verbo *creer* o su equivalente *venir a.* El tema de la palabra de Dios que se asimila o «se come» por la fe es muy conocido; ved por ejemplo: «El hombre no vive sólo de pan, sino de todo lo que sale de la boca de Dios» (Dt 8, 3, o Sab 16, 26; Ez 3, 1s...).

– ¿De qué pan habla Jesús en 49-58? Comparad «mi carne para la vida del mundo» y «mi cuerpo que se entrega por vosotros» (Lc 22, 19).

La historia de la formación de este texto es muy discutida. Cabe pensar que Jesús se presentase solamente como la palabra encarnada que sus oyentes tenían que «comer», es decir, recibir por la fe. Después de pascua, los discípulos comprenden que Jesús se entregó también la noche de la cena de otra manera: su ser mismo (carne y sangre) entregado por nosotros se convierte en alimento. Jn había releído entonces el conjunto de aquel discurso en una perspectiva eucarística.

¿Cómo os aclara esto el vínculo entre palabra, eucaristía, fe, vida...?

→ **LOS «HECHOS DE LOS APOSTOLES»**
   *DE Jn 13-17*

Podría decirse de manera rápida: lo esencial que dice Lc sobre la vida de la iglesia en los Hechos, Jn lo pone en labios del mismo Cristo, en el discurso después de la cena. De hecho, este conjunto está compuesto de dos discursos que se repiten en parte.

Al leer estos textos, descubrid lo que se dice de *Dios / Padre;* de *Jesús:* viene del Padre y vuelve a él; viene a los discípulos después de su resurrección por una nueva presencia espiritual y los conduce al Padre; del *Espíritu.*

## REVELACION DE CRISTO Y ELECCION CREYENTE

Conforme ha señalado la tradición de la iglesia, Juan ha escrito un nuevo tipo de evangelio, de carácter *teológico*: rompe el esquema de discurso narrativo en que venían a moverse los sinópticos y viene a situarnos en un plano de «revelación profunda», en un nivel de opción interna o personal que debe realizar cada uno de los creyentes. Pues bien, situándonos en otro nivel, debemos afirmar que Juan es el más simbólico de todos los evangelios: nos habla de la fe desde los signos más concretos de la vida, desde el agua y el pan de cada día, como muestran los dos textos que siguen:

1. *Jesús, fuente de vida* y LA RESPUESTA DE LA FE

   El paralítico en la piscina de Betzatá-Jerusalén
   - curación      Jn 5, 1-19
   - crítica      Jn 5, 10-18
   - debate      Jn 5, 19-47

2. *Jesús, «pan de vida»* y LA CRISIS DE LA FE

   El signo del PAN a la orilla del lago de TIBERIADES
   - signo del PAN      Jn 6, 1-13.14-15
   - ENCUENTRO en el lago      Jn 6, 16-21
   - discurso del PAN      Jn 6, 22-70

   PALABRA
   JESUS
   DON DE SI

---

Intentad descubrir la situación y las cuestiones de una comunidad concreta, la de Jn y la vuestra.

• *Primer discurso (13, 31-14, 31)*

Señalad en primer lugar las articulaciones: inclusión desde 13, 33 hasta 14, 28: *me voy-vengo a vosotros*; desde 14, 1 hasta 14, 27.

Subrayad las palabras que se repiten: *creer* y las expresiones asociadas: *conocer, hacer obras, producir fruto...; amar* y las expresiones asociadas: *guardar los mandamientos, la palabra, morar...*; 14, 1-14 se centra en la *fe*; 14, 15-24, en el *amor*. Fijaos en las numerosas preposiciones: *en, con, entre...*

¿Cómo se expresa aquí lo esencial del misterio de la ascensión (glorificación de Jesús) y de pentecostés (nueva presencia de Jesús por el Espíritu)?

• *Segundo discurso (15-17)*

Podríais ver cómo se desarrollan en él los mismos temas y deteneros en algunos textos.

*La vid* (15, 1-17): ¿cómo se expresa aquí en forma alegórica la doctrina de la iglesia, cuerpo de Cristo?

*El Espíritu y la comunidad enfrentada con el «mundo»* (15, 18-16, 15). Ved las diversas funciones del Espíritu: dar a conocer al Padre y a Jesús, defender la fe del creyente mostrándole que Jesús es vencedor.

*La comunidad encargada de dar a luz a Cristo en el mundo* (16, 16-33). Para entender los v. 21-22, repasad Is 27, 17.20; 66, 7.14 y un texto que veremos más adelante, Ap 12, 4-6. La pasión se presenta como el sufrimiento de la comunidad que trae al mundo a Cristo a lo largo de su historia.

*La oración de Cristo* durante su pasión, su resurrección, su vida en la iglesia (17).

→ **EL PROLOGO**
   *1, 1-18*

Este maravilloso himno resulta difícil. Condensa en palabras muy sencillas una larga reflexión teológica.

Para una primera aproximación, podríais intentar buscar su estructura y cómo su pensamiento se arraiga en las Escrituras.

*Para su estructura,* empezad señalando las palabras que se repiten y los pasajes que se corresponden. Este himno parece estar construido de forma concéntrica, según un procedimiento común de la época y que aparece con frecuencia en la Biblia:

---

### EL PROLOGO DE JUAN

La lectura de Juan está profundamente influida por eso que pudiéramos llamar el *poema teológico* de su prólogo (1, 1-18). Evidentemente, ese prólogo se puede interpretar como introducción: así ofrece la clave de lectura de todo el evangelio. Pero también puede entenderse como conclusión: como resumen y sentido del libro en su conjunto. Pues bien, la tradición cristiana y la misma teología han entendido y siguen entendiendo ese prólogo en claves distintas, que pueden ser complementarias:

– *En un primer nivel, el prólogo es un texto judío* que reasume las palabras primeras de la Biblia (Gn 1) y la revelación sapiencial israelita (Sab, Eclo, Prov). A partir de ese trasfondo, la novedad cristiana está en el hecho de que el «logos» o palabra creadora de Dios viene a encarnarse: se ha identificado con un hombre que se llama Jesús y que aparece como Cristo de la historia (1, 14.17).

– *En un segundo nivel, ese prólogo se puede entender en plano griego:* el «logos» de Dios se identifica con su «mente» originaria (nous) o con su misma inteligencia creadora (demiurgo). Pues bien, para los griegos, ese «logos» se mantiene siempre trascendente con respecto a nuestra historia. En contra de eso, los cristianos afirman que el «logos» se ha manifestado o revelado sobre el mundo, asumiendo con ello «carne» (historia, vida e individualidad) humana: es

el Unigénito de Dios que ha querido realizar su camino filial entre los hombres.

– *Este prólogo se puede interpretar después en plano que está cerca de la gnosis:* conforme a esta visión, Dios se hallaría en principio separado de los hombres; los hombres estarían perdidos sobre el mundo, como seres incapaces de subir hacia la altura divina de donde descendieron. Pues bien, en un momento determinado, el mismo «logos» o pensamiento de Dios ha debido introducirse en nuestra historia para rescatarnos y librarnos de ese cautiverio. Continuando en la línea anterior, debemos afirmar que también en este caso la novedad cristiana está en el hecho de que el «logos» ha de interpretarse ahora como «carne» (un hombre de la historia). Por eso, la salvación no está en dejar la historia, para volver al plano eterno, sino en vivir esa historia desde dentro, con el logos de Dios que se ha encarnado y realizado humanamente en ella.

– *La interpretación cristiana del prólogo de Juan nos lleva hasta los dos principios o los dogmas primordiales de la iglesia:* Trinidad y Encarnación. El cristianismo es Trinidad: es el misterio del amor de un Dios que es Padre y es Hijo, es un encuentro de personas (es amor mutuo en el Espíritu Santo). Al mismo tiempo, el cristianismo es Encarnación: es la presencia de Dios dentro de la historia, a través del mismo Hijo divino (eterno) que asume y configura (recrea) por dentro nuestro mismo camino de la historia.

---

| 1-5 | El Verbo al lado de Dios | 16-18 |
| 6-8 | Juan bautista | 15 |
| 9-11 | venidas del Verbo | 14 |
| 12-13 | | |

En el centro (v. 12-13) se encuentra la filiación divina ofrecida a los creyentes. Las demás estrofas que se corresponden no son una simple repetición. Los v. 9-11 parecen presentar las venidas de la palabra al mundo y a su pueblo judío *(los suyos);* el v. 14 celebra la encarnación. Los v. 1-5 sitúan al Verbo en su eternidad y su acción creadora; los v. 16-18 insisten en la revelación realizada por Jesucristo.

*Para el arraigo bíblico del pensamiento,* ved las notas de vuestra Biblia. Algunas indicaciones:

*Al principio:* el evangelio empieza como el Génesis. La venida de Jesús es un nuevo comienzo del mundo (ved también Mc 1, 11).

Designar a Cristo como *logos* (Verbo, palabra) es situarlo en la corriente bíblica: Dios crea por su palabra (Gn 1; Is 40, 26; Sal 33, 6), o por su sabiduría (Sab 7, 22), a quien dio el ser antes de todas las cosas y que vive junto a él (Prov 8, 23- 36; Sab 7, 22-30). Esta sabiduría, es decir, Dios mismo en cuanto que es sabio, ha venido a habitar entre los hombres (Eclo 24, 1- 22) y se identifica a veces con la ley, presencia de Dios en su pueblo (ved *Para leer el AT,* 109.114.123). Pero llamar a Cristo *logos* es también situarlo en el pensamiento estoico para el que ese *logos* es el principio de cohesión del mundo.

*Acampó* entre nosotros (lit.: *puso su tienda entre nosotros)* (cf. Eclo 24, 7-8). La palabra griega *skene* (tienda) parece aludir a la *Shekinah,* la presencia real de Dios en su pueblo. Jesús es el verdadero templo desde donde irradia sobre nosotros la gloria de Dios.

• **Primera carta de Juan**

La comunidad tropieza con dificultades: hay divisiones (4, 3), cristianos que no se quieren (2, 9; 4, 20), que se creen sin pecado (1, 10) o que sienten la tentación del gnosticismo, pretendiendo alcanzar a Dios por el mero conocimiento sin preocuparse de su forma de vivir (2, 4); algunos han dejado la comunidad y han renegado de Cristo (2, 19.22).

Para responder a ello, Jn apela a una doble experiencia:

– *Su experiencia de testigo* (1, 1-4). Leed estos versículos. No dice que vio o escuchó al Verbo, sino que vio *del* Verbo (palabras y gestos suyos) y que eso le permitió, por la fe, llegar al misterio de aquel hombre para reconocer en él al Hijo de Dios.

– *La experiencia de los cristianos* (5, 13). Apela a lo que recibieron en la catequesis bautismal y a lo que viven en su experiencia diaria. Por la fe han de descubrir que han recibido la semilla de la palabra de Dios (2, 14; 3, 19), que han sido empapados por ella como si esa palabra, derramada por el Espíritu, fuera aceite (2, 20.27).

El tema fundamental que aparece sin cesar, como en una sinfonía, es: «Estáis en comunión con Dios». Pero este místico tiene los pies en el suelo: la comunión con Dios en los frutos que produce.

Resulta difícil trazar un plan; pero, ¿es necesario trazar ese plan en una meditación? Lo importante es ver a qué corresponde eso en nuestra experiencia personal.

En vuestra lectura podríais atender sobre todo a estos aspectos:

– *Los actores:* el Padre, Jesús, el Espíritu, el autor y su comunidad, los creyentes, los que se han apartado... ¿Cómo los presenta? ¿Cuál es su papel? ¿Con qué temas van asociados?

– *Los temas principales:* señalad las palabras y expresiones que se repiten; intentad agrupar los que van juntos y señalar lo que esas relaciones aportan al vocabulario de base; por ejemplo: amor, amar, conocer, comunión, permanecer en..., pecado, diablo, «mundo», espíritu del mal, anticristo..., luz / tinieblas..., vida / muerte..., justicia...

## 3. La pasión según Juan

Mucho después de los acontecimientos, a la luz del Espíritu y de la vida de la iglesia, sobre todo de la celebración de los sacramentos, Juan medita la pasión.

En su relato, muy parecido al de los sinópticos, escoge los episodios más cargados de sentido. Presenta la pasión como la *marcha triunfal de Jesús al Padre*. Jesús sabe que va a morir, sabe de qué muerte y va libremente hacia ella: «Nadie me quita la vida, yo la doy voluntariamente» (cf. 10, 18). Todos los detalles de la pasión cumplen no sólo las Escrituras, sino los anuncios que de ella había hecho Jesús.

Jn subraya la *majestad del Hijo de Dios* que sufre. Cuando lo arrestan, Jesús no recuerda –como en Mt– las legiones de ángeles que podrían liberarlo; le basta con declarar «Yo soy», para que sus enemigos caigan al suelo. Jesús es crucificado como *rey;* lo reconoce Pilato haciéndole *sentar en su tribunal* (19, 13), y lo proclama la inscripción de la cruz en varias lenguas (19, 19-20).

Jn no separa la muerte y la exaltación. La subida de Jesús a la cruz es también su ascensión a la gloria de Dios desde donde envía el Espíritu sobre el mundo (19, 30). «Cuando me levanten de la tierra, tiraré de todos hacia mí» (12, 32). La cruz se convierte en el trono glorioso desde donde Jesús funda la iglesia: de su costado abierto brotan la sangre y el agua, los dos sacramentos del bautismo y de la eucaristía.

*El arresto en el huerto* (18, 1-12). Jn no cuenta la agonía (pero recogió lo esencial en el episodio del día de ramos: 12, 23.27) ni la huida de los discípulos. Muestra sólo la majestad de Jesús. El «Yo soy», repetido dos veces (v. 5.8), era el nombre mismo de Dios en las Escrituras.

*El proceso judío* (18, 13-27). Jn prescinde de la comparecencia ante el sanedrín y es el único que habla del interrogatorio en casa de Anás. Jesús se presenta como el que revela a Dios: aparece 5 veces el verbo *he hablado* y una vez el *he enseñado*. Contraste trágico: mientras da su último testimonio, Pedro le niega. Y Caifás señala, a su pesar, el sentido de la pasión: Jesús muere por el pueblo (v. 14).

*El proceso romano* (18, 28-19, 16). Es la escena principal de la pasión en Juan. Las idas y venidas de Pilato entre Jesús, dentro del pretorio, y los judíos de fuera cortan la escena en siete cuadros que se corresponden en torno al centro (la coronación de espinas). Es el gran proceso entre Jesús y los judíos. Jesús es acusado, pero de hecho es él el que juzga. Jesús es rey, pero un soberano que reina sobre los

que escuchan su palabra. En el centro, la escena de la coronación, despojada de todo detalle (esputos, genuflexiones), hace destacar el título de rey. Y la escena termina apoteósicamente: Pilato hace sentar a Jesús en su tribunal para proclamarlo rey (v. 13).

*El calvario* (19, 17-37). Jesús es crucificado como *rey:* lo atestigua la inscripción. Los judíos lo rechazan una vez más. La túnica sin costura no se rompe *(skizo,* en griego, de donde viene la palabra *skisma, cisma):* Jn ve en ella un símbolo de la iglesia: Jesús muere para reunir a los hijos de Dios dispersos (11, 52).

Jn es el único que habla de María al pie de la cruz. Al llamarla *mujer* y entregarle al discípulo por hijo, Jn parece señalar el papel especial de María en la iglesia.

*Jesús entrega el Espíritu* (v. 30): con esta fórmula extraña de hablar de la muerte, Jn señala a Jesús enviando su Espíritu sobre el mundo.

El cuadro final, propio de Jn, expresa el sentido que tiene para nosotros la muerte de Cristo. El es el *cordero pascual* de la nueva alianza. Más aún, es *Dios mismo traspasado,* como lo anunciaba Zac 12, 10s (véase *Para leer el AT,* 113). Jesús es el verdadero templo donde reside la divinidad, ese templo del que Ez 47, 1-12 veía manar el agua, símbolo del Espíritu. Y el *agua* y la *sangre* serán en la iglesia símbolo de los dos sacramentos del bautismo y de la eucaristía.

*La sepultura* (19, 38-42). Jesús es sepultado por dos notables: José, el discípulo miedoso (v. 38), y Nicodemo, el que había ido a buscar a Jesús de noche. Lo ponen en *un huerto* –Jn es el único en decirlo en dos ocasiones–, un lugar en donde germina la vida.

## 4. El Jesús de Juan

«Lo que oímos, lo que vieron nuestros ojos, lo que contemplamos y palparon nuestras manos de la palabra, que es vida» (1 Jn 1, 1). Esta confidencia resume muy bien la experiencia de Juan. En la vida

## LA HORA DE JESUS, LA HORA DE LOS DISCIPULOS

Juan ha escrito un evangelio que sólo puede interpretarse rectamente como juicio: como encuentro en el que Dios despliega su verdad ante los hombres; como proceso en que los hombres descubren y realizan su verdad ante el misterio de Dios que se desvela en Jesucristo. Desde ese fondo, es primordial el tema de la *hora:* el momento de la manifestación final del Cristo como verdad definitiva de Dios y de los hombres, tal como ha venido a desvelarse en el calvario (cf. 2, 4; 5, 35; 8, 20; 11, 9, etc.). Desde ese fondo han de entenderse los pasajes que ahora siguen:

| | |
|---|---|
| 1. *La muerte de Jesús como «servicio»* | |
| – el gesto salvífico | Jn 13, 3-11 |
| – el gesto de amor | Jn 13, 12-17 |
| 2. *El discurso de «despedida»* | Jn 13, 31-14, 31 Iº |
| – plegaria final | Jn 15, 1-17, 26 IIº |
| = a la LUZ de la GLORIA | Jn 17, 1-8 |
| = para los DISCIPULOS | Jn 17, 9-19 |
| = para los creyentes: UNIDAD | Jn 17, 20-26 |
| AMOR - mandamiento | |
| FIDELIDAD en las pruebas | |
| el «ESPIRITU» - «paráclito» | |
| 3. *El drama de la pasión-muerte* | Jn 18-19 |

| JESUS - PILATO LA VERDAD Y EL PODER | | | | EL CUMPLIMIENTO | | | |
|---|---|---|---|---|---|---|---|
| 18, 29 | a | g | 19, 13 | 19, 17 | A | G | 19, 38 |
| 18, 33 | b | f | 19, 8 | 19, 23 | B | F | 19, 35 |
| 18, 38b | c d e | | 19, 4 | 19, 25 | C D E | | 19, 31 |
| | | | 19, 1 | 19, 28 | | | |

de Pablo hubo un antes y un después: de impostor, Jesús se convirtió para él en su Señor. Juan no conoció esa ruptura. Durante varios años, fue amigo de un hombre, de un profeta, en el que poco a poco reconoció a Cristo. Tras la noche de la pasión, descubre maravillado que su amigo era el Hijo de Dios, ¡es el Hijo de Dios! Y ésa es la paradoja del Jesús de Juan: es un ser muy humano al que se puede ver y tocar, pero en él, con los ojos iluminados por el Espíritu, se percibe el misterio inaudito del Verbo, del Hijo de Dios.

### • Un hombre

El Jesús de Jn es muy humano; tiene nuestro cuerpo y nuestra psicología. Cansado, se sienta en el brocal del pozo y pide de beber a una mujer desconocida (4, 6s); tiene un sitio donde puede cobijar una noche a sus amigos (1, 38; 3, 2); tiene amigos: Lázaro, María, Marta (11-12); conoce la desazón y llora por su amigo Lázaro (11, 33.35); acude a las bodas (2, 1s); es capaz de enfadarse y derriba las pesadas mesas de los traficantes (2, 15).

Como buen psicólogo, conoce el corazón humano (2, 25). Infinitamente respetuoso de los demás, puede evocar con la samaritana la vida turbulenta de aquella mujer sin que ella se sienta juzgada, y mucho menos condenada, como la mujer adúltera. Es alguien capaz de revelar a un ser, aunque sea pecador, lo mejor de sí mismo.

### • Un hombre de Dios

Podéis intentar un test difícil de personalidad: cualquiera que sea la pregunta que se le hace, Jesús no tiene más que una respuesta. ¿De dónde vienes? – Del Padre. ¿Adónde vas? – Al Padre. ¿Qué haces? – Las obras, la voluntad del Padre. ¿Qué dices? – Nada sobre mí, sino lo que he visto en el Padre... Más que los razonamientos abstractos sobre la Trinidad, este test nos introduce en el corazón del misterio de Dios. Jesús es a la vez totalmente libre, perfectamente él mismo, pero también es totalmente relación con el Padre, *hacia el Padre* (1, 1).

### • El revelador de Dios

Desde siempre junto a Dios, palabra y sabiduría de Dios, Jesús conoce su secreto y ha venido a dárnoslo a conocer. El Cristo de Jn es ante todo el que revela al Padre.

Lo hace con sus *palabras*, pero sobre todo con sus *signos*, sus milagros, sus acciones, su forma de vivir: «Felipe, quien me ve a mí, está viendo al Padre» (14, 9).

Lo revela además *dándonos el Espíritu*, que brota de su costado abierto (7, 38; 19, 30.34), el Espíritu encargado de conducirnos a la verdad entera (16, 13).

### • El Hijo del hombre

Resulta extraño en un escrito tan místico verse metido en el corazón de un proceso. Aparecen sin cesar términos jurídicos: *testimonio, juicio, acusar, convencer, paráclito* (defensor, abogado)... Es que

---

## LA RESURRECCION DE JESUS Y LA FE DE LOS DISCIPULOS

Siguiendo en la línea iniciada por Lc 24, Juan ha presentado la experiencia pascual de la iglesia en forma de catequesis y teología. Desde esta perspectiva hay que entender los dos capítulos finales de su evangelio: Jn 20 ofrece una primera visión de la experiencia de la pascua, desde la fe que busca (María Magdalena) y desde el surgimiento eclesial (resto de los discípulos); Jn 21 reelabora el mismo tema desde la misión del conjunto de la iglesia, interpretada a partir de las relaciones entre el discípulo amado (la comunidad de Juan) y Pedro (representante de la autoridad oficial).

1. *Frente al sepulcro vacío* — Jn 20, 1-18
   – MARIA DE MAGDALA –PEDRO
   – el «DISCIPULO» CREYENTE

2. *El encuentro con Jesús resucitado* — Jn 20, 19-29
   – la MISION     – EL ESTATUTO DE LA FE

3. *El último encuentro con los discípulos* — Jn 21
   – EL SIGNO DEL PAN Y DE LOS PECES
   – LA TAREA PASTORAL DE PEDRO

Jesús es Hijo del hombre, aquella figura de Daniel que se esperaba al final de los tiempos para juzgar a los hombres. A Nicodemo, Jesús le declara que es el único que ha bajado del cielo (3, 11-13); no quiere ser el juez que condena, sino sólo el Hijo que salva; pero, como es luz, obliga al interlocutor a decidirse, a optar: provoca el juicio. Pero está al lado del creyente como abogado.

Este proceso continúa hasta el fin del mundo; por eso envía a otro Paráclito (14, 16), al Espíritu, encargado de defenderlo en el corazón de cada creyente (16, 7-11).

### • El Hijo de Dios

Jesús, finalmente, puede revelar a Dios porque él mismo es Hijo de Dios. La fórmula *Yo soy*, rara en los sinópticos, es frecuente en labios del Jesús de Jn, y hasta se utiliza cuatro veces de manera absoluta (8, 24.28.58; 13, 19). Corresponde al nombre mismo de Dios: Yahvé (Ex 3, 6.14).

### • La vida del creyente

Venido a nuestra carne, Jesús es todo lo que es para estar al servicio del creyente: es el pastor que da la vida por sus ovejas, es la luz, es la resurrección y la vida...

## 5. El culto o la vida vivida en la eucaristía

Para el cristiano de hoy, la palabra culto evoca más bien todo un mundo de ceremonias. Para los primeros cristianos, como para los judíos, evocaba ante todo la vida cotidiana. *Rendir culto* o *servir a Dios* no es sino orientar la existencia cotidiana dándole un sentido. Y ese sentido se expresa en ciertos gestos propiamente cultuales. Pongamos un ejemplo: los esposos no trabajan de manera distinta de los solteros, pero toda su vida está normalmente empapada de su amor; los gestos por los que atestiguan su cariño son la expresión de toda su vida y contribuyen a darle sentido a esa vida. Del mismo modo, los gestos del culto expresan la vida vivida en eucaristía y hacen que esta vida sea una eucaristía.

Leed Rom 12, 1-2; 1 Pe 2, 5 (y lo que dijimos en la p. 71s): el *sacrificio* de los cristianos (la *hostia*, según algunas traducciones) es su persona misma, su existencia vivida como *obediencia de la fe* (Rom 1, 5; 16, 26; Flp 2, 17; 1 Pe 1, 2. 14.22). Sobre la palabra *obediencia*, ved *Para leer el AT*, 134.

### • El culto espiritual en el Antiguo Testamento

El verdadero culto que reclaman los profetas es *el derecho y la justicia* con el prójimo (Am 5, 21; Is 58....), es *el amor y no los sacrificios* (Os 6, 6, recogido por Jesús: Mt 9, 13; 12, 7). Repasad el magnífico resumen de Miqueas 6, 8 (*Para leer el AT*, 56).

### • La bendición en el judaísmo

La existencia judía estaba tejida de bendiciones.

La jornada se vivía al ritmo de las *oraciones en la sinagoga* por la mañana, al mediodía y a la tarde: largas oraciones eucarísticas acompañadas de lecturas y salmos.

Cada acción era santificada por una de las *cien bendiciones*, frases cortas hechas por el mismo modelo: «Bendito seas, Señor, rey del universo, tú que...». Por ejemplo, al despertarse: «... tú que devuelves las almas a su cuerpo mortal»; al lavarse: «... tú que nos santificas por los mandamientos y nos mandas lavarnos las manos», al vestirse: «.. tú que vistes a los que están desnudos»; al ir al retrete: «... tú que modelaste al hombre con sabiduría y creaste en él desagües y canales».

Así, toda la vida cotidiana, incluso en sus aspectos más humildes, se vivía como una acción de gracias. Eso es precisamente lo que recuerda Pablo al responder a los cristianos que rechazaban ciertos alimentos y hasta el matrimonio: «Todo lo que Dios ha creado es bueno y no debe rechazarse, si se toma con acción de gracias (o *bendición);* entonces queda santificado por la palabra de Dios y la oración» (1 Tim 3, 4-5).

Las *comidas*, sobre todo las de las fiestas, son actos religiosos. El padre de familia o el que preside *dice la bendición, parte* el pan, lo *distribuye. Decir la bendición* no es bendecir el pan, sino situarlo en esa corriente vital que viene de Dios: Dios es la vida; con la bendición empalmamos con esa vida. Ese pan cargado de vida divina es partido y distribuido a los comensales que, al comerlo, se ven arrastrados a esa corriente de vida divina.

A esta *bendición*, don de la vida de Dios, responde por parte del hombre la *eucaristía*, la acción de gracias: reconoce, lleno de gozo y de asombro, que todo don, empezando por el de la vida, le viene de Dios.

### • El culto cristiano

Nacido en el judaísmo, el cristianismo adopta esta actitud y estas prácticas. Pero les da un nuevo colorido, ya que sabe que todo nos viene por medio de Jesús y que toda eucaristía sube al Padre por él.

Cuando leamos el Apocalipsis, veremos que la liturgia cristiana recoge el culto judío (p. 149). También los salmos son releídos a la luz de Cristo: ved la hermosa liturgia que se nos narra en Hch 4, 23-31.

Veremos cómo los cristianos crearon también sus propias oraciones y estudiaremos el *Padrenuestro*.

De momento, nos detendremos en lo que constituye el centro y la cumbre de la eucaristía cristiana: *la última cena de Jesús*. Los relatos son demasiado ricos para estudiarlos en una sola página; nos limitaremos a un aspecto: al ver las dos interpretaciones que dieron de ella los evangelios, veremos mejor cómo la *vida diaria* y el *culto* están unidos; Jesús sigue estando presente por medio de su persona ofrecida y por medio de la comunidad de los cristianos que se aman.

### → INSTITUCION DE LA EUCARISTIA

### • El contexto

Uno de los primeros relatos que se compuso fue el de la pasión: iba desde el arresto de Jesús hasta su sepultura, ofreciendo así el *desarrollo exterior* de la pasión. Pronto se dieron cuenta los discípulos de que era necesario anteponer los otros dos relatos que permitían captar *desde dentro* los acontecimientos: el relato de la agonía muestra cómo Jesús, plenamente hombre, asume dolorosamente su muerte cercana y cambia su sentido: la convierte de un fracaso en una ofrenda. El relato de la cena muestra cómo Jesús celebra de antemano su pasión. *Cena, agonía, crucifixión:* tres presentaciones de la pasión, cada una de las cuales lo dice todo, pero en una perspectiva diferente.

### • Los textos

En la sinopsis podéis ver los cuatro relatos que tenemos de la cena. Falta Juan, a pesar de que también él habla de la eucaristía.

Leed Mc 14, 23-25: ¿os parece este relato de una sola acción? Ved el final del v. 23 y el 24; el contenido de la copa (*esto:* v. 24) designa la misma realidad que el *fruto de la vid* (v. 25). Leed el texto saltándoos el v. 24b («*esta... por todos*»): ¿de qué género de banquete se trata? Leed el texto con el v. 24b: ¿de qué género de banquete se trata?

Leed Lc 22, 15-18 + 21-38; luego 22, 19-20. ¿Os encontráis de nuevo con estos dos tipos de banquete?

El recuerdo de la última cena de Jesús fue interpretado de dos maneras: como una *cena de despedida*, en la que Jesús da sus últimas consignas a los discípulos, o como un *banquete cultual*, en el que Jesús, con un gesto profético, celebra litúrgicamente su muerte. Un ejemplo: dos hijos se encuentran una tarde en casa del padre anciano; éste se aprovecha de la cena para repartirles sus bienes; los hijos se marchan y el padre muere poco después. Es posible que cada uno de los hijos haga de aquella cena un relato distinto: uno se acordará de ella como de la última comida con su padre (les dio sus consignas de que permanecieran unidos, de que se amaran...); el otro, más realista, sólo recordará que les distribuyó su herencia.

| Mt 26, 26-29 | Mc 14, 22-25 | Lc 22, 15-20 | 1 Cor 11, 23-26 |
|---|---|---|---|
| | | [15] Y les dijo: «¡Cuánto he deseado cenar con vosotros esta pascua antes de mi pasión! | |
| | | [16] Porque os digo que nunca más la comeré hasta que tenga su cumplimiento en el reino de Dios». | |
| | | [17] Cogiendo una copa, dio gracias y dijo: «Tomad, repartidla entre vosotros; | |
| | | [18] porque os digo que desde ahora no beberé más del fruto de la vid hasta que llegue el reinado de Dios». | |
| [26] Mientras comían, Jesús cogió un pan, pronunció la bendición, y lo partió; luego lo dio a sus discipulos diciendo: «Tomad, comed; esto es mi cuerpo». | [22] Mientras comían, cogió un pan, pronunció la bendición lo partió y se lo dió a ellos, diciendo: «Tomad, esto es mi cuerpo». | [19] Cogiendo un pan, dio gracias, lo partió y se lo dio, diciendo: «Esto es mi cuerpo, que se entrega por vosotros; haced lo mismo en memoria mía». | [23] El Señor Jesús, la noche en que iban a entregarlo, cogió un pan, [24] dio gracias, lo partió Y dijo: «Esto es mi cuerpo, que se entrega por vosotros; haced lo mismo en memoria mía». |
| [27] Y cogiendo una copa pronunció la acción de gracias, y se lo pasó, | [23] Y cogiendo una copa pronunció la acción de gracias, se la pasó, y todos bebieron. [24] Y les dijo: | [20] Después de cenar, hizo igual con la copa. | [25] Después de cenar, hizo igual con la copa, |
| diciendo: «Bebed todos, [28] que ésta es mi sangre, sangre de la alianza, que se derrama por todos para el perdón de los pecados. | «Esta es mi sangre, la sangre de la alianza, que se derrama por todos. | diciendo: «Esta copa es la nueva alianza sellada con mi sangre, que se derrama por vosotros». | diciendo: «Esta copa es la nueva alianza sellada con mi sangre, |
| | | | Cada vez que bebáis, haced lo mismo en memoria mía». [26] Y de hecho, cada vez que coméis de este pan y bebéis de esa copa, proclamáis la muerte del Señor, |
| [29] Os digo que no beberé más desde ahora de ese fruto de la vid hasta que llegue el día en que lo beba con vosotros, pero nuevo, en el reino de mi Padre». | [25] Os aseguro que no beberé más del fruto de la vid hasta el día en que lo beba, pero nuevo, en el reino de Dios». | [18] Porque os digo que desde ahora no beberé más del fruto de la vid hasta que llegue el reinado de Dios. | hasta que él vuelva |

## JUAN, EVANGELISTA DEL PARACLITO

Juan, evangelista del «logos de Dios» que se hace carne, viene a presentarse al mismo tiempo como el testigo primordial del Espíritu que, culminando sus funciones anteriores, viene a presentarse como *Paráclito*: es aquel don de Dios que, proviniendo de Jesús, nos capacita para superar el mundo y vivir conforme al evangelio. Los textos en que viene a presentarse su función son los cinco siguientes:

– *14, 16-17:* el Paráclito es el don de Dios en Cristo; por eso el mundo no puede recibirlo ni entenderlo.

– *14, 26:* el Paráclito guía a los discípulos de Jesús y les hace aptos para comprender sus enseñanzas.

– *15, 26-27:* el Paráclito rinde testimonio de Jesús y capacita a los discípulos, de forma que ellos puedan ser también testigos de Jesús sobre la tierra.

– *16, 7-11:* el Paráclito es presencia de Jesús en el camino de la historia; así es signo de su juicio y de su victoria sobre el mundo.

– *16, 12-15:* el Paráclito es la fuerza fundante de la iglesia; es recuerdo de Jesús, es presencia anticipada de su gloria. Por eso, una iglesia como la de Juan, que está fundada en la experiencia del Espíritu-Paráclito, viene a desvelarse como espacio de amor, de libertad y plenitud para todos los creyentes.

### • Una cena de despedida

El *discurso de despedida* es un género literario muy conocido en el Antiguo Testamento y en la literatura judía (ved, por ejemplo, Gn 49; 1 Re 2; Tob 4; 14). Uno sabe que está cercana su muerte y reúne a sus hijos o a sus discípulos: les exhorta a la virtud, especialmente al amor fraterno, les propone a menudo su propia vida pasada como ejemplo y les profetiza el porvenir. A veces, esto tiene lugar durante un banquete.

Leed Lc 22, 15-18 + 21-38; Mc 14, 25; Mt 26, 29; Jn 13- 17. Se recuerda aquí la última cena como la despedida de Jesús; da sus consignas: *por esta señal os conocerán como discípulos míos, porque os amáis...;* profetiza lo que le va a pasar, seguro de que va a entrar en el reino de Dios; y anuncia también el porvenir de la comunidad: que sus discípulos sigan unidos hasta la llegada definitiva de ese reino. La forma como Jesús sigue presente en el mundo es la comunidad formada por los que comparten su pan y viven en consecuencia.

### • Un banquete cultual o un gesto profético

Los profetas nos tienen acostumbrados a esas acciones que no sólo dicen un mensaje, sino que *realizan de antemano* lo que dicen (*Para leer el AT*, 55).

El gesto de Jesús de partir el pan, de darlo, de echar el vino, realiza de antemano la entrega de su cuerpo y de su sangre. Y como este gesto es un banquete, es decir, algo que se puede repetir, con unos alimentos que se pueden asimilar, podemos repetir esa comida y asimilar a la persona misma de Jesús entregado a la muerte y resucitado.

Mt, Mc y Lc situaron la cena en el ambiente del *banquete pascual judío* (celebrado aquel año la tarde del viernes santo), pero vieron su sentido de diferentes maneras.

*Mt-Mc:* Leed Ex 24, 4-8. La muerte de Jesús se presenta ante todo como la realización del sacrificio cultual que realiza la alianza.

*Lc-Pablo:* Leed Jr 31, 31-34 e Is 42, 6; 49, 8; 53, 12. La muerte de Jesús se presenta ante todo como el don de sí del profeta mártir. Gracias a él, se va a realizar por fin la nueva alianza.

A la luz de este estudio, ¿qué sentido puede tener hoy la cena para nosotros?

# ORACIONES CRISTIANAS

## • El Padrenuestro

*Mt 6, 9-13*

[9] Padre nuestro del cielo,
proclámese que tú eres santo,
[10] llegue tu reinado,
realícese tu designio
en la tierra como en el cielo;
[11] nuestro pan del mañana dánoslo hoy,
[12] y perdónanos nuestras deudas,
que también nosotros perdonamos
a nuestros deudores;
[13] y no nos dejes caer en la prueba,
sino líbranos del Malo.

*Lc 11, 2-4*

[2] Padre,
proclámese que tú eres santo,
llegue tu reinado,

[3] nuestro pan del mañana dánoslo cada día,
[4] y perdónanos nuestros pecados,
que también nosotros perdonamos
a todo deudor nuestro;
y no nos dejes ceder en la prueba.

El texto de esta oración resulta a veces difícil: la palabra *del mañana* (o *de cada día*) es única en la literatura griega; la fórmula *en la prueba* es oscura (ved los comentarios de vuestras Biblias). Los textos de Mt y Lc difieren en parte: a los discípulos les pareció más importante la fidelidad al pensamiento de Jesús que la reproducción exacta de sus palabras.

Comparad los dos textos y notad las semejanzas y las diferencias.

*Padre nuestro del cielo:* ¿qué sugiere el uso del *nuestro* y del *nos?*; ¿qué indica la proximidad *(Padre nuestro)* y la trascendencia *(del cielo)* tan íntimamente relacionadas? La palabra *Padre* traduce sin duda el *Abba* (papá), que caracteriza la actitud de Jesús y de los cristianos (Mc 14, 36; Rom 8, 15; Gál 4, 6).

¿Cómo *santificar* a Dios? Véase Ez 20, 41; 36, 20s.

*Llegue tu reinado:* ¿qué es lo que se pide? Ved p. 86.

¿Cuál es la *voluntad* o el designio de Dios? Ved, por ejemplo, Mt 18, 14; Ef 1, 9-10; 1 Tim 2, 4; Jn 6, 39-40...

¿Cuál es el sentido global de estas tres peticiones? (Lc se ha dado bien cuenta de que no forman más que una).

*El pan:* sobre el sentido distinto que se da a las palabras *de cada día*, ved las notas de vuestras Biblias. ¿Cuál es ese pan?; ¿sólo el alimento terreno o también el pan del reino?

*El perdón:* es la característica esencial del judío

---

## OTRAS ORACIONES

El Nuevo Testamento nos ha conservado muchas oraciones. Podríais leer y estudiar algunas de ellas. He aquí las más conocidas:

*Magnificat:* Lc 1, 46-55.

*Benedictus:* Lc 2, 68-79.

*Nunc dimittis:* Lc 2, 29-32.

La oración comunitaria de Hch 4, 23-31.

Varios cánticos compuestos por Pablo o recogidos por él: Flp 2, 6-11; Col 1, 12-20; Ef 1, 3-9; 3, 4-21; 1 Tim 4, 16; 6, 15-16; 2 Tim 2, 8; 2, 11-13; Heb 13, 20-21...

El himno de 1 Pe 1, 3-9.

Las numerosas aclamaciones litúrgicas del Apocalipsis...

y del cristiano: como Dios nos ha perdonado, no podemos menos de perdonar nosotros también.

*Tentación:* no se pide que Dios no nos someta a la *prueba,* como hizo con Abrahán (Gn 22, 1) o con su pueblo (Dt 8, 2), sino que no nos deje entrar en una tentación demasiado fuerte para nuestras fuerzas.

Ved el *contexto:* ¿por qué enseña Jesús esta oración según Mt y Lc? ¿Cuál es el tema que se desarrolla a continuación en Mt 6, 14-15 y en Lc 11, 5-13?

Juan y el águila (capitel del púlpito; catedral de Chartres, siglo XIII).

# 8

# El Apocalipsis

El Apocalipsis, un libro de fuego y sangre a imagen de nuestro mundo, es un libro que nos desconcierta: todo parece tan extraño...: su estilo, sus imágenes, su lógica... Ante una pintura no figurativa, no cabe preguntar qué es lo que representa, sino más bien cuál es la impresión que ella crea en nosotros. Lo mismo vale para los libros apocalípticos. Sin embargo, vendrán bien algunas claves para introducirnos en él.

## • Un apocalipsis

Este libro y el de Daniel son los únicos apocalipsis de la Biblia, pero se trata de un género muy corriente en el judaísmo de aquella época. Ved sus principales características en *Para leer el AT*, 119s. Recordemos lo esencial.

En tiempos de crisis, para mantener la fe y la esperanza de los creyentes, un autor intenta *desvelar (quitar el velo, apo- kalyptein* en griego) el término de la historia, descubrir lo que oculta el fin de los tiempos. Y esta revelación es a la vez *pesimista sobre el presente* (este mundo está bajo el dominio del mal, es irrecuperable) y *optimista respecto al futuro* (al final, Dios saldrá vencedor y re-creará a este mundo).

Utilizando la técnica del salto en longitud, el autor retrocede hacia atrás definiéndose como un personaje ilustre del pasado; puede así «anunciar» el porvenir inmediato (entre ese tiempo que se supone y el tiempo en que realmente escribe) y el porvenir final sobre el que tiene menos datos, lo cual le obliga a utilizar imágenes evanescentes. Gracias a ese retroceso, tiene la posibilidad de descubrir la manera como Dios dirige habitualmente la historia y de sacar de allí las leyes generales que utiliza para imaginarse el porvenir. O, por tomar otra imagen, el autor hace un «estudio de la trayectoria».

El autor de nuestro Apocalipsis escribe sin duda hacia el 95-100, fingiendo escribir hacia el año 60.

## • Un libro profético

Como se trata de un apocalipsis *cristiano*, ha cambiado profundamente el género literario. El cristiano reconoce a Jesús como el Mesías; por consiguiente, con él ha llegado ya el final de la historia; él es la clave de interpretación del mundo. Por eso este libro, aunque utiliza los procedimientos apocalípticos, es sobre todo un libro profético.

El autor no se oculta bajo un nombre falso; se designa a sí mismo como Juan, y se sitúa en Patmos. Se presenta solamente como testigo de Cristo vivo.

Aparentemente, se muestra pesimista ante el presente y aguarda para el final de los tiempos la nueva creación de nuestro mundo viejo. Pero un cristiano no puede menos de ser optimista: sabe que Cristo es el vencedor y que ya está actuando en el mundo. Lo mismo que los profetas, el autor intenta por consiguiente interpretar la historia actual, descubrir su sentido oculto.

### • Una liturgia

El culto es el lugar donde se encuentra ya ahora el Señor tal como será al final. Los sacramentos lo hacen presente desde ahora en nuestra vida diaria. Tal es la certeza gozosa que la liturgia proclama y celebra. Y veremos cómo el autor recoge la liturgia judía para expresar su mensaje de esperanza.

### • El autor

¿Es el mismo que escribió el cuarto evangelio? Hay las mismas razones (de estilo, de pensamiento) para responder de forma afirmativa que de forma negativa. Podemos atenernos a la tradición que los identifica; pero en el fondo se trata de una cuestión secundaria.

## 1. Lectura de conjunto

¿Por qué no comenzar leyendo este libro de un tirón? Muchos pasajes os parecerán oscuros. No importa. Cuando se entra en el museo de Angers, donde están expuestos los tapices de Lurçat, *El cántico del mundo*, se siente uno desorientado y maravillado: pueden escaparse muchos detalles, pero se siente uno «sumergido» en el Apocalipsis.

He aquí, sin embargo, algunas indicaciones que os podrán ayudar. Hay algunas bastante seguras, como la división en tres grandes partes; otras no tanto, como los títulos o la organización de la parte central. Usadlas, si os sirven de algo, pero no os creáis obligados a aceptarlas todas.

En su forma actual, el libro se presenta como una meditación sobre la iglesia: su vida depende de Dios, dueño de la historia, de Jesús, el testigo fiel, y del Espíritu que ora en ella.

### • La iglesia encarnada (1-3)

Después de unas palabras de introducción (1, 1-3), Juan se dirige a *siete iglesias de Asia*. Siete es una cifra simbólica para indicar la totalidad. Así, pues, se dirige a la iglesia, pero tal como está encarnada concretamente en unas comunidades, con sus defectos y virtudes. No es la iglesia ideal con que se sueña, sino la iglesia tan humana que todos conocemos, con nuestros temores, nuestros pecados y nuestro pobre deseo de servir al Señor.

La *visión del Hijo del hombre* (1, 9-20) indica claramente que la vida de la iglesia se desarrolla en presencia de Cristo glorificado (1, 20).

Estos capítulos, bastante fáciles, son esenciales; gracias a ellos, los demás no resultan en parte tan abstractos y nos vemos aludidos en ellos.

### • La iglesia comprometida (4-20)

Aquí empieza el Apocalipsis propiamente dicho... y sus dificultades.

Vemos a la iglesia luchando y moviéndose dentro de los problemas de su tiempo y de todos los tiempos. Son de dos órdenes: relaciones de la iglesia con el judaísmo (4-11); enfrentamiento con las potencias políticas totalitarias (12- 20).

#### a) La iglesia e Israel (4-11)

¿Qué relación guarda la iglesia, que se reconoce como «el nuevo Israel», y el verdadero pueblo de Dios, con el judaísmo que la combate? Juan responde: la iglesia es ciertamente el «pequeño resto» de Israel, los que son fieles a Dios por creer en Jesús, pero es un pueblo que se abre a todas las naciones.

*Liturgia celestial (4-5).* Este conjunto empieza por una visión grandiosa de Dios, señor de la historia, que reina en el centro del cosmos y del Espíritu (4). El Cordero, Cristo inmolado pero vivo, tiene el poder de abrir los siete rollos del Antiguo Testamento, sellado cada uno con un sello (5).

*Los acontecimientos vistos desde el «cielo» (6, 1-8,*

```
┌─────────────────────────────────────────────────────────────────────────┐
│                                                                           │
│                  LOS SIETE SELLOS - PRIMER SEPTENARIO                      │
│                       Ap 6, 1-8.9.17; 7, 1-8, 1                            │
│                                                                           │
│  A. Los cuatro caballos y los jinetes                                     │
│     (cf. Zac 1, 8-15; 6, 1-8)                                             │
│        1. Caballo BLANCO (cordero victorioso)                       6, 2   │
│        2.         ROJO (violencia y guerra)                         6, 4   │
│        3.         NEGRO (carestía y racionamiento)                  6, 5   │
│        4.         VERDE (muerte y peste)                            6, 8   │
│  B. La oración de los mártires                                      6, 9-11 │
│     y sexto sello:        – terremoto                              6, 12-14 │
│                          – convulsiones sociales                   6, 15   │
│  C. Séptimo sello                                                   8, 1-2  │
│              – SILENCIO DE ESPERA                                          │
│              – GESTO SIMBOLICO                                             │
│                 altar, oración de los santos                              │
│  D. La multitud de los redimidos                                   7, 1-17 │
│                                                                           │
│                                                                           │
│               LAS SIETE TROMPETAS - SEGUNDO SEPTENARIO                     │
│                          Ap 8, 6-11, 19                                    │
│                                                                           │
│  A. Las cuatro primeras trompetas                                         │
│        1. sobre la TIERRA                                     cf. Ex 9, 24-25 │
│        2. sobre el MAR                                                     │
│        3. sobre las AGUAS                                     cf. Ex 7, 20-21 │
│        4. en el CIELO                                         cf. Ex 10, 21 │
│           AGUILA EN EL CIELO = «ay» - «ay» - «ay»                          │
│  B. La quinta y sexta trompeta                                            │
│        5. Angel-estrella                              langostas contra los hombres │
│        6. Los 4 ángeles del castigo                                        │
│  C. Angel del juramento                                                    │
│                 CUANDO SUENE LA SEPTIMA TROMPETA,                          │
│           SE CUMPLIRA EL MISTERIO DE DIOS ANUNCIADO A LOS PROFETAS         │
│                                                                           │
└─────────────────────────────────────────────────────────────────────────┘
```

1). La visión de los siete sellos nos da el sentido oculto, «celestial», de los acontecimientos que se narrarán a continuación.

Podríais deteneros en esta visión del pueblo de Dios al final de los tiempos. Está constituido por elegidos que vienen de dos horizontes diversos:

## LOS «MISTERIOS» MEDIEVALES

En los «misterios», esas obras de teatro que son tan parecidas a nuestros «autos sacramentales», que se representaban en el pórtico de las iglesias, no se conocían los «cambios de decorado»: se veían juntos, por un lado, los acontecimientos terrenos, y, por otro, la corte celestial que juzgaba esos acontecimientos.

Juan parece utilizar ya este procedimiento. Presenta en forma de imágenes un acontecimiento, y luego el sentido invisible que tiene para la fe. Así, los acontecimientos evocados por la apertura de los siete sellos (6-7) van seguidos por otros que suscita el toque sucesivo de las siete trompetas (8-11). No se trata de hechos que se suman unos a otros, sino de dos caras, la visible y la oculta, de los mismos acontecimientos.

— unos vienen del *judaísmo* (7, 1-8). Son 144.000, o sea, no ya un número ridículamente limitado, como piensan algunas sectas, sino más bien una muchedumbre innumerable: 12 es la cifra de Israel (las 12 tribus); los elegidos son el cuadrado de esa cifra (12 x 12) multiplicado por 1.000;

— los otros vienen del *paganismo* (7, 9-17). Juan abandona aquí el lenguaje simbólico, para decirlo con claridad: son un gentío inmenso, innumerable.

*Los acontecimientos vividos en la tierra (8, 6-11, 9).* Los siete toques de trompeta que anuncian la desgracia no se suman a lo anterior, sino que muestran su aspecto terreno. El paso de Israel a la iglesia ha estado marcado por la terrible desdicha de la destrucción de Jerusalén en el año 70: Israel es *arrojado fuera y pisoteado por los paganos* (11, 1-2). Pero la iglesia, tomando el relevo de los dos testigos prestigiosos del Antiguo Testamento, Moisés y Elías (11, 6), y sobre todo de Jesús (11, 7-12), lleva el mensaje hasta los confines del mundo.

El episodio del librito comido (10) anticipa aquí lo que se repetirá en el c. 14.

*b) La iglesia y las potencias totalitarias (12-20)*

*La visión de la mujer y del dragón (12, 1-6)* marca un giro. Nos ofrece lo esencial de lo que va a seguir: la iglesia da a luz al Mesías en el calvario; Jesús es glorificado y Satanás queda derrotado. Este intenta dañar a la iglesia, pero Dios la protege. Las visiones siguientes desarrollan esta visión de conjunto.

*Las fuerzas que combaten (12, 7-14, 5).* También aquí se presenta en primer lugar la importancia oculta de esta lucha: en el «cielo», Miguel derrota al dragón, es decir, Dios triunfa sobre el mal (12, 7-18).

Concretamente, esto se traduce en la tierra por la lucha entre las potencias aliadas de Satanás y los fieles del Cordero. Las potencias malvadas están representadas por dos bestias: la *bestia del mar* (13, 1-10), símbolo de los imperios totalitarios (la Roma de entonces), y la *bestia de la tierra* que se pone a su servicio (13, 11-18), símbolo de las ideologías al servicio de los imperios totalitarios. Frente a ellas está el Cordero y quienes le siguen (14, 1-5).

*El anuncio del juicio (14, 6-19, 10).* Este anuncio se realiza en cuatro tiempos:

— Se proclama primero el *evangelio del juicio* (14, 6-13). Este pasaje recoge el c. 10, que presenta al *librito*, al evangelio. Este juicio es la ruina de Babilonia, o sea, de Roma y de todos los imperios totalitarios, y el descanso para los fieles.

— Pero la victoria de los fieles pasa *por la pasión*: los mártires son las uvas pisadas en el lagar de la vendimia (14, 14-20). Sin embargo, la victoria es segura y ya es posible celebrarla (15).

— La *ruina de los imperios totalitarios* (16-17), representados por Babilonia, la gran prostituta.

— *Dos cánticos* celebran el resultado: lamentación sobre Babilonia (18) y cántico de triunfo de los elegidos (19, 1-10).

*La victoria final del Mesías (19, 11-20, 15)* se presenta también en dos planos:

— en el «cielo» aparece Cristo, con el vestido rojo, no ya de la sangre de los enemigos, sino de su propia sangre (véase *Para leer el AT*: «Salmos de maldición», 139);

– en la tierra: los «mil años» de la historia de la iglesia.

### • La iglesia transfigurada (21-22)

Después de estos capítulos de sangre y fuego, el final, como el coro final de un himno a la alegría, nos introduce en la paz del paraíso, el mismo del Génesis, pero del que Juan nos advierte que no es ya nostalgia de una edad de oro perdida, sino esperanza que nos impulsa hacia adelante.

La iglesia baja del cielo. Esto quiere decir que es a la vez esta iglesia terrena en que vivimos, y la iglesia que ha sido completamente rehecha por Dios. Recogiendo la gran visión por la que se inauguraba la Biblia, esta iglesia recreada por Dios se convierte realmente en el reino de Dios, en la ciudad donde él establece su morada con el Cordero, el reino cósmico en donde todos los pueblos se encuentran como en su casa y donde Dios es todo en todos.

Pero esto no es todavía más que «visión»: es a la vez aquello que se vive oscuramente en la vida cotidiana de la iglesia, y aquello a lo que camina y

que tiene que promover. Por eso, el Espíritu no deja de inspirarnos su plegaria: «¡Sí! ¡Ven, Señor Jesús!».

## 2. Algunos textos del Apocalipsis

→ *CARTAS A LAS IGLESIAS*
*1-3*

Estas cartas siguen todas el mismo esquema:

– Dirección de la carta (nombre de la iglesia).

– Cristo, que envía la carta, designado por una imagen recogida de la visión del principio (1, 9-20).

– Examen de conciencia para hacer el balance de las faltas y virtudes e invitar a la conversión.

– Un estribillo al final de cada carta: «Quien tenga oídos, oiga lo que el Espíritu dice a las iglesias»; se promete un regalo al vencedor, regalo que se recogerá en la visión final (21-22).

Al leer estas cartas, intentad descubrir esta estructura. Luego podéis estudiar en detalle una carta, o bien interesaros por el conjunto deteniéndoos en dos aspectos:

– *La situación concreta de una iglesia es el sitio donde ella vive su fe*. En efecto, el examen de conciencia alude con frecuencia a un rasgo concreto de la ciudad (en Laodicea, por ejemplo, había una célebre escuela de medicina que fabricaba ungüentos para los ojos) o a un suceso que la marcó (Sardes, por ejemplo, fue conquistada varias veces por un enemigo «que venía como ladrón»). Ved las notas de vuestra Biblia. La situación concreta es entonces una «señal de los tiempos» para la comunidad.

– *La venida de Cristo en el culto*. Fijaos en los diversos dones que se conceden al vencedor (final de cada carta). Si los situamos en el contexto de los escritos judíos y cristianos, descubrimos que la mayoría aluden a los sacramentos. Los vestidos blancos (3, 5), la corona (2, 10; 3, 11), el nombre nuevo (2, 17) hacen pensar en el bautismo; el maná (2, 17), los frutos del árbol de la vida (2, 7), el banquete (3, 20), en la eucaristía.

---

### EL SIMBOLISMO DE LAS CIFRAS

*Siete* = cifra perfecta, la plenitud.

*Tres y medio* (mitad de siete) = imperfección, sufrimiento, tiempo de prueba y persecución. ¡Ojo! Tres y medio puede presentarse de varias formas, pero su valor simbólico sigue siendo el mismo, por ejemplo: *un tiempo, dos tiempos y medio tiempo* (1 + 2 + 1/2); tres años y medio tienen el mismo sentido que 3 días y medio, o 42 meses o 1.260 días.

*Doce* = Israel (las 12 tribus).

*Cuatro* = el mundo (cuatro puntos cardinales).

*Mil* = una cantidad imposible de contar...

---

### VISION DEL CIELO                                              Ap 4-5

«VI» = 5, 1.2.6.11
(cf. Ez 1, 1: «tuve visiones divinas»)

*El trono*

  a) invitación y respuesta                                4, 1-2
  b) visión                                                4, 3-8

REALEZA-SEÑORIO DE DIOS EN EL COSMOS-HISTORIA

«El que está sentado en el trono»

| | |
|---|---|
| 4. en torno al TRONO | = 24 ancianos |
| 5. desde el TRONO | = relámpagos, voces, truenos, |
| 5-6. ante el TRONO | = 7 lámparas y mar transparente |
| 6. en medio del TRONO | = los 4 seres vivientes: HOMBRE |
| | LEON |
| | TORO |
| | AGUILA |

24 ANCIANOS (Presbíteros) = Israel ideal
                            = Iglesia

  c) Liturgia celestial                                     4, 8-11
      doxología
      himno
      doxología coral

*El libro y el Cordero*                                           Ez 2, 8-3, 3

  a) La visión del rollo-libro (AT)                        5, 1-5
  b) La visión del Cordero
    (= Cristo muerto y resucitado)                     5, 6-7
  c) Liturgia celestial                                     5, 8-14
    4 vivientes
    24 presbíteros

  Angeles y criaturas alrededor del  { TRONO
                                      LOS VIVIENTES
                                      LOS PRESBITEROS

Podríais también buscar qué relación hay entre esos dones y la repetición que se hace de ellos en los c. 21-22. Observaréis algunos parecidos, pero también una diferencia: las cartas aluden a las celebraciones litúrgicas ordinarias de las comunidades; Ap 22 piensa sobre todo en la última cena, en la última pascua, aquella en que Cristo vendrá definitivamente como juez y salvador. Pero, ya en el culto, estamos invitados a la mesa del Señor, y en la que él se entrega a nosotros.

→ **LA GRAN EUCARISTIA**
**4-5**

Leed con atención este texto, uno de los más hermosos del libro. ¿Quiénes son sus *protagonistas?* ¿Qué es lo que hacen? ¿Qué relación hay entre ellos? ¿Qué significan los *lugares?*

Las referencias al Antiguo Testamento y vuestras Biblias con sus notas os ayudarán a descubrir el sentido de algunas imágenes. Los *ancianos,* los responsables en el pueblo de Dios, forman una especie de «presbiterio» en torno a Dios y evocan a los presbíteros que rodean al obispo en la liturgia. Los *cuatro vivientes* (o animales) representan al mundo creado con sus cuatro horizontes; forman el trono de Dios. Las *siete lámparas* significan probablemente al Espíritu Santo. El *libro* es el Antiguo Testamento que permanece sellado, incomprensible, hasta que Jesús no lo abra.

Fijaos en los *cánticos de alabanza.* ¿A quién se alaba? ¿Por qué? Notad la paradoja que expresa tan bien el misterio de Cristo: se anuncia a un *león* y aparece un *cordero como inmolado* (4, 5-6).

¿Qué relación hay entre el cielo y la tierra, entre Dios-el Cordero-el Espíritu y el universo-humanidad?

Parece ser que nos encontramos aquí a medio camino entre la liturgia judía y nuestras oraciones eucarísticas.

– *El oficio de la mañana de la liturgia judía* comprendía tres grandes bendiciones que enmarcaban la recitación del *Sema* (equivalente a nuestro credo). La primera celebraba a Dios como creador; la comunidad se unía al canto de los ángeles entonando el *Sanctus* (ved un extracto en la p. 150). La segunda daba gracias a Dios por el amor manifestado a su pueblo al darle la ley (ved algunos extractos en *Para leer el AT,* 134). Después del rezo del *Sema* (ved *Para leer el AT,* 77), la tercera bendición alababa a Dios por la redención concedida durante el éxodo, prenda de la redención que todavía ha de realizar.

– *La liturgia de Ap 4-5* sigue el mismo desarrollo. Intentad señalar sus elementos: alabanza al Dios creador, a Cristo que abre el libro de la ley permitiéndonos de este modo comprenderla, al Cordero del éxodo que realiza el éxodo definitivo y hace de su pueblo un reino de sacerdotes para ofrecer la alabanza del mundo.

– *Nuestras eucaristías.* Podríais fijaros en las oraciones eucarísticas que se emplean en vuestra iglesia: ¿se encuentran allí estos mismos elementos?

→ **LA MUJER CORONADA DE ESTRELLAS**
**12, 1-6**

El c. 12 es como el resumen de todo el libro. Por eso es importante distinguir bien a sus protagonistas.

– ¿Quién es el *dragón?* Ved 12, 9.

– ¿Quién es el *niño?* Os lo indica la cita del v. 5. ¿A qué acontecimiento de la vida de Jesús se aplica en el Nuevo Testamento este Sal 2? (*Para leer el AT,* 136).

– ¿Quién es la *mujer?* Antes de contestar, pensad en lo que acabáis de encontrar a propósito del niño. Luego leed Is 54, 1; 66, 7 y Jn 16, 21-22 (ved p. 133, y *Para leer el AT,* 81: «Hija de Sión»).

– ¿Cuál es la suerte de esta mujer (12, 13-14)? ¿En qué os hace pensar el desierto? (Para el simbolismo de los números, ved p. 147).

Parece ser que tenemos aquí un resumen del misterio pascual y de la situación de la iglesia en éxodo hasta el final de los tiempos. ¿Podéis concretarlo? ¿Qué sentido puede dar esto a la vida cristiana?

→ **LA IGLESIA TRANSFIGURADA**
**21-22**

Son unos capítulos magníficos. ¿Por qué no leerlos primero sencillamente por el gusto de leerlos, para saborear su poesía y su profundidad religiosa?

Para ir más lejos, habría que ver cómo expresan que todas las esperanzas del Antiguo Testamento se verán colmadas algún día y que esto está ya en camino de realización. Al final de este recorrido por la Biblia, esto podría ser al mismo tiempo un buen test de los conocimientos que habéis adquirido de la Escritura. El gran número de referencias que

> Bendito seas, Señor Dios nuestro, rey del universo, tú que formas la luz y creas las tinieblas, que haces la paz y creas todas las cosas, que en tu misericordia das la luz a la tierra y a cuantos habitan en ella, y en tu bondad renuevas la creación todos los días sin cesar. ¡Cuán numerosas son tus obras, Señor! En tu sabiduría, tú las has hecho todas...
>
> Bendito seas, Señor Dios nuestro, en los cielos, arriba y en la tierra, aquí abajo.
>
> Sea bendita nuestra roca, nuestro rey y nuestro redentor, creador de los seres santos. Alabado sea por siempre tu nombre, creador de los espíritus que le sirven. Y todos esos espíritus que le sirven se mantienen en las alturas del universo y con temor proclaman a plena voz las palabras del Dios vivo y eterno. Todos son generosos, puros, poderosos; todos cumplen temblando la voluntad de su amo; todos alaban, glorifican y santifican el nombre del gran rey...
>
> En el gozo tranquilo del espíritu, en un puro lenguaje, con una santa melodía, todos se responden a una sola voz en el temor y dicen con reverencia: Santo, Santo, Santo, Señor Sabaot; toda la tierra está llena de tu gloria.
>
> Y los ofanim y los santos vivientes con un rumor de grandes aguas, elevándose unos ante los otros, alaban y dicen: ¡Bendita sea la gloria del Señor, de su lugar!
>
> *Bendición de la liturgia judía*
> (Yotzer)

podéis ver al margen de vuestras Biblias quizás os desanime un poco... Podríais conceder especial atención a algunos temas:

– *La segunda creación se parece a la primera*, pero esta vez sin la serpiente ni el pecado. Leyendo Gn 2-3, podéis ver lo que se repite y lo que se suprime (Gn 2, 9; 3, 9).

– *Se realiza así el anuncio de la creación nueva hecho por los profetas* del destierro; ved Is 65, 17-19; 66, 22... En esta nueva creación ya no hay muerte, ni gemidos, ni lágrimas; ha quedado anulada la maldición del Génesis: ved Is 25, 8; 35, 10; 40, 2; Gn

3, 2. Esto mismo es lo que expresa la desaparición del mar, albergue de las potencias malvadas (cf. Job 7, 12).

– Esta *ciudad santa* está en continuidad con la iglesia terrena (Jerusalén) y con el cosmos, pero totalmente recreados (baja del cielo). Es la *morada de Dios entre los hombres*, como esperaban 2 Sm 7, 14; Is 7, 14; Ez 37, 27; Lv 26, 11-12... Es la *esposa de Dios* resplandeciente de luz: Is 52, 1; 60; 61, 10... Isaías describía las fortificaciones de esta ciudad (Is 54, 11) y Ezequiel reconstruía su templo (Ez 40).

## EL TRIANGULO SATANICO

El Apocalipsis se presenta como «revelación de Dios» para los fieles de Jesús. Pero en el trasfondo de ese Dios, como expresión del mal y perdición de nuestra historia, viene a desvelarse lo diabólico. Partamos de 12, 1-18. Se han situado frente a frente el signo de Dios que es la nueva humanidad (el verdadero Israel) y el signo de la perdición que es el dragón (el tentador o Satanás). Pues bien, una vez que Satanás ha sido derrotado y arrojado sobre el mundo, hace que surjan y combatan dentro de ese mundo sus «poderes», eso que llamamos el *triángulo satánico* que Dios debe destruir al final de nuestra historia (c. 18-22):

– *En contra de Dios viene a situarse la primera bestia* que proviene de Satanás (13, 1-10). Ella representa el poder divinizado de la tierra; es la idolatría de la fuerza, del Estado (que se expresa en aquel tiempo a través del imperio romano).

– *Viene luego una segunda bestia, que está unida a la primera* (13, 11-18). Es la palabra de la propaganda falsa, es la mentira que se viste de verdad, la ideología que se pone al servicio del poder y que destruye la mente y libertad de los humanos.

– *Culmina ese triángulo satánico en la gran ciudad prostituida*, la mujer fornicaria que ha vendido por dinero y por provecho propio la vida de los fieles; ésta es la «sociedad anticristiana» y antihumana que pretende convertirse en absoluta (17, 1-18).

Pero en esta ciudad de doce puertas (tantas como apóstoles, fundamentos de la iglesia, asentados en el único fundamento que es Cristo: 1 Cor 3, 11), ya no hay templo, porque Dios es todo en todos.

– Este *nuevo paraíso*, situado ante nosotros como una tarea que realizar y un regalo que recibir de Dios, está *regado por la fuente de agua viva* que brota del costado del Cordero inmolado; una fuente que tiene un nombre: el Espíritu Santo (ved Ez 47, 1-12; Zac 13, 1-3; Jn 19, 34 = p. 131).

– Y todo esto está ya presente gracias a la oración de la iglesia y del Espíritu. Y ha sido dado ya al vencedor en los sacramentos.

## 3. El Cristo del Apocalipsis

Pórtico real de Chartres en filigrana de piedra: aquí está todo el Apocalipsis. Los santos con su sonrisa extasiada, hasta los arcos inclinados en silencio, en donde cantan y rezan ángeles y ancianos, todo nos lleva hacia ese centro único: el Cristo majestuoso, sentado en el trono del universo sostenido por los cuatro vivientes que rodean el tímpano. Sólo se ha representado a Cristo, porque tiene rostro de hombre. El Padre y el Espíritu son presencia invisible.

– Alguien. Cuando se abre el cielo, Juan ve un trono. *Y sentado sobre el trono...*: no hay un nombre, sino un participio sin sujeto. Porque no se puede nombrar a Dios. Pero sólo él puede reinar sobre la creación. Porque es el *creador*. Y ante él, ese cosmos de los cuatro horizontes de Ezequiel se transforma en los serafines de Isaías para cantar su alabanza. Más aún: es el *Dios de los éxodos: el que es, el que era, el que ha de venir...* (1, 4). Se esperaba: «el que será»; pero ese «viene» lo introduce en la historia. Es el que camina con nosotros por medio de todas esas venidas de que habla la Escritura. Y es finalmente en su Hijo como viene a nosotros.

– *Cristo. El cordero como inmolado* es casi el nombre propio de Jesús que resume todo su misterio. El Cordero es ese hombre, Jesús de Nazaret, que lleva aún las marcas gloriosas de su lucha en la cruz y el vestido teñido de la sangre que ha derramado (19, 13). Pero está en pie, tal como lo puso la resu-

rrección, glorificado en el corazón mismo de Dios, con quien comparte el trono. El espíritu de siete llamas, irradiación de la vida de Dios, es la luz que lo ilumina interiormente y por sus siete ojos le permite verlo todo a la luz de Dios (5, 6). La segunda persona de la Trinidad es un hombre que arrastra en su gloria a toda la humanidad que lo celebra –los elegidos de Israel y el gentío de los paganos– y al cosmos que le sirve de aureola.

Es el *cordero pascual*, cuyo sacrificio permitió en otros tiempos, cuando el éxodo, la salvación del pueblo; aquel cuya sangre selló la alianza. Contemplado a través de la evocación del nuevo éxodo que cantó Isaías, ese cordero es el *siervo doliente*, cuya muerte vivida como ofrenda se convierte en luz y alianza para todos los pueblos. En él, la humanidad puede ser finalmente ese pueblo sacerdotal que da sentido al mundo entero, arrastrándolo en su alabanza al Dios que lo salva.

Pero paradójicamente ese Cordero se convierte en *pastor*, el pastor de Ezequiel (34, 23), que no es sino Dios apacentando a su rebaño con amor (Ap 7, 16-17).

*Hijo del hombre:* así es como se presenta Jesús a Juan en su primera visión (1, 12-20). Ese ser misterioso anunciado por Daniel para el final de los tiempos está ya aquí: es ese sacerdote de vestidura blanca y cinturón de oro; sus cabellos blancos señalan su eterna juventud; su voz es poderosa, y nada escapa a sus ojos, llamas ardientes que penetran hasta el fondo del corazón. En su boca, la palabra de Dios es espada acerada que separa el bien del mal.

Como Dios, es también *el primero y el último, alfa y omega.* Su resurrección lo ha hecho entrar en la verdadera vida. Ese *viviente* tiene ahora las llaves del Hades: ha forzado las puertas de la morada de los muertos, y la existencia cristiana es ahora esperanza de la vida verdadera.

*Testigo fiel,* como lo veía Isaías, puede serlo Jesús porque ha entrado en los secretos de Dios. En él conocemos al Dios invisible. El incognoscible ha tomado rostro humano y su belleza se refleja ahora en todos los rostros humanos, ya que el discípulo ha de seguirle llevando por todo el mundo su testimonio. Para Isaías, el mártir da su testimonio más con su vida que con sus palabras.

Jesús es el *compañero fiel* que llama a nuestra puerta para invitarse a comer con nosotros, para invitarnos a sentarnos con él en su trono (3, 14.21).

– *El Espíritu.* Llama septiforme que arde continuamente ante el icono de Dios, mirada de Cristo por sus siete ojos, el Espíritu es ante todo aquel que nos dice las palabras de Cristo: cada una de las cartas enviadas *por Cristo* acaba diciendo: «Así habla el Espíritu» (1-3). Maternalmente, el Espíritu nos invita al descanso (14, 13), pero sobre todo mantiene a la iglesia en la fidelidad a Cristo: es el amor que murmura en el corazón de la esposa las palabras que ha de decir: «¡Sí, ven, Señor Jesús!»...

## 4. «Según las Escrituras»

Con frecuencia, durante esta lectura del Nuevo Testamento, hemos apelado a las Escrituras, a eso que se ha convertido para nosotros en el Antiguo Testamento. Lo que decíamos como conclusión de *Para leer el AT* (sería conveniente repasar las p. 144s) os resultará seguramente ahora evidente: las Escrituras constituían el ambiente cultural y religioso de los primeros cristianos, lo mismo que de los judíos. Nos permiten entrar un poco en su universo simbólico, descubrir lo que ciertas expresiones a primera vista vulgares (como el *tercer día)* o ciertas realidades de cada día (como el *pastor,* la *viña...)* podían evocar para ellos.

Más profundamente todavía, las Escrituras son y siguen siendo la expresión de la promesa de Dios y de las esperanzas del hombre. Jesús, para sus discípulos como para nosotros, sólo adquiere un sentido si lo situamos en esa promesa y como respuesta a esas esperanzas.

Para convencernos más aún de todo ello, si fuera necesario, vamos a repasar brevemente algunos de los textos ya leídos y estudiar uno nuevo.

### • Palabras cargadas de sentido

Todos tenemos palabras que, debido a nuestra educación, a nuestras lecturas, a cosas que nos han pasado, encierran un sentido muy nuestro y que no puede ver espontáneamente otra persona que no haya vivido esa misma experiencia.

La familiaridad de los judíos y de los primeros cristianos con las Escrituras ha hecho que, para ellos, ciertas palabras estén cargadas de un sentido que a nosotros nos cuesta trabajo comprender, dado sobre todo el hecho de que nuestras traducciones ni siquiera logran muchas veces sugerirlo. He aquí dos ejemplos.

Lc comienza así su relato de la subida a Jerusalén: «Cuando iba llegando el tiempo de que se lo llevaran, Jesús decidió irrevocablemente ir a Jerusalén» (9, 51). Este adverbio *irrevocablemente* evoca sin duda para nosotros la determinación de Jesús, su coraje, orientándonos así hacia una interpretación psicológica. Literalmente, el texto dice así:

«*Endureció su rostro* para ir a Jerusalén» (Cf. 50, 7). Esta expresión extraña se encuentra realmente en un poema del siervo de Isaías. Mientras le persiguen, mientras le escupen en la cara, mientras le mesan la barba, el siervo *endurece su rostro* para no ceder, porque el Señor acude en su ayuda. Entonces el adverbio *irrevocablemente* de Lc tiene un sentido distinto, no ya psicológico, sino teológico. Lc no se interesa ante todo por el «estado anímico» de Jesús, sino que expresa la convicción de que Jesús tiene conciencia de ser el siervo de Isaías, de que se siente responsable de esta misión y de que no cederá a pesar de los sufrimientos, porque el Señor acude en su ayuda.

En su introducción al relato de la pasión, Mt hace anunciar al mismo Jesús su muerte cercana; luego continúa: «Los sumos sacerdotes y los senadores del pueblo *se reunieron* por entonces en el palacio del sumo sacerdote...» (Mt 26, 3). Sacamos la impresión de que nos encontramos aquí con un simple informe. Pero las Biblias añaden al margen cuatro referencias: la primera (Jn 11, 47-53) nos remite al relato más detallado de Jn; las otras tres son más curiosas (Sal 2, 1-2; Hch 4, 25-27; Sal 31, 14), ya que en las tres aparece el mismo verbo *reunirse;* se constata, por otra parte, que los otros evangelistas no lo utilizan en el relato de la pasión (excepto Lc 22, 66 en singular), pero que Mt lo emplea también en 26, 57; 27, 62; 28, 12, para designar la *reunión* de los sumos sacerdotes contra Jesús. Y lo volvemos a encontrar en Hch 4, 25, 27, en donde –esta vez– se cita el Sal 2. Por tanto, podemos muy bien pensar que, al escoger este verbo, Mt quiso también aludir a este mismo salmo. Y si esto es así, se ilumina todo el sentido de la pasión.

En efecto, al comenzar su relato, Mt se da cuenta de la dificultad: intenta contar la pasión de Cristo, pero ¿cómo pudo ser rechazado por los responsables judíos, puestos precisamente por Dios para reconocer a ese Mesías cuando viniera? Al decir que éstos *se reunieron,* exactamente lo mismo que los enemigos del Sal 2 contra Dios y su Mesías, Mt declara; si lo rechazaron, es que eran los «malvados» que menciona el Sal 2 (y el Sal 31). Por tanto, Jesús es ciertamente el Mesías. Y si ahora está a punto de vivir la primera estrofa del salmo –la reunión de los enemigos contra él–, podemos estar seguros de que también se realizarán las demás estrofas: Dios va a intervenir y a establecer a su Mesías, Jesús, como señor sobre el mundo entero.

- **Realidades cargadas de sentido**

Un *personaje* o un *acontecimiento* del pasado pueden estar suficientemente cargados de sentido para expresar algo de la realidad que vivimos. Se dirá, por ejemplo, de un niño: *¡Es el retrato de su padre!* O bien, para mostrar nuestra obstinación, diremos: *¡Yo no iré a Canosa!* (como hizo Enrique de Alemania yendo allá a pedir perdón al papa).

Los judíos y los primeros cristianos descubrían también en su historia pasada ciertos *personajes* (Moisés, David, Elías...) o ciertos *sucesos* (éxodo, liberación del destierro...) capaces de dar sentido a lo que vivían. Pero la forma como lo hacían es mucho más compleja y profunda que la nuestra. Para nosotros, los personajes y los sucesos son ejemplos, meras imágenes. Para ellos, eran verdaderamente portadores de un sentido, de una esperanza: en cierto modo expresaban o vivían de antemano lo que sólo aparecerá en realidad al final de los tiempos o lo que apareció en Jesucristo. Más que ejemplos, eran *tipos* o maquetas (ved *Para leer el AT,* 146). Por eso, a esta manera de recoger las Escrituras suele llamársele *tipología.*

Desgraciadamente, es imposible desarrollar aquí este aspecto tan importante. Veremos un ejemplo al estudiar la anunciación a María: Lc presenta a María como la *hija de Sión* y a Jesús como el *hijo de David.* Pero habría que ver también cómo se presenta a Jesús como el *nuevo Adán* (Rom 5, 12s; Lc 3, 38: véase p. 110), el *nuevo Moisés* (véase p. 96 y 101), el *nuevo Elías* (véase p. 118), la *piedra rechazada y escogida* (Sal 118; p. 122s), el *templo,* el *Hijo del hombre...*

→ *LA ANUNCIACION A MARIA*
*Lc 1, 26-38*

– Un relato de anunciación. Leed este texto poniendo atención en las diversas partes que lo componen. Leed luego el *anuncio a Zacarías* (Lc 1, 5-25), el *anuncio a Gedeón* (Jue 6, 11- 24)... Encontraréis el mismo esquema, los mismos elementos, las mismas preguntas. Así, pues, Lc emplea aquí un género literario ya conocido. Y esto es interesante: cuando se usa, se quiere insistir no ya en las virtudes o en la psicología del interesado, sino en la misión que se le confía para el pueblo de Dios.

Si el «molde» es común, las palabras del ángel y de María ¿son quizás originales? Comparadlas con los textos del Antiguo Testamento puestos en los recuadros: ponerlas en labios del ángel es una manera para Lc de decir que María y Jesús entran en el plan de Dios.

- **¿Quién es María para Lc?**

– *La hija de Sión*. El ángel recoge el oráculo de Sof o de otros parecidos como Jl 2, 21-27; Zac 2, 14-17; 9, 9-10. Presentar a María como la hija de Sión del final de los tiempos, ¿qué misión es atribuirle? ¿Cómo nos afecta esto personalmente? (Ved *Para leer el AT*, 81).

El nuevo nombre que se le da a María viene de un verbo que sólo se encuentra otra vez en el Nuevo Testamento: en Ef 1, 6, donde se aplica a la *iglesia* del fin de los tiempos. ¿Cómo ilumina esto el papel que se le reconoce a María de «figura de la iglesia»?

– *La madre del Emmanu-El* (Is 7, 14).

– *La primera de los creyentes* en el origen de un nuevo pueblo, como Abrahán lo fue por la fe (Gn 18, 14).

Así, pues, Lc no se interesa en primer lugar por la psicología o los privilegios de María, sino por su misión en el pueblo de Dios, en la iglesia. Intentad señalar esta misión.

- **¿Quién es Jesús para Lc?**

– *Hijo de David* o *Hijo del Altísimo*. Es el *Emmanu-El* de Is 7, 14 y sobre todo el Hijo de Dios en el sentido de Hijo de David, entronizado como rey en 2 Sm 7 (*Para leer el AT*, 54).

Jesús colma entonces las esperanzas de Israel. Pero –prosigue Lc– lo hace de una forma mucho más maravillosa de lo que cabía imaginar. En efecto, es.

– *Hijo de Dios*. El verbo *cubrir-con-su-sombra* (*shakan* en hebreo) sólo aparece en algunos textos del AT en un sentido muy fuerte: Dios acude en persona a habitar en su templo. Este verbo dio origen a la palabra *Shekinah*, que expresa la presencia real de Dios en medio de su pueblo (ved p. 98, a propósito de Mt 18). El único templo verdadero es entonces el seno de María, y la palabra Hijo de Dios (v. 35) tiene un sentido muy distinto que Hijo del Altísimo (v. 32).

Intentad señalar, al final de este estudio, cómo el manejo de las Escrituras permite a Lc expresar su fe, descubierta a la luz de pascua, y a nosotros comprender que estamos metidos en esta aventura.

- **«Es preciso...»**

Algunos textos pueden dar la impresión de que Jesús no es libre, de que su vida está escrita de antemano en esas Escrituras que él no tiene que hacer más que realizar: «El Hijo del hombre tiene que ser entregado... Tenía que cumplirse la Escritura...» (cf. Lc 24, 7; Hch 1, 16; etc.). Pues bien, no se trata de una obligación, sino de una interpretación gracias a las Escrituras.

Por ejemplo, una persona exclama: «¡Tenía que pasar esto!». No quiere decir: «¡Estaba escrito! ¡No hay nada que hacer!», sino: «Esto entra en la lógica de toda una serie de actitudes o de hechos anteriores». Para comprender ese suceso, se lo interpreta volviéndose al pasado, y entonces –solamente entonces– se comprende que aquello no podía terminar de otra manera.

Para comprender cómo aquél a quien reconocen ahora como Mesías, el Hijo de Dios, pudo ser rechazado por su pueblo y finalmente condenado a muerte, los cristianos sitúan su muerte en la lógica de su vida, de sus actitudes, de su toma de posición frente a los poderes establecidos, en favor de Dios y de los pobres. Y tienen que reconocer que el mensaje de ese Mesías era tan diferente de lo que se esperaba, que aquello «tenía que pasar». Pero se remontan más alto todavía, a las Escrituras, para situar esa vida y esa muerte en la lógica de la actitud de Dios. Al estudiar el reino de Dios (p. 86 y 104), vimos que Dios no es neutral, que está al lado de los oprimidos; por eso también él fue rechazado por su pueblo. Interpretan entonces el destino de Jesús a la luz

1. *Presentación de la escena y de los personajes*
   26. A los seis meses,
       envió Dios al ángel Gabriel
       a una ciudad de Galilea,
       que se llamaba Nazaret,
   27. a una joven prometida a un hombre
       de la estirpe de David, de nombre José;
       la joven se llamaba María.

2. *Saludo del ángel*
   28. El ángel, entrando a donde estaba ella,
       le dijo:
       –Alégrate, favorecida,
       el Señor está contigo.

3. *Reacción de María*
   29. Ella se turbó al oír estas palabras,
       preguntándose qué saludo era aquél.

4. *Mensaje del ángel*
   30. El ángel le dijo:
       –Tranquilízate, María,
       que Dios te ha concedido su favor.
   31. Pues mira, vas a concebir,
       darás a luz un hijo
       y le pondrás por nombre Jesús
       (= el Señor salva).
   32. Será grande,
       se llamará Hijo del Altísimo.
       Y el Señor Dios le dará el trono
       de David, su antepasado;
   33. reinará para siempre en la casa
       de Jacob y su reinado no tendrá fin.

5. *Pregunta que origina un nuevo mensaje*
   34. María dijo al ángel:
       –¿Cómo sucederá eso,
       si no vivo con un hombre?
   35. El ángel le contestó:
       –El Espíritu Santo bajará sobre ti
       y la fuerza del Altísimo te cubrirá con su
       sombra;
       por eso al que va a nacer
       lo llamarán «consagrado», Hijo de Dios.

6. *Se da un signo*
   36. Ahí tienes a tu pariente Isabel;
       a pesar de su vejez, ha concebido un hijo,
       y la que decían que era estéril
       está ya de seis meses;
   37. para Dios no hay nada imposible.
   38. María contestó:
       –Aquí está la esclava del Señor,
       cúmplase en mí lo que has dicho.

7. *El ángel se va*
       Y el ángel la dejó.

> **Ef 1, 6**
> Nos colmó de
> gracia
> en su Hijo.

> **Is 7, 14**
> La virgen está
> encinta
> y dará a luz un hijo
> y le pondrá por
> nombre
> Dios-con-nosotros.

> **Sof 3, 14-16**
> Grita, ciudad de
> Sión;
> lanza vítores,
> Israel;
> el Señor dentro de
> ti es el rey
> de Israel.
>
> No temas, Sión, no
> te acobardes; el
> Señor, tu Dios,
> es dentro de ti
>
> un soldado
> victorioso.

> **2 Sm 7**
> Te haré famoso como
> a los más famosos de la tierra...
> Seré para él un padre
> y él será para mí un hijo...
> Consolidaré su trono real para siempre.
> Tu casa y tu reino durarán
> por siempre en mi presencia;
> tu trono permanecerá por siempre.

> **Ex 40, 35; Nm 9, 18.22**
> La nube
> cubre con su sombra el tabernáculo
> y la gloria del Señor
> llena el santuario

> **Gn 18, 14**
> El Señor dijo a Abrahán:
> –¿Hay algo difícil para Dios?

del destino del *justo perseguido* de los salmos, del *siervo doliente* de Isaías. Tal como es Dios, tal como es Jesús, tenía que ser rechazado y morir...

Es probable que los discípulos no hicieran más que continuar una interpretación ya esbozada por Jesús. En efecto, a menudo no se espera que suceda una cosa para interpretarla. Martin Luther King, por ejemplo, luchó por la igualdad de todos y en un momento de su vida tuvo que rendirse a la evidencia: siguiendo por ese camino, iba hacia la muerte. Siguió por fidelidad a su misión, pero se vio obligado a considerar su posible muerte y a darle un sentido.

Jesús pensaba probablemente, al comienzo de su ministerio, que podría cumplir su misión con éxito, que los judíos aceptarían su mensaje. Y tuvo que rendirse a la evidencia: molestaba a muchas personas; aquello iba a acabar mal (véase p. 114). Jesús no quería la muerte (huyó incluso para escapar de ella: Jn 11, 54). Pero, por fidelidad a su misión, tuvo que afrontarla y por tanto darle sentido de antemano. Y encontrará ese sentido leyendo las Escrituras: subirá a Jerusalén como el siervo de Isaías (véase p. 153), situará su muerte en la línea de la de los profetas (parábola de los viñadores homicidas: p. 122).

### • ¿Las Escrituras o Jesús?

Los primeros cristianos, como los judíos, repasan asiduamente las Escrituras para buscar en ellas un sentido a su vida. Sus métodos de interpretación son los mismos, pero sin embargo todo es diferente.

Para el judío, la Escritura es lo primero; la actualiza para buscar la manera de ponerla en práctica. «Mi vida es la ley», podría haber dicho Pablo. Para los cristianos, Jesús resucitado es ahora el centro y la clave de todo. Para comprender mejor su misterio y su misión, lo sitúan en las Escrituras, puestas así al servicio de Cristo: «Mi vida es Cristo».

Vemos entonces el error de cierta apologética cristiana, que se apoya en el «argumento de las profecías»: Jesús –declaran– realizó las profecías; esto demuestra que es Dios. Se parte de las Escrituras para llegar a Jesús. Los primeros cristianos parten de Jesús y se remontan a las Escrituras. Pongamos un ejemplo: según Mt 26, 15, pagaron a Judas 30 monedas de plata, con lo que se realiza la profecía de Zac 11, 12. Mc y Lc escriben solamente que decidieron darle dinero. Mt intenta comprender aquello: se da cuenta de que Jesús fue rechazado por su pueblo lo mismo que había sido rechazado Dios. Al referirse a Zacarías, no pretende ofrecer un dato histórico (no sabemos cuánto pagaron a Judas), sino un dato teológico: Jesús es Dios mismo rechazado por su pueblo.

Al obrar así, los discípulos nos abren el camino; también hoy, para dar sentido a nuestra vida al servicio de Cristo, hemos de situarla en las Escrituras.

Comprendemos entonces el movimiento profundo de los apocalipsis. Al hacer un «estudio de la trayectoria» (p. 143), el apocalipsis nos invita a arraigarnos en el pasado, el del pueblo de Dios y el de Jesucristo, para descubrir allí la trayectoria que hemos de prolongar hoy con nuestra vida, en la fidelidad a nuestra historia y en la libertad del Espíritu.

# Comienzo del evangelio

Comienzo..., ¡curioso título para una conclusión! El doble sentido de esta palabra nos va a permitir acabar este recorrido a través del Nuevo Testamento en dos direcciones: en efecto, *comienzo* quiere decir *punto de partida* y *apertura al porvenir*.

El punto de partida del evangelio es evidentemente Jesús de Nazaret. A través de los textos del Nuevo Testamento, ¿qué podemos saber realmente de él?

Jesús ha abierto un porvenir al evangelio: los textos del Nuevo Testamento, pero también la vida de los cristianos desde hace dos mil años. ¿Está cerrado el evangelio? ¿Cómo escribirlo hoy nosotros?

## 1. Jesús, comienzo del evangelio

Echemos una ojeada sobre el recorrido que acabamos de hacer. Lo empezábamos con la idea, seguramente sin expresar, de que los evangelios nos ponen en contacto directo con Jesús: al abrirlos, escuchamos sus palabras como si estuvieran registradas en un magnetofón; lo vemos actuar como si lo hubieran fotografiado... Pero al final de este estudio queda claro que las cosas no son tan sencillas; no existen fotografías de Jesús ni se han registrado sus palabras.

¿Se ha perdido algo con ello? Estoy convencido de que habéis ganado mucho, de que habéis descubierto muchas más cosas. No tenemos palabras o fotos exactas, pero incomprensibles porque se nos escaparía su sentido; nos las transmiten interpretándolas unos testigos auténticos. De este modo, el Nuevo Testamento nos hace entrar en una comunidad viva y con ella es como se nos invita a tener ese encuentro con el Señor Jesús.

Pero quizás se plantee una cuestión: a través de esas interpretaciones, ¿podemos alcanzar realmente a la persona misma de Jesús de Nazaret?

### • Pascua no es una muralla

Pasó ya por fortuna aquel tiempo –en general hacia los años 1920-1950– en que los especialistas, maravillados de redescubrir la importancia de las comunidades cristianas y su trabajo de interpretación, pretendían que la pascua era una muralla más allá de la cual no era posible pasar: el Nuevo Testamento nos ofrecería la fe de los discípulos en Cristo resucitado, pero no nos permitiría conocer al Jesús de la historia.

Desde hace algunos decenios, se ha vuelto a posiciones más equilibradas. Pascua no es una muralla, sino un prisma que revela los esplendores del misterio de Jesús. A través de ese prisma, se puede encontrar de veras a Jesús de Nazaret.

Sólo para tranquilizaros, si fuera necesario, y permitiros quizás organizaros en la lectura que podéis hacer de comentarios eruditos, enumeraremos algunos de los criterios que han adoptado los especialistas para encontrar las palabras y los hechos auténticos de Jesús. Nos detendremos sobre todo en los resultados adquiridos.

### • ¿Cómo llegar hasta Jesús de Nazaret?

Se utilizan especialmente dos criterios que hay que tomar unidos: la originalidad y la semejanza.

*La originalidad* sirve en lo relativo al antes y al después.

Si Jesús declara en un evangelio: «Dios es nuestro padre», esto no tiene nada de original respecto a la fe judía. El Antiguo Testamento lo dice ya claramente; por tanto, es probable que también Jesús lo dijera, o que se le prestara esta frase que era de uso corriente. Al contrario, si Jesús se dirige a Dios diciéndole «Abba», es decir, «papá», esta familiaridad es original; un judío no se habría atrevido a inventarla.

Después de pascua, se reconoció en Jesús al Cristo, al Señor, al Hijo de Dios. Si Tomás le dice la tarde de aquel día: «Señor mío y Dios mío», se escucha allí la fe de la iglesia; no es original respecto a lo que se cree después de pascua. Al contrario, si Jesús declara: «Ni siquiera el Hijo conoce la hora del juicio», nos encontramos con una frase que parece estar en contradicción con la fe de la iglesia, ya que, si Jesús es Dios, debe saberlo todo. Se trata de una frase original que los discípulos habrían preferido más bien suprimir que inventar... Tampoco se habrían inventado una escena como la de la agonía, en donde se ve al que ahora es reconocido como Hijo de Dios llorando lamentablemente y sintiendo miedo de la muerte. O la escena en que lo vemos recibiendo el bautismo de Juan, que era un bautismo para los pecadores...

*La semejanza* juega también en dos niveles.

Debe haber cierta coherencia entre lo que se dice de Jesús y lo que se sabe de su época. Si un texto actual nos hablase de Napoleón pasando revista a las tropas bajo la Torre Eiffel, sabríamos que eso es algo inventado. Cuando Jesús declara. «No vayáis a *sus* sinagogas», sabemos que esa frase fue redactada después de que los cristianos se separaron del judaísmo; Jesús habría dicho más bien: «.. *las* sinagogas», como cuando nosotros decimos: «vamos a la iglesia»; decir «vamos a *su* iglesia» significaría que se ha roto ya con quienes la frecuentan.

Debe haber también cierta coherencia entre las palabras de Jesús o entre sus actitudes. El *Evangelio de Tomás* (un relato gnóstico del siglo II) acaba con esta frase: «Simón Pedro dijo: ¡Que María (Magdalena) se aleje de nosotros, porque las mujeres no son dignas de la vida! Jesús dijo entonces: Yo la haré varón para que sea Espíritu vivo como nosotros, los varones; toda mujer que se haga varón entrará en el reino de Dios». Una frase semejante desentona por completo de lo que se sabe de Jesús; seguramente no es auténtica. O bien, cuando el *Evangelio árabe de la infancia de Jesús* (un escrito del siglo VII) nos muestra al niño Jesús haciendo morir en el acto a un compañero que había chocado con él y lo había tirado al suelo, sabemos que esto no se parece en nada a la discreción de Jesús en sus milagros y a su amor a todos los hombres.

Los especialistas utilizan además otros criterios; éstos son los principales. Pero es preciso situar bien el resultado de esta investigación: se llega a establecer que tal palabra o tal acto pueden ciertamente atribuirse a Jesús, pero no se pretende ni mucho menos que no sean de Jesús otras palabras y otros actos cuya autenticidad no es posible establecer de la misma forma. Esta investigación puede dejar asentadas ciertas conclusiones, pero sin pretender negar todo lo que no se puede afirmar del mismo modo.

### • Grandes etapas de la vida de Jesús

Sin entrar detalladamente en los dichos y gestos de Jesús, se pueden tener por seguras las grandes etapas de su vida.

Jesús inaugura su misión por el bautismo recibido de Juan, de quien quizás fue discípulo por algún tiempo. Luego se separó de él.

En Galilea, Jesús predica la próxima venida del reino de Dios. La gente lo sigue con entusiasmo, lo reconoce como profeta y quizás como el Mesías. Pero sus esperanzas son tan ambiguas, tan cargadas de ilusiones nacionalistas, que Jesús les decepciona. Poco a poco, la gente lo abandona. La presión de los adversarios se endurece. Jesús adivina que continuar en esa misma línea es aceptar una posible muerte violenta.

Sube entonces a Jerusalén –varias veces, si atendemos a Jn–. Sus ataques contra el sistema religioso que tiene como centro al templo suscitan cada vez más la oposición de sus adversarios. Su comportamiento con los pecadores, con el pueblo ignorante de la ley, con las mujeres; su manera tan libre de interpretar la ley con autoridad para reducirla a su pureza primitiva, por ejemplo sobre el sábado, provocan su repulsa.

Los responsables religiosos de la nación (no todos) lo condenan a muerte. Logran arrastrar consigo a las turbas de Jerusalén. Lo entregan al poder civil para que sea ejecutado. Pilato intenta librarlo, no tanto por afán de justicia como por contrarrestar los deseos de los responsables; pero acaba cediendo. Jesús muere crucificado el 7 de abril del año 30 (o el 3 de abril del año 33).

- **«Verdadero Dios y verdadero hombre»**

Puede extrañar la cuestión: «¿Qué conciencia tenía Jesús de sí mismo y de su misión?». Si es Dios, lo sabe todo... Pero hay textos que permiten plantear esta pregunta, por ejemplo aquel en que Jesús declara su ignorancia del día del juicio (Mc 13, 32).

Nos encontramos aquí ante un misterio; no hay más remedio que mantener los dos extremos de la cadena sin saber cómo se enlazan: Jesús es *totalmente Dios* y *totalmente hombre*.

Nuestra tentación ante un misterio es siempre la de arrinconar un aspecto o por lo menos destacar el otro. Y la forma como se ha abordado este tema ha llevado forzosamente a insistir sólo en un punto.

Hace siglos que la teología fue más bien «descendente»: presenta el misterio del «Hijo de Dios hecho hombre»; se parte entonces de la afirmación «Jesús es Dios», para mostrar luego que fue plenamente hombre. La teología actual es más bien «ascendente»: reconoce que Jesús es plenamente hombre y busca en los evangelios lo que, en su comportamiento y en sus palabras, manifiesta una relación particular y única con el Padre, en donde se percibe su divinidad.

Los primeros discípulos insistieron sobre todo en el aspecto divino. Para ellos, que habían vivido con Jesús, que lo habían conocido bien, era evidente su humanidad. Lo que habían de mostrar era que aquel hombre era Dios.

Posteriormente, en la historia de la iglesia y poco después en la formación cristiana, se partió de aquel punto de llegada de los discípulos: Jesús es Dios. De ahí la reacción en nuestros días: se afirma con mayor energía que es hombre. Esto ha podido conducir a ciertos excesos, como los de la corriente teológica llamada «teología de la muerte de Dios», o a ciertas representaciones populares en las que Jesús es solamente un héroe, un revolucionario o un camarada. Pero no hemos de caer en un exceso por evitar el otro.

El cristiano afirma pues con claridad, siguiendo al Nuevo Testamento y a toda la tradición, que Jesús es Hijo de Dios desde el primer instante de su concepción. Plantear la cuestión de la conciencia que tenía de sí mismo Jesús no pone en duda esta fe; es solamente un intento de situar esta fe en el devenir de esa persona que es totalmente hombre.

Se ha admitido desde siempre que Jesús creció, que pasó hambre, que tuvo frío, que sufrió corporalmente, que aprendió a hablar, a rezar... Pero ser hombre –y hoy más que nunca tenemos conciencia de ello– es también ser libre, esto es, escoger, buscar el propio camino, arriesgarse en una solución... Si Jesús es plenamente hombre, tuvo una psicología y una libertad como las nuestras.

Hemos visto anteriormente (p. 156) que Jesús pensó probablemente al principio que tendría éxito en su misión por su predicación; ante la oposición con que se encontró, tuvo que pensar en la posibilidad de una muerte violenta y en la necesidad de

# TEXTOS NO CRISTIANOS
## SOBRE JESUS

Se conoce a Jesús por los evangelios. Hay pocos textos profanos que nos hablen de él. No es extraño: no había entonces reporteros ni periodistas; la muerte de un judío en un oscuro rincón del imperio era por desgracia un suceso demasiado vulgar. Los escritores profanos no empiezan a interesarse por él más que cuando el movimiento que él lanzó muestra su fuerza y amenaza con poner en peligro al propio imperio (véase *Para leer el AT*, 38: «¿Qué es un acontecimiento histórico?»). He aquí los textos principales.

Hacia el año 110, *Plinio el joven*, procónsul de Asia Menor, escribe a su amigo el emperador Trajano para exponerle su conducta con los cristianos que se multiplican hasta el punto de que los templos paganos quedan desiertos: él no los busca; cuando los denuncian, los castiga con la muerte si persisten en su fe: «Algunos aseguraban que habían dejado de ser cristianos... Afirmaban que todo su delito o todo su error se había limitado a reunirse habitualmente un día fijo, antes del amanecer, para cantar entre ellos, alternativamente, un himno a Cristo como a un dios, y a comprometerse por juramento, no ya a cometer algún crimen, sino a no meterse en robos, ni bandidajes, ni adulterios, a no faltar a la palabra dada, a no negar un depósito cuando se lo reclamaban. Después de ello, acostumbraban separarse para reunirse de nuevo a tomar un alimento, pero un alimento totalmente ordinario e inocente... Yo no he encontrado en ello más que una superstición absurda».

Hacia el año 115, el historiador romano *Tácito* describe las persecuciones de Nerón contra los cristianos después del incendio de Roma en el año 64: «Este nombre viene de Cristo, a quien había entregado al suplicio el procurador Poncio Pilato bajo el principado de Tiberio. Reprimida de momento, esta detestable superstición se extendía de nuevo, no sólo en Judea donde había tenido su origen el mal, sino incluso en Roma adonde afluye y encuentra clientela numerosa todo lo que hay de más afrentoso y vergonzoso...».

Hacia el año 120, otro historiador romano, *Suetonio*, escribe en su *Vida de Claudio* que éste «expulsó de Roma a los judíos que se agitaban constantemente bajo el impulso de Chrestus».

Así, pues, judíos y cristianos se confunden entre sí y Cristo es considerado como un agitador presente entre ellos. (Puede relacionarse este texto con Hch 18, 2).

En su *Vida de Nerón* alude también a ellos: «Se entregó al suplicio a los cristianos, una especie de individuos dedicados a una superstición nueva y criminal».

*Flavio Josefo* es un historiador judío que combatió primero contra los romanos y luego pasó a su servicio. Murió en Roma hacia el año 98 después de escribir varias obras para presentar el judaísmo a los romanos.

Se habla de Jesús en un pasaje de las *Antiquitates judaicae*. Este texto ha llegado a nosotros bajo diversas formas, y unas manos cristianas han arreglado manifiestamente el texto original. La versión que aquí damos tiene ciertas oportunidades de ser la más antigua; la encontramos en la *Historia universal* compuesta en árabe, en el siglo X, por Agapios, obispo de Hierápolis: «Por esta época, hubo un hombre sabio, llamado Jesús, de buena conducta; sus virtudes fueron reconocidas. Y muchos judíos y hombres de otras naciones se hicieron discípulos suyos. Pilato lo condenó a ser crucificado y a morir. Pero los que se habían hecho discípulos suyos predicaron su doctrina. Contaron que se les había aparecido tres días después de su crucifixión y que estaba vivo. Quizás era el Mesías de quien los profetas habían dicho cosas prodigiosas».

darle un sentido a esa muerte. El no representó una comedia en el huerto de la agonía, en donde se comprometió con su pasión, creyendo, según la fe farisea que compartía, que Dios lo resucitaría al final de los tiempos, al «tercer día». Puede ayudarnos una comparación muy humana. Sabemos que el niño que acaba de nacer es ya «hombre», pero irá tomando conciencia de ello progresivamente; y, a lo largo de nuestra existencia, los acontecimientos y la reflexión nos permiten ir descubriendo mejor quiénes somos y cuál es nuestra tarea. Podemos pensar que ocurrió lo mismo con Jesús. Plenamente Hijo de Dios desde su concepción, irá tomando progresivamente conciencia de ello, ayudado especialmente por esas grandes experiencias que Dios le concedió realizar, como el bautismo y la transfiguración, y también por ese poder que descubrió en sí mismo de curar a los enfermos y de convertir los corazones.

Al afirmar así que Jesús «vivió nuestra condición humana en todo, excepto en el pecado», no minimizamos en nada su divinidad, sino que percibimos mejor esa «humildad de Dios», que se hizo hombre para que nosotros nos hiciéramos Dios.

## 2. ¿Escribir el evangelio hoy?

«¿Están cerrados ya el evangelio, el Nuevo Testamento? ¿Seguimos escribiéndolo hoy?». Esta cuestión va a permitirnos afrontar primeramente la cuestión del canon y la manera como se formó.

### • El canon del Nuevo Testamento

«Canon», «testamento»: dos palabras curiosas que nos llevan a hablar un poco del vocabulario.

*Canon* es una palabra griega que significa *regla;* designa en varios terrenos la norma ideal. En el siglo V a. C., un escultor griego escribió *Sobre el canon,* es decir, sobre las medidas exactas del cuerpo humano. El «canon de las virtudes» trazado por los filósofos antiguos ofrece un reglamento de vida moral. El «derecho canónico» es el derecho que sirve de regla a los católicos. El «canon de las Escrituras» es el catálogo de libros reconocidos por una iglesia como regla de su fe.

No hay que confundir la *canonicidad* de un libro (el hecho de estar inscrito en el canon) con *autenticidad:* es auténtico el libro que ha sido ciertamente escrito por el autor a quien se atribuye. El final de Mc (16, 9-20) no es auténtico (no fue escrito por el autor del evangelio, sino que se le añadió luego), pero es canónico.

*Testamento.* La Biblia griega había traducido por *diatheke* (que indica las disposiciones que toman dos contratantes) la palabra hebrea que designa la alianza. A comienzos del siglo III, Tertuliano tradujo *diatheke* por la palabra latina *testamentum.*

La constitución del canon del Nuevo Testamento se hizo progresivamente, a tientas, admitiendo ciertos libros y rechazando otros.

Pronto se hicieron algunas *colecciones:* primero una colección de las *cartas de Pablo* (que señala ya 2 Pe 3, 15), luego sin duda una colección de los *evangelios* y de las *cartas católicas* (Sant, 1-2 Pe, 1-2-3 Jn y Judas).

*En el siglo II,* dos tipos de herejías aceleraron por reacción la constitución del canon: los *gnósticos* escribieron numerosos evangelios (como los que se han encontrado en Nag Hammadi, entre ellos el evangelio de Tomás); por el lado opuesto, *Marción,* en Roma, hacia el 150, rechazó el Antiguo Testamento y una parte del Nuevo.

*Entre el 150 y el 300,* queda fijado el canon actual. Entre los testimonios de esta época están el *Canon de Muratori* (nombre de su descubridor), manuscrito del siglo VIII que reproduce la lista de los libros admitidos en Roma hacia el 180; los escritos de *Ireneo* (+ 202), de *Tertuliano* (+ 220), de *Clemente de Alejandría* (+ antes del 215), de *Orígenes* (+ 254).

Estas listas corresponden poco más o menos al canon actual; los libros que a veces se discuten son Heb, Sant, 1-2 Pe. Al contrario, se incluyen a veces otros libros, como la Didaché, el Pastor de Hermas, el evangelio de Pedro...

*En el siglo IV* está ya fijado el canon, con ciertos matices según las iglesias.

En la *iglesia griega,* Eusebio de Cesarea (+ 340) reconoce el canon actual, excepto el Apocalipsis. Pero el año 367, Atanasio fija el canon del Antiguo y del Nuevo Testamento tal como lo tenemos hoy.

En la *iglesia siria*, la versión oficial, la *Peshitta*, no tiene 2 Pe 2-3 Jn, Jds ni Ap.

En la *iglesia latina*, Jerónimo adopta la lista de Atanasio en su traducción latina de la Biblia (la *Vulgata)* entre el 384 y el 395.

### • ¿En qué se basa la elección del canon?

Son varios los criterios que han influido en la admisión o eliminación de los libros: tenían que tener como origen a un *apóstol* y ser *católicos* o *universales*, es decir, admitidos en el conjunto de las iglesias. Estos criterios han influido, pero son insuficientes para establecer nuestro canon: algunos de los libros que entonces se consideraban escritos por apóstoles fueron escritos posteriormente por sus discípulos.

Así, pues, el criterio último es el siguiente: al estar animada del Espíritu Santo, la iglesia sintió que tal libro la «edificaba», la construía, y tal otro no. El reconocimiento del canon como conjunto de los libros inspirados, que sirven de base a la fe, es también un acto de fe en el Espíritu que guía a la iglesia.

El canon está ya cerrado; la revelación se ha acabado. ¿Quiere decir esto que nosotros no tenemos que escribir ya hoy el evangelio?

### • ¿Escribir el evangelio hoy?

Después de este recorrido, no podemos tener ya esta idea un poco ingenua: los apóstoles habrían escuchado a Jesús, pusieron por escrito sus palabras y sus hechos, y después de pentecostés se marcharon por el mundo como misioneros con sus evangelios bajo el brazo... Jesús reunió unos discípulos, fundó su iglesia; ésta existe antes de los evangelios y es ella la que los ha formado.

Hemos seguido este recorrido, porque es el que corresponde a la realidad. Pero de aquí se deduce una consecuencia importante hoy para nosotros.

Si tuviéramos fotos o cintas magnetofónicas de Jesús, estaríamos condenados a la repetición, a tomarlo como modelo que reproducir.

Si el Jesús que nos presenta el Nuevo Testamento fue descubierto lentamente por las comunidades cristianas, a través de su vida y de su reflexión, esto nos abre un porvenir. Nuestras comunidades deben continuar hoy ese trabajo de descubrimiento de Jesús a través de nuestra vida y de nuestras cuestiones. La vida de nuestras iglesias actuales, el rostro del resucitado que manifiestan ante el mundo, ésos son los evangelios que hoy escribimos.

Entre otros muchos textos, la carta a los efesios (en un pasaje que estudiamos en la p. 47) nos recuerda cuál es el trabajo de las comunidades cristianas: construir el cuerpo de Cristo hasta que llegue a su talla perfecta; para ello, el Señor glorificado equipó a su iglesia con todo lo que necesita: el Espíritu Santo y los diferentes ministerios son los regalos que le ha hecho. Los cristianos deben «dar a luz» a Cristo en el mundo (Ap 12, 1-6; Jn 16, 21-22; véase p. 149s). Y su vida, expresada en múltiples escritos, desde las plegarias personales o litúrgicas hasta sus innumerables testimonios, son el «evangelio en el siglo XX».

Sin embargo, hay una diferencia —fundamental— entre esos «evangelios» que nosotros redactamos y los escritos del Nuevo Testamento. Estos son reconocidos como palabra de Dios; forman la regla de fe de los cristianos de todos los tiempos y países. Con ellos, la revelación se ha cerrado; Dios nos lo ha dicho todo en su Hijo. Nuestros «evangelios» no añaden nada a ello; expresan solamente la forma como el mensaje primordial resuena en tal parte del mundo y en tal siglo; por tanto, no son universales. Por otra parte, no tienen valor más que en la medida en que reproducen el mismo sonido de aquellos primeros escritos que son como una «armonización» para el día de hoy.

De este modo, los cristianos no están condenados a reproducir pasivamente un «modelo»; están invitados a dar a luz a Cristo en el mundo, a inventar, dentro de la fidelidad al primer mensaje, el rostro del resucitado para nuestro mundo.

# EL TEXTO DEL NUEVO TESTAMENTO

«¿Tenemos el texto original de los evangelios o del Nuevo Testamento? ¿En qué se basa el texto que ofrecen nuestras Biblias?». Es una cuestión que se plantea con frecuencia.

De hecho, no se poseen prácticamente textos *originales* de la antigüedad; uno de esos raros ejemplares es la carta de Simón bar Kosba, jefe de la rebelión judía del año 135. Sólo se poseen *copias*. Por ejemplo, los manuscritos más antiguos de las obras del poeta latino Virgilio son de cuatro siglos más tarde que él; trece siglos separan a Platón de los manuscritos de su obra, y dieciséis siglos al poeta griego Eurípides.

Mejor andan las cosas con el Nuevo Testamento. Se poseen millares de manuscritos, algunos muy antiguos.

Estos manuscritos son *papiros* (fibras de una planta) o *pergaminos* (piel de cordero, cabra o ternera). Pueden estar en *rollos*, pero más de ordinario en *códices* (hojas cosidas juntas como nuestros libros modernos). Hasta el s. IX, van escritos en *mayúsculas* (o *unciales);* luego se escribieron también en minúsculas.

He aquí algunos momentos importantes de la transmisión del texto del Nuevo Testamento.

## Hasta el siglo IV

Ya a finales del s. II, preocupan las divergencias entre los manuscritos. En Alejandría se hace una *recensión;* es decir, a partir de los diversos manuscritos se intenta establecer el texto que se cree más cercano a lo que debió ser el original. Esta «recensión alejandrina» se extiende por todo el imperio.

Se traduce el texto griego al latín *(Vetus latina* o *Itala,* entre 160-180), al siríaco, al copto.

De esta época quedan el *papiro Rylands;* el *papiro Bodmer II* (hacia el año 220, en Egipto: 14 capítulos de Jn); tres *papiros Chester Beatty,* hacia el 250 (pasajes de Pablo, del Apocalipsis y de los evangelios).

## De s. IV al s. VI

De esta época son los grandes manuscritos completos del Nuevo Testamento, en pergamino: el *Vaticanus* (mitad del s. IV); el *Sinaiticus* (mitad del s. IV); el *Alexandrinus* (comienzos del s. V); el *Codex de Efrén* (s. V); el *Codex Bezae* (s. V): no tiene más que los evangelios y los Hechos; el texto de los Hechos difiere algo del texto habitual; el *Codex Freer* (s. V): sólo tiene los evangelios.

A comienzos del s. V se hace una nueva *recensión* en Bizancio. Es la que se impone como versión *común* (o *koiné)* en todas las iglesias de lengua griega.

Se unifica el texto de las versiones; en el 382, san Jerónimo redacta la *Vulgata* (latina). La *Peshitta* (siríaca) y la versión armenia datan del s. V.

## Del s. VI al Renacimiento

Se hacen numerosas copias en los monasterios.

## Renacimiento (s. XV-XVI)

Los manuscritos griegos afluyen a occidente tras la toma de Constantinopla (1453).

En 1502, se empieza la *Políglota de Alcalá* o *del cardenal Cisneros,* trabajo de sabios concienzudos que aparece en 1522. En competencia con ella, Erasmo publica en 1516 un texto establecido en seis meses, a partir de seis manuscritos solamente. El impresor Robert Estienne revisa a Erasmo a partir de la políglota de Alcalá. Teodoro de Beza recoge la 4.ª edición de Estienne: es el *texto recibido* que se utiliza hasta finales del s. XIX.

## Desde mitad del s. XIX

En 1859, K. Tischendorf descubre el *Sinaiticus* y publica el *Vaticanus.* Estos dos manuscritos sirven de base al texto actual de nuestras Biblias.

Las divergencias entre los manuscritos recaen sólo sobre detalles. Sin tener el original de los textos, podemos tener confianza en las copias que tenemos.

| EMPERADORES ROMANOS | JUDEA SAMARIA IDUMEA | GALILEA PEREA | ITUREA TRACONITIDE | ABILENE | SACERDOTES | JESUS Y LA COMUNIDAD CRISTIANA | PABLO, su vida | sus cartas | OTROS ESCRITOS |
|---|---|---|---|---|---|---|---|---|---|
| | HERODES EL GRANDE (-37 a -4) | | | | 10 | | | | |
| | | | | | | 6? Nace Jesús | | | |
| AUGUSTO | ARQUELAO 6 Desterrado a Vienne | HERODES ANTIPAS | HERODES FILIPO II | | 0 | | Nace en Tarso (entre 0 y 10) | | |
| 14 | 8 Coponio Ambibolo | se divorcia y «casa» con Herodías, mujer de Herodes Filipo I | se casa con Salomé, hija de Herodes Filipo I y de Herodías | | 6 Anás 10 | | | | |
| | 12 Amnio Rufo | | | | 15 Eleazar 18 | | Estudia en Jerusalén con Gamaliel (entre 15 y 25) | | |
| | 15 | | | | 20 | | | | |
| TIBERIO | Valerio Grato 26 | | 34 muere sin hijos | | Caifás | Juan bautista | | | |
| | PONCIO PILATO | | | | 30 | Bautismo de Jesús | | | |
| | | | | | | Muerte y resurrección | | | |
| | 36 Marcelo M. | 39 Desterrado a Lyon | | | 36 Jonatán 37 Teófilo | 36? Martirio de Esteban | 36? Vocación. Predica en Arabia, JERUSALEN 37 TARSO | | |
| 37 CALIGULA 41 | 41 | | | | 41 Simeón 40 | | | | |
| | HERODES AGRIPA I | | | | 44 | 42 Muere Santiago Pedro en la cárcel | 43 Bernabé lo busca en Tarso 44 Ministerio en ANTIOQUIA con Bernabé. «Visita del hambre» a Jerusalén | | |
| CLAUDIO | 44 Cuspio Fado 46 Tiberio Alejandro 48 Vintidio Cumano | | | | 46 Matías 48 Elionaios | «Concilio» de Jerusalén (acude Pablo) | 45-48 1.ª MISION: de Chipre a Derbe | | |
| 54 | 52 Antonio FELIX, casado con Drusila, hermana de Berenice | HERODES AGRIPA II y su «hermana» BERENICE | | | Ananías 50 | | 50-52: 2.ª MISION: de Antioquia a Atenas. CORINTO | 51 1 y 2 Tes | |
| NERON | 60 Porcio FESTO 62 Albino | | | | 58 Ismael José 60 Anás II Jesús Josué Matías Pineas | 62 Muere Santiago el Menor | 53-58: 3.ª MISION: EFESO (2-3 años). Macedonia. Corinto (invierno 57-58) 58-60: Prisión en CESAREA (Félix-Festo; visita de Agripa y Berenice) 61-63: Prisión en ROMA. ¿España? | 57 Flp (?) 1-2 Cor Gál-Rom | Santiago (?) |
| Galba 68 Otón 69 Vitelio 70 | 64 Gestio Floro 66 Rebelión judía | | | | | 64 Martirio de PEDRO | 65 Macedonia 66-67: Prisión en ROMA. Martirio | 63 Col, Ef, Flm 67? Tit, 1-2 Tim | 1 Pe (?) Hebreos (?) |
| | TITO conquista JERUSALEN | | | | 70 | Toma de Jerusalén | | | Marcos (?) |
| VESPASIANO 79 TITO 81 | | | | | 80 | | | | Mt (?) Lc-Hch (?) |
| | | | | | | | | | Jds (?) |
| DOMICIANO | | | | | 90 | | | | 2 Pe (?) |
| 96 | | | | | | 95 Juan deportado a Patmos | | | Juan (?) 1-2-3 Jn (?) Apocalipsis (?) |
| | | | | | 100 | | | | |

# Bibliografía

## Obras generales

L. Coenen (ed.), *Diccionario teológico del NT*, I-IV. Sígueme, Salamanca 1983.

X. Léon Dufour, *Diccionario del NT*. Cristiandad, Madrid 1977.

X. Léon Dufour, *Los evangelios y la historia de Jesús*. Barcelona 1967.

Varios, *Iniciación a la lectura del NT*. DDB, Bilbao 1979.

F. Fernández Ramos, *El Nuevo Testamento*, I-II. Atenas, Madrid 1988.

S. Guijarro, *La buena noticia de Jesús*. Introducción a los evangelios sinópticos y a los Hechos de los apóstoles. Atenas, Madrid 1987.

H. Köster, *Introducción al NT*. Sígueme, Salamanca 1989.

X. Pikaza, *Para leer la historia del pueblo de Dios*. Verbo Divino, Estella 1988.

G. Segalla, *Panoramas del NT*. Verbo Divino, Estella 1989.

A. Rouet, *Hombres y cosas del NT*. Verbo Divino, Estella 1982.

W. D. Davies, *Aproximación al NT*. Cristiandad, Madrid 1979.

E. Lohse, *Introducción al NT*. Cristiandad, Madrid 1975.

## 1. El mundo de los primeros cristianos

J. Drane, *La vida de la primitiva iglesia*. Verbo Divino, Estella 1987.

J. Leipoldt - W. Grundmann, *El mundo del NT*. Cristiandad, Madrid 1973, 3 vols.

C. Saulnier - B. Rolland, *Palestina en tiempos de Jesús* (CB 27). Verbo Divino, Estella ⁵1986.

R. Aguirre, *Del movimiento de Jesús a la Iglesia cristiana*. DDB, Bilbao 1987.

H. Guevara, *La resistencia judía contra Roma en tiempos de Jesús*. Cristiandad, Madrid 1985.

H. Schürer, *Historia del pueblo judío en tiempos de Jesús*, I-III. Cristiandad, Madrid 1986.

G. Theissen, *Estudios de sociología del cristianismo primitivo*. Sígueme, Salamanca 1985.

E. Facultad Lyon, *Flavio Josefo* (Doc 5). Verbo Divino, Estella 1982.

## 2. El acontecimiento pascual

S. Vidal, *La resurrección de Jesús en las cartas de Pablo*. Sígueme, Salamanca 1982.

H. Kessler, *La resurrección de Jesús en el aspecto bíblico*. Sígueme, Salamanca 1989.

E. Charpentier, *Cristo ha resucitado* (CB 4). Verbo Divino, Estella ⁷1989.

H. Haag, *De la antigua a la nueva pascua*. Sígueme, Salamanca 1980.

X. Léon Dufour, *Resurrección de Jesús y mensaje pascual*. Sígueme, Salamanca 1973.

## 3. Pablo y sus cartas

G. Bornkamm, *Pablo de Tarso*. Sígueme, Salamanca 1979.

G. Eichholz, *El evangelio de Pablo*. Sígueme, Salamanca 1977.

W. Meeks, *Los primeros cristianos urbanos. El mundo social del apóstol Pablo*. Sígueme, Salamanca 1988.

J. Drane, *Pablo. Su vida y su obra*. Verbo Divino, Estella ²1989.

E. Cothenet, *San Pablo en su tiempo* (CB 26). Verbo Divino, Estella [6]1988.

S. Légasse, *La carta a los Filipenses. La carta a Filemón* (CB 33). Verbo Divino, Estella [7]1988.

E. Cothenet, *La carta a los Gálatas* (CB 34). Verbo Divino, Estella [3]1985.

M. Trimaille, *La primera carta a los Tesalonicenses* (CB 39). Verbo Divino, Estella [3]1988.

M. Quesnel, *Las cartas a los Corintios* (CB 22). Verbo Divino, Estella [4]1985.

M. Carrez, *La primera carta a los Corintios* (CB 66). Verbo Divino, Estella 1989.

M. Carrez, *La segunda carta a los Corintios* (CB 51). Verbo Divino, Estella [3]1989.

Ch. Perrot, *La carta a los Romanos* (CB 65). Verbo Divino, Estella 1989.

A. Vanhoye, *El mensaje de la carta a los Hebreos* (CB 19). Verbo Divino, Estella [5]1989.

### 4. Marcos

F. de la Calle, *Cuadro geográfico del evangelio de Marcos.* Universidad Pontificia, Salamanca 1975.

J. Gnilka, *El evangelio según san Marcos*, I-II. Sígueme, Salamanca 1986.

J. M. González Ruiz, *El evangelio según Marcos.* Verbo Divino, Estella 1988.

W. Marxsen, *El evangelista Marcos.* Sígueme, Salamanca 1981.

J. Delorme, *El evangelio según san Marcos* (CB 15-16). Verbo Divino, Estella [8]1988.

V. Taylor, *Evangelio según san Marcos.* Cristiandad, Madrid 1960.

J. Caba, *El Jesús de los evangelios.* Madrid 1977.

R. Trevijano, *Comienzo del evangelio.* Universo, Madrid 1971.

### 5. Mateo

R. Aguirre, *Exégesis de Mt 27, 51b-53.* Eset, Vitoria 1980.

X. Pikaza, *Hermanos de Jesús y servidores de los más pequeños (Mt 25, 31-46).* Sígueme, Salamanca 1984.

Poittevin - Charpentier, *El evangelio según san Mateo* (CB 2). Verbo Divino, Estella [9]1989.

J. Dupont, *El mensaje de las bienaventuranzas* (CB 24). Verbo Divino, Estella [6]1988.

A. Salas, *La infancia de Jesús: ¿historia o teología?* Madrid 1976.

P. Bonard, *Evangelio según san Mateo.* Cristiandad, Madrid 1976.

J. Zumstein, *Mateo, el teólogo* (CB 58). Verbo Divino, Estella 1987.

### 6. La obra de Lucas

J. A. Fitzmyer, *El evangelio según Lucas*, I-III. Cristiandad, Madrid 1986-1989.

J. Ríus-Camps, *El camino de Pablo a la misión de los paganos (Hch 13-28).* Cristiandad, Madrid 1984.

A. George, *El evangelio según san Lucas* (CB 3). Verbo Divino, Estella [9]1989.

M. Laconi, *San Lucas y su Iglesia.* Verbo Divino, Estella 1987.

Ch. Perrot, *Los relatos de la infancia de Jesús* (CB 18). Verbo Divino, Estella [5]1987.

Varios, *Los Hechos de los apóstoles* (CB 21). Verbo Divino, Estella [6]1988.

J. Jeremias, *Las parábolas de Jesús.* Verbo Divino, Estella [8]1986.

H. Conzelmann, *El centro del tiempo. La teología de Lucas.* Fax, Madrid.

W. Harrington, *El evangelio según san Lucas.* Studium, Madrid 1972.

M. Gourgues, *Misión y comunidad (Hch 1-12).* Verbo Divino, Estella 1988.

M. Gourgues, *El evangelio a los paganos (Hch 13-28).* Verbo Divino, Estella 1989.

### 7. Juan

R. E. Brown, *La comunidad del discípulo amado.* Sígueme, Salamanca 1983.

R. Schnackenburg, *El evangelio según san Juan*, I-III. Herder, Barcelona 1980.

A. Jaubert, *El evangelio según san Juan* (CB 17). Verbo Divino, Estella [6]1987.

J. Guillet, *Jesucristo en el evangelio de Juan* (CB 31). Verbo Divino, Estella [4]1986.

Varios, *La eucaristía en la Biblia* (CB 37). Verbo Divino, Estella ⁴1987.

J. Mateos - J. Barreto, *El evangelio de Juan*. Cristiandad, Madrid 1979.

R. E. Brown, *El evangelio según Juan*. Cristiandad, Madrid 1979, 2 vols.

### 8. Apocalipsis

F. Contreras, *El Espíritu en el libro del Apocalipsis*. Sec. Trinitario, Salamanca 1987.

Varios, *El Apocalipsis* (CB 9). Verbo Divino, Estella ⁷1988.

U. Vanni, *Apocalipsis*. Verbo Divino, Estella ³1989.

L. Cerfaux - J. Combier, *El apocalipsis de Juan leído a los cristianos*. Fax, Madrid 1972.

### 9. Comienzo del evangelio

J. Klausner, *Jesús de Nazaret*. Paidós, Buenos Aires 1971.

X. Pikaza, *Jesús, el evangelio*. Historia y pascua del mesías. Sígueme, Salamanca 1989.

E. Schillebeeckx, *Jesús. La historia de un viviente*. Cristiandad, Madrid 1981.

Varios, *Jesús* (CB 50). Verbo Divino, Estella ³1987.

P. Grelot, *Los evangelios* (CB 45). Verbo Divino, Estella ³1989.

P. M. Beaude, *Jesús de Nazaret*. Verbo Divino, Estella 1988.

C. H. Dodd, *El fundador del cristianismo*. Herder, Barcelona 1977.

H. Cousin, *Los textos evangélicos de la pasión*. Verbo Divino, Estella ²1988.

J. Blank, *Jesús de Nazaret*. Historia y mensaje. Cristiandad, Madrid 1973.

G. Vermes, *Jesús el judío*. Muchnik, Barcelona ²1979.

G. Bornkamm, *Jesús de Nazaret*. Sígueme, Salamanca 1975.

Los judíos. A nosotros no nos es lícito matar a
nadie. Para que la palabra de Jesús se cumpliera que había
dicho significando de qué muerte tenía que
morir. Entró pues de nuevo en el pretorio Pilato y llamó a Jesús
y le dijo: ¿Tú eres el rey de los
judíos?

Yo para eso he nacido
y he venido al mundo para testimo-
niar de la verdad. El que es de la verdad oye mi voz. Díjole
Pilato: ¿Qué es la verdad? Y esto
diciendo, salió de nuevo a los judíos
y les dijo: Yo ninguna

Este fragmento de papiro, descubierto en las arenas de
Egipto, pertenece a la biblioteca Rylands (de ahí el nombre
que se le ha dado: *papyrus Rylands*) y fue publicado en 1935.
Contiene por detrás y por delante el comienzo y el final de los
versículos 18, 31-33 y 18 37-38 del evangelio de Juan. Junto a
la reproducción, en tamaño natural, damos la traducción
literal de estos versículos para que se puedan apreciar com-
parativamente las palabras que recoge el papiro.

Los especialistas, basándose en la escritura, lo fechan
como anterior al año 150. Es el texto más antiguo del Nuevo
Testamento que tenemos. Como Juan escribió hacia el 95-
100, este papiro demuestra que, muy poco después de su
composición, este evangelio era ya conocido en Egipto.

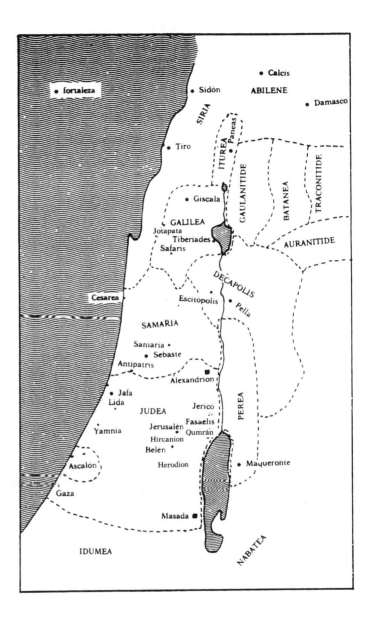

# LIBROS BIBLICOS

| | | | | |
|---|---|---|---|---|
| Abd | Abdías | 3 Jn | 3.ª Juan |
| Ag | Ageo | Jds | Judas |
| Am | Amós | Jdt | Judit |
| Ap | Apocalipsis | Jue | Jueces |
| Bar | Baruc | Lam | Lamentaciones |
| Cant | Cantar de los Cantares | Lv | Levítico |
| Col | Colosenses | Lc | Lucas |
| 1 Cor | 1.ª Corintios | 1 Mac | 1.º Macabeos |
| 2 Cor | 2.ª Corintios | 2 Mac | 2.º Macabeos |
| 1 Cr | 1.º Crónicas | Mal | Malaquías |
| 2 Cr | 2.º Crónicas | Mc | Marcos |
| Dn | Daniel | Mt | Mateo |
| Dt | Deuteronomio | Miq | Miqueas |
| Ecl | Eclesiastés | Nah | Nahún |
| Eclo | Eclesiástico | Neh | Nehemías |
| Ef | Efesios | Nm | Números |
| Esd | Esdras | Os | Oseas |
| Est | Ester | 1 Pe | 1.ª Pedro |
| Ex | Exodo | 2 Pe | 2.ª Pedro |
| Ez | Ezequiel | Prov | Proverbios |
| Flm | Filemón | 1 Re | 1.º Reyes |
| Flp | Filipenses | 2 Re | 2.º Reyes |
| Gál | Gálatas | Rom | Romanos |
| Gn | Génesis | Rut | Rut |
| Hab | Habacuc | Sab | Sabiduría |
| Heb | Hebreos | Sal | Salmos |
| Hch | Hechos | 1 Sm | 1.º Samuel |
| Is | Isaías | 2 Sm | 2.º Samuel |
| Jr | Jeremías | Sant | Santiago |
| Job | Job | Sof | Sofonías |
| Jl | Joel | 1 Tes | 1.ª Tesalonicenses |
| Jon | Jonás | 2 Tes | 2.ª Tesalonicenses |
| Jos | Josué | 1 Tim | 1.ª Timoteo |
| Jn | Juan | 2 Tim | 2.ª Timoteo |
| 1 Jn | 1.ª Juan | Tit | Tito |
| 2 Jn | 2.ª Juan | Tob | Tobías |
| | | Zac | Zacarías |

# Indice general

# Obras de la Colección PARA LEER - COMPRENDER - VIVIR

*El Antiguo Testamento,* 17.ª ed.
Etienne Charpentier

*El Nuevo Testamento,* 16.ª ed.
Etienne Charpentier

*La antropología,* 2 vols., 4.ª y 2.ª ed.
Jesús Azcona

*La filosofía,* 4.ª ed.
Simonne Nicolas

*La psicología,* 5.ª ed.
Jesús Beltrán

*La sexualidad,* 7.ª ed.
Félix López

*La ética cristiana,* 6.ª ed.
Marciano Vidal

*Las religiones en nuestro tiempo,* 5.ª ed.
Albert Samuel

*Las ciencias de la educación*
Elsa M. Casanova

*La sociología,* 4.ª ed.
Juan González-Anleo

*El trabajo social,* 3.ª ed.
Teresa Zamanillo - Lourdes Gaitán

*El ecumenismo,* 2.ª ed.
Juan Bosch Navarro

*La teología,* 3.ª ed.
Evangelista Vilanova

*La filosofía del hombre*
José Lorite Mena

*Las sectas,* 3.ª ed.
Juan Bosch

*La conducta altruista*
Félix López (dir.)

*La filosofía como reflexión hoy*
Manuel Maceiras

*Las nuevas formas de la religión*
José María Mardones

*Objeción de conciencia e insumisión*
Marciano Vidal

*La historia*
José Sánchez Jiménez

*La animación sociocultural*
S. Froufe - M. González

*El cuerpo de la mujer*
Mercedes Navarro (dir.)

*Hombre y mujer en las religiones*
Xabier Pikaza

*Ciencia, tecnología y sociedad*
Nicanor Ursúa (dir.)

*Las estructuras sociales*
Teodoro Hernández de Frutos

*La crisis de Dios hoy*
Juan José Tamayo

*La teoría sociológica*
Josetxo Beriain